SCÈNES
DE
LA VIE PRIVÉE.

Bibliothèque-Charpentier.

COLLECTION DES MEILLEURS OUVRAGES

Français et Étrangers, Anciens et Modernes,

publiée dans le format anglais, par CHARPENTIER, éditeur.

ADOLPHE, par BENJAMIN CONSTANT, suivi de deux autres ouvrages du même auteur, et d'un Essai sur *Adolphe*, par M. Gustave PLANCHE, un vol............................. 3 50
EUGÉNIE GRANDET, par M. DE BALZAC, un vol............ 3 50
CORINNE, OU L'ITALIE, par madame de STAEL, avec une préface de M. SAINTE-BEUVE, un vol........................ 3 50
PHYSIOLOGIE DU MARIAGE, par M. DE BALZAC............ 3 50
PHYSIOLOGIE DU GOUT, par M. BRILLAT SAVARIN, avec une notice sur l'auteur, par le baron RICHERAND, et un Traité sur les excitans, par M. DE BALZAC, un vol.............. 3 50
DELPHINE, par madame de STAEL, avec une préface de M. SAINTE-BEUVE, un vol................................ 3 50
LE MÉDECIN DE CAMPAGNE, par M. DE BALZAC, un vol.... 3 50
THÉATRE DE GOETHE, traduction nouvelle, avec des notes et un essai sur Goethe, par X. MARMIER, un vol......... 3 50
LA PEAU DE CHAGRIN, par M. DE BALZAC, un vol......... 3 50
MANON LESCAUT, par l'abbé PRÉVOST, avec des notices, par MM. SAINTE-BEUVE et Gustave PLANCHE, un vol.......... 3 50
LE PÈRE GORIOT, par M. DE BALZAC, un vol.............. 3 50
DE L'ALLEMAGNE, par madame DE STAEL, avec une préface, par X. MARMIER, un vol................................ 3 50
LE LYS DANS LA VALLÉE, par M. DE BALZAC, un vol..... 3 50
WERTHER, suivi de HERMANN ET DOROTHÉE, par GOETHE, trad. de MM. P. LEROUX et X. MARMIER, un vol.......... 3 50
LA RECHERCHE DE L'ABSOLU, par M. DE BALZAC, un vol.. 3 50
COMTE XAVIER DE MAISTRE (OEUVRES COMPLÈTES), *Voyage autour de ma Chambre. — Expédition nocturne. — Le Lépreux de la cité d'Aoste. — Les Prisonniers du Caucase. — La Jeune Sibérienne*, un vol............................ 3 50
SCÈNES DE LA VIE PRIVÉE, par M. DE BALZAC. *Deux séries* de chacune un vol; prix de chaque vol.................. 3 50
MÉMOIRES D'ALFIERI, écrits par lui-même, et traduits par M. A. DE LATOUR, un vol................................ 3 50
SCÈNES DE LA VIE DE PROVINCE, par M. de BALZAC. *Deux séries* de chacune un vol.; prix de chaque vol........... 3 50
SCÈNES DE LA VIE PARISIENNE, par M. DE BALZAC. *Deux séries* de chacune un vol.; prix de chaque vol........... 3 50

Chaque ouvrage en un seul volume.
Chaque volume : 3 fr. 50 c.

Typographie BÉTHUNE et PLON.

SCÈNES
DE
LA VIE PRIVÉE,

PAR M. DE BALZAC.

Nouvelle édition, revue et corrigée.

DEUXIEME SÉRIE.

— La Vendetta. —
— Le Rendez-Vous. —
— Souffrances inconnues. —
— La Femme de trente ans. —
— Le Doigt de Dieu. —
— Les deux Rencontres. —
— Le Capitaine Parisien. —

PARIS,
CHARPENTIER, LIBRAIRE-ÉDITEUR,
6, RUE DES BEAUX-ARTS.

1839.

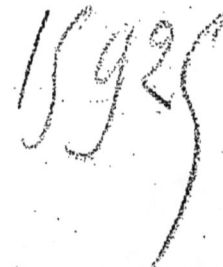

SCÈNES

DE

LA VIE PRIVÉE.

LA VENDETTA.

Vers la fin du mois de septembre de l'année 1800, un étranger, suivi d'une femme et d'une petite fille, arriva devant les Tuileries à Paris, et se tint assez long-temps auprès des décombres d'une maison récemment démolie, à l'endroit où s'élève aujourd'hui l'aile commencée qui doit unir le château de Catherine de Médicis au Louvre des Bourbons. Il resta là, debout, les bras croisés, la tête inclinée. Il la relevait parfois pour regarder alternativement le palais consulaire, et sa femme assise auprès de lui sur une pierre. Quoique l'inconnue parût ne s'occuper que de la petite fille, âgée de neuf à dix ans, dont elle caressait les longs cheveux noirs, elle ne perdait aucun des regards que lui adressait son compagnon. Un même sentiment, autre que l'amour, les unissait sans doute, et animait d'une même inquiétude leurs mouvemens et leurs pensées. La misère est peut-être le plus puissant de tous les liens. Cette petite fille semblait être le dernier fruit de leur union. L'étranger avait une de ces têtes abondantes en cheveux, larges et graves, qui se sont souvent offertes au pinceau des Carraches. Ces cheveux si noirs étaient mélangés d'une grande quantité de cheveux blancs. Quoique nobles et fiers, ses traits avaient un ton de dureté qui les gâtait. Malgré sa force et sa taille droite, il paraissait avoir plus de soixante ans. Ses vêtemens délabrés annonçaient qu'il venait d'un pays étranger. Sa femme, dont la figure jadis belle était flétrie, avait passé l'âge; son attitude trahissait une tristesse profonde; mais quand son mari la regardait, elle s'efforçait de sourire en tâchant d'affecter une contenance calme. La petite fille restait debout, malgré la fatigue dont son jeune visage, hâlé par le soleil, portait les marques. Elle avait une tournure italienne, de grands yeux noirs sous des sourcils bien arqués, une noblesse native, une grâce vraie. Plus d'un passant se sentait ému au seul aspect de ce groupe dont les personnages ne faisaient aucun effort pour cacher un désespoir aussi profond que l'expression en était simple; mais la source de cette fugitive obligeance qui distingue les Parisiens se tarissait promptement. Aussitôt que l'inconnu se croyait l'objet de l'attention de quelque oisif, il le regardait d'un air si farouche, que le flaneur le plus intrépide hâtait le pas comme s'il eût marché sur un serpent.

Après être demeuré long-temps indécis, tout-à-coup le grand étranger passa la main sur son front. Il en chassa, pour ainsi dire, les pensées qui l'avaient sillonné de rides, et prit sans doute un parti désespéré. Il jeta un regard perçant sur sa femme et sur sa fille, tira de sa veste un long poignard ; puis, le donnant à sa compagne, il lui dit en italien : — Je vais voir si les Bonaparte se souviennent de nous. Et il marcha d'un pas lent et assuré vers l'entrée du palais. Il fut naturellement arrêté par un soldat de la garde consulaire avec lequel il ne put longtemps discuter, car en s'apercevant de l'obstination de l'inconnu, la sentinelle lui présenta sa baïonnette en manière d'*ultimatum*. Le hasard voulut que l'on vint en ce moment relever le soldat de sa faction, et le caporal indiqua fort obligeamment à l'aventurier l'endroit où se tenait le commandant du poste.

— Faites savoir à Bonaparte que Bartholoméo di Piombo voudrait lui parler, dit l'étranger au capitaine de service.

Cet officier eut beau représenter à Bartholoméo qu'on ne voyait pas le premier consul sans lui avoir préalablement demandé par écrit une audience, l'étranger voulut absolument que le militaire allât prévenir Bonaparte. L'officier objecta les lois de la consigne, et refusa formellement d'obtempérer à l'ordre de ce singulier solliciteur. Bartholoméo fronça le sourcil, jeta sur le capitaine un regard terrible, et sembla le rendre responsable des malheurs que ce refus pouvait occasionner. Il garda le silence, se croisa fortement les bras sur la poitrine, et alla se placer sous le portique qui sert de communication entre la cour et le jardin des Tuileries. Les gens qui veulent fortement une chose sont presque toujours bien servis par le hasard. Au moment où Bartholoméo di Piombo s'asseyait sur une des bornes qui sont auprès de l'entrée des Tuileries, il arriva une voiture d'où descendit Lucien Bonaparte, alors ministre de l'intérieur.

— Ah! Lucien, il est bien heureux pour moi de te rencontrer! s'écria l'étranger.

Ces mots, prononcés en patois corse, arrêtèrent Lucien au moment où il s'élançait sous la voûte. Il regarda son compatriote et le reconnut. Au premier mot que Bartholoméo lui dit à l'oreille, il emmena le Corse avec lui chez Bonaparte. Murat, Lannes, Rapp, se trouvaient dans le cabinet du premier consul. En voyant entrer Lucien, suivi d'un homme aussi singulier que l'était Piombo, la conversation cessa. Lucien prit Napoléon par la main, et le conduisit dans l'embrasure de la croisée. Après avoir échangé quelques paroles avec son frère, le premier consul fit un geste de main auquel obéirent Murat et Lannes en s'en allant. Rapp feignit de n'avoir rien vu, afin de pouvoir rester. Bonaparte l'ayant interpellé vivement, l'aide-de-camp sortit en rechignant. Le premier consul entendit le bruit des pas de Rapp dans le salon voisin, sortit brusquement et le vit près du mur qui séparait le cabinet du salon.

— Tu ne veux donc pas me comprendre? dit le premier consul. J'ai besoin d'être seul avec mon compatriote.

— Un Corse, répondit l'aide-de-camp. Je me défie trop de ces gens-là pour ne pas...

Le premier consul ne put s'empêcher de sourire, et poussa légèrement son fidèle officier par les épaules.

— Eh bien, que viens-tu faire ici, mon pauvre Bartholoméo? dit le premier consul à Piombo.

— Te demander asile et protection, si tu es un vrai Corse, répondit Bartholoméo d'un ton brusque.

— Quel malheur a pu te chasser du pays? Tu en étais le plus riche, le plus....

— J'ai tué tous les Porta, répliqua le Corse d'un son de voix profond en fronçant les sourcils.

Le premier consul fit deux pas en arrière comme un homme surpris.

— Vas-tu me trahir? s'écria Bartholoméo en jetant un regard sombre à Bonaparte. Sais-tu que nous sommes encore quatre Piombo en Corse?

Lucien prit le bras de son compatriote, et le secoua.

— Viens-tu ici pour menacer mon frère? lui dit-il vivement.

Bonaparte fit un signe à Lucien qui se tut. Puis, il regarda Piombo, et lui dit : — Pourquoi donc as-tu tué les Porta?

— Nous avions fait amitié, répondit-il, les Barbanti nous avaient réconciliés. Le lendemain du jour où nous trinquâmes pour noyer nos querelles, je les quittai parce que j'avais affaire à Bastia. Ils restèrent chez moi, et mirent le feu à ma vigne de Longone.

Ils ont tué mon fils Grégorio. Ma fille Ginevra et ma femme leur ont échappé, elles avaient communié le matin, la Vierge les a protégées. Quand je revins, je ne trouvai plus ma maison, je la cherchais les pieds dans ses cendres! Tout-à-coup, je heurtai le corps de Grégorio, que je reconnus à la lueur de la lune. — Oh! ce sont les Porta qui ont fait le coup! me dis-je. J'allai sur-le-champ dans les *Macchis*, j'y rassemblai quelques hommes auxquels j'avais rendu service, entends-tu, Bonaparte? Et nous marchâmes sur la vigne des Porta. Nous sommes arrivés à neuf heures du matin, à dix ils étaient tous devant Dieu. Giacomo prétend qu'Élisa Vanni a sauvé un enfant, le petit Luigi; mais je l'avais attaché moi-même dans son lit avant de mettre le feu à la maison. J'ai quitté l'île avec ma femme et ma fille, sans avoir pu vérifier s'il était vrai que Luigi vécût encore.

Bonaparte regardait Bartholoméo avec curiosité, mais sans étonnement.

— Combien étaient-ils? demanda Lucien.

— Sept, répondit Piombo. Ils ont été vos persécuteurs, dans les temps, leur dit-il. Ces mots ne réveillèrent aucune expression de haine chez les deux frères.

— Ah! vous n'êtes plus Corses, s'écria Bartholoméo avec une sorte de désespoir. Adieu. Autrefois je vous ai protégés! ajouta-t-il d'un ton de reproche. Sans moi, ta mère ne serait pas arrivée à Marseille, dit-il en s'adressant à Bonaparte qui restait pensif, le coude appuyé sur le manteau de la cheminée.

— En conscience, Piombo, répondit Napoléon, je ne puis pas te prendre sous mon aile. Je suis devenu le chef d'une grande nation, je commande la république, et dois exécuter les lois.

— Ah! ah! dit Bartholoméo.

— Mais je puis fermer les yeux, reprit Bonaparte. Le préjugé de la *Vendetta* empêchera longtemps le règne des lois en Corse, ajouta-t-il en se parlant à lui-même. Il faut cependant le détruire à tout prix.

Bonaparte resta un moment silencieux, et Lucien fit signe à Piombo de ne rien dire. Le Corse agitait déjà la tête de droite et de gauche d'un air improbateur.

— Demeure ici, reprit le consul en s'adressant à Bartholoméo, nous n'en saurons rien. Je ferai acheter tes propriétés, afin de te donner d'abord les moyens de vivre. Puis, dans quelque temps, plus tard, nous penserons à toi. Mais plus de *Vendetta!* Il n'y a pas de *macchis* ici. Si tu y joues du poignard, il n'y aurait pas de grâce à espérer. Ici la loi protège tous les citoyens, et l'on ne se fait pas justice soi-même.

— Tu t'es fait le chef d'un singulier pays, répondit Bartholoméo en prenant la main de Lucien et la serrant. Mais vous me reconnaissez dans le malheur; ce sera maintenant entre nous à la vie à la mort, et vous pouvez disposer de tous les Piombo.

A ces mots, le front du Corse se dérida et il regarda autour de lui avec satisfaction.

— Vous n'êtes pas mal ici, dit-il en souriant, comme s'il voulait y loger. C'est un palais.

— Il ne tiendra qu'à toi de parvenir et d'avoir un palais à Paris, dit Bonaparte qui toisait son compatriote. Il m'arrivera plus d'une fois de regarder autour de moi pour chercher un ami dévoué auquel je puisse me confier.

Un soupir de joie sortit de la vaste poitrine de Piombo, puis il tendit la main au premier consul, en lui disant : — Il y a encore du Corse en toi !

Bonaparte sourit, il regarda silencieusement cet homme qui lui apportait, en quelque sorte, l'air de sa patrie, de cette île où, naguère, il avait été reçu avec tant d'enthousiasme, et qu'il ne devait plus revoir. Il fit un signe à son frère qui emmena Bartholoméo di Piombo. Lucien s'enquit avec intérêt de la situation financière de l'ancien protecteur de leur famille. Piombo amena le ministre de l'intérieur auprès d'une fenêtre, et lui montra sa femme et Ginevra, assises toutes deux sur un tas de pierres.

— Nous sommes venus de Fontainebleau, ici, à pied, et nous n'avons pas une obole, lui dit-il.

Lucien donna sa bourse à son compatriote et lui recommanda de venir le trouver le lendemain, afin d'aviser au moyen d'assurer le sort de sa famille. La valeur de tous les biens que Piombo possédait en Corse ne pouvait guère le faire vivre honorablement à Paris.

Les proscrits obtinrent un asile, du pain et la protection du premier consul.

Seize ans s'écoulèrent entre l'arrivée de la famille Piombo à Paris et l'aventure suivante dont elle est en quelque sorte l'introduction.

M. Servin, l'un de nos artistes les plus distingués, conçut le premier l'idée d'ouvrir un atelier pour les jeunes personnes qui veulent prendre des leçons de peinture. C'était un homme d'une quarantaine d'années, de mœurs pures, et entièrement livré à son art. Il avait épousé par inclination la fille d'un général sans fortune. Les mères conduisirent d'abord elles-mêmes leurs filles chez le professeur; puis, elles finirent par les y envoyer quand elles eurent bien connu ses principes et apprécié les soins qu'il mettait à mériter la confiance. Il était entré dans le plan du peintre de n'accepter pour écolières que des demoiselles appartenant à des familles riches ou considérées, afin de n'avoir pas de reproches à subir sur la composition de son atelier. Il se refusait même à prendre les jeunes filles qui voulaient devenir artistes, et auxquelles il aurait fallu donner certains enseignemens sans lesquels il n'est pas de talent possible en peinture. Insensiblement, la prudence et la supériorité avec laquelle il initiait ses élèves aux secrets de son art, la certitude où les mères étaient de savoir leurs filles en compagnie de jeunes personnes bien élevées, et la sécurité qu'inspiraient le caractère, les mœurs, le mariage de l'artiste, lui valurent dans les salons une excellente renommée. Quand une jeune fille manifestait le désir d'apprendre à peindre ou à dessiner, et que sa mère demandait conseil : — Envoyez-la chez Servin ! était la réponse de chacun. Servin devint donc pour la Peinture féminine, une spécialité, comme Herbault pour les chapeaux, Leroy pour les modes, Chevet pour les comestibles. Il était reconnu qu'une jeune femme qui avait pris des leçons chez Servin pouvait juger en dernier ressort les tableaux du Musée, faire supérieurement un portrait, copier une toile, et peindre son tableau de genre. Cet artiste suffisait ainsi à tous les besoins de l'aristocratie. Malgré les rapports qu'il avait avec les meilleures maisons de Paris, il était indépendant, patriote, et conservait avec tout le monde ce ton léger, spirituel, parfois ironique, cette liberté de jugement qui distinguent les peintres. Il avait poussé le scrupule de ses précautions jusque dans l'ordonnance du local où étudiaient ses écolières. L'entrée du grenier qui régnait au-dessus de ses appartemens avait été murée. Pour parvenir à cette retraite aussi sacrée qu'un harem, il fallait monter par un escalier pratiqué dans l'intérieur de son logement. L'atelier occupait tout le comble de la maison. Il avait ces proportions énormes qui surprennent toujours les curieux quand, arrivés à soixante pieds du sol, ils s'attendent à voir les artistes logés dans une gouttière. Cette espèce de galerie était profusément éclairée par d'immenses châssis vitrés et garnis de ces grandes toiles vertes à l'aide desquelles les peintres disposent leur lumière. Une foule de caricatures, de têtes faites au trait, avec de la couleur ou la pointe d'un couteau, sur les murailles peintes en gris foncé, prouvaient, sauf la différence de l'expression, que les filles les plus distinguées ont dans l'esprit autant de folie que les hommes peuvent en avoir. Un petit poêle et ses grands tuyaux qui décrivaient un effroyable zig-zag, avant d'atteindre les hautes régions du toit, était l'infaillible ornement de cet atelier. Une planche régnait autour des murs et soutenait des modèles en plâtre qui gisaient confusément placés, la plupart couverts d'une blonde poussière. Au-dessous de ce rayon, et çà et là, une tête de Niobé, pendue à un clou, montrait sa pose de douleur; une Vénus souriait; une main se présentait brusquement aux yeux comme celle d'un pauvre demandant l'aumône; puis quelques *écorchés* jaunis par la fumée avaient l'air de membres arrachés la veille à des cercueils. Enfin, des tableaux, des dessins, des mannequins, des cadres sans toiles et des toiles sans cadres, achevaient de donner à cette pièce irrégulière la physionomie d'un atelier que distingue un singulier mélange d'ornement et de nudité, de misère et de richesse, de soin et d'incurie. Cet immense vaisseau où tout paraît petit, même l'homme, sent la coulisse d'opéra! ce sont de vieux linges, des armures dorées, des lambeaux d'étoffe, des machines; puis il y a je ne sais quoi de grand, d'infini comme la pensée. Le génie et la mort sont là: la Diane, l'Apollon auprès d'un crâne ou d'un squelette; le beau et le désordre;

la poésie et la réalité, de riches couleurs dans l'ombre, et souvent tout un drame immobile et silencieux. Tout y est le symbole d'une tête d'artiste.

Au moment où commence cette histoire, le brillant soleil du mois de juillet illuminait l'atelier, et deux rayons le traversaient dans sa profondeur en y traçant de larges bandes d'or diaphanes où brillaient des grains de poussière. Une douzaine de chevalets élevaient leurs flèches aiguës, semblables à des mâts de vaisseau dans un port. Plusieurs jeunes filles animaient cette scène par la variété de leurs physionomies, de leurs attitudes, et par la différence de leurs toilettes. Les fortes ombres que jetaient les serges vertes, disposées suivant les besoins de chaque chevalet, produisaient une multitude de contrastes, de piquans effets de clair-obscur. C'était de tous les tableaux de l'atelier le plus beau. Une jeune fille blonde, mise simplement, et qui se tenait loin de ses compagnes, travaillait avec courage, et semblait prévoir le malheur. Nulle ne la regardait, ne lui adressait la parole. Elle était la plus jolie, la plus modeste et la moins riche. Deux groupes principaux, séparés l'un de l'autre par une faible distance, indiquaient deux sociétés, deux esprits jusque dans cet atelier, où les rangs et la fortune auraient dû s'oublier. Assises ou debout, ces jeunes filles, entourées de leurs boîtes à couleurs, jouant avec leurs pinceaux ou les préparant, maniant leurs brillantes palettes, peignant, parlant, riant, chantant, abandonnées à leur naturel, laissant voir leur caractère, formaient un spectacle inconnu aux hommes. Celle-ci, fière, hautaine, capricieuse, aux cheveux noirs, aux belles mains, lançait au hasard la flamme de ses regards. Celle-là, insouciante et gaie, le sourire sur les lèvres, les cheveux châtains, les mains blanches et délicates; vierge française, légère, sans arrière-pensée, vivant de sa vie actuelle. Une autre, rêveuse, mélancolique, pâle, penchant la tête comme une fleur qui tombe. Sa voisine, au contraire, grande, indolente, aux habitudes musulmanes, l'œil long, noir, humide, parlant peu, mais songeant et regardant à la dérobée la tête d'Antinoüs. Une autre était au milieu d'elles, comme le *jocoso* d'une pièce espagnole, pleine d'esprit, de saillies, épigrammatique, les espionnant toutes d'un seul coup-d'œil, les faisant rire, levant sans cesse une figure trop vive pour n'être pas jolie. Elle commandait au premier groupe des écolières qui comprenait les filles de banquier, de notaire et de négociant; toutes riches, mais essuyant toutes les dédains imperceptibles quoique poignans que leur prodiguaient les autres jeunes personnes appartenant à l'aristocratie. Celles-ci étaient gouvernées par la fille d'une marquise, petite créature blanche, fluette, maladive, aussi sotte que vaine, et fière d'avoir pour père un homme revêtu d'une charge à la Cour. Elle voulait toujours paraître avoir compris du premier coup les observations du maître, et semblait travailler par grâce. Elle se servait d'un lorgnon, ne venait que très-parée, tard, et suppliait ses compagnes de parler bas. Ce second groupe était riche de tailles délicieuses, de figures distinguées, mais les regards de ces jeunes filles n'avaient point de naïveté. Si leurs attitudes étaient élégantes, leurs mouvemens gracieux, les figures manquaient de franchise, et l'on devinait facilement qu'elles appartenaient à un monde où la politesse façonne de bonne heure les caractères, où l'abus des jouissances sociales tue les sentimens et développe l'égoïsme. Lorsque l'atelier était complet, que personne ne manquait à cette réunion, il se trouvait, dans le nombre de ces jeunes filles, des têtes enfantines, des vierges d'une pureté ravissante, des visages dont la bouche légèrement entr'ouverte laissait voir des dents vierges, et sur laquelle errait un sourire de vierge. Alors l'atelier ne ressemblait pas à un sérail, mais à un groupe d'anges assis sur un nuage dans le ciel.

Il était environ midi, M. Servin n'avait pas encore paru. Ses écolières savaient qu'il achevait un tableau pour l'exposition. Depuis quelques jours, la plupart du temps il restait à un autre atelier qu'il avait en ville. Tout-à-coup, mademoiselle de Monsaurin, chef du parti aristocratique de cette petite assemblée, parla long-temps à sa voisine, et il se fit un grand silence dans le groupe des nobles. Le parti de la banque, étonné, se tut également, et tâcha de deviner le sujet d'une semblable conférence. Le secret des jeunes monarchistes fut bientôt publié. Mademoiselle de Monsaurin se leva, prit un chevalet qui était à sa droite, et le plaça à une assez grande distance du noble groupe, près d'une cloison grossière qui séparait l'atelier d'un cabinet obscur où l'on jetait les plâtres brisés, les toiles condamnées par le professeur, et où l'on mettait la provision de bois en hiver. L'action de mademoiselle de Monsaurin devait être bien hardie, car elle excita un murmure de surprise. La jeune élégante n'en tint compte, et acheva d'opérer le déménagement de sa compagne absente, en roulant vivement près du chevalet, une boîte à couleurs, en y portant le tabouret sur lequel elle s'asseyait, et un tableau de Prudhon dont elle faisait la copie. Ce coup d'état excita une stupéfaction générale. Si le côté droit se mit à travailler silencieusement, le côté gauche pérora longuement.

— Que va dire mademoiselle Piombo ? demanda une jeune fille à mademoiselle Planta, l'oracle malicieux du premier groupe.

— Elle n'est pas fille à parler, répondit-elle. Mais dans cinquante ans elle se souviendra de cette injure comme si elle l'avait reçue la veille, et saura s'en venger cruellement. C'est une personne avec laquelle je ne voudrais pas être en guerre.

— La proscription dont ces demoiselles là frappent est d'autant plus injuste, dit une autre jeune fille, qu'avant-hier, mademoiselle Ginevra était fort triste. Son père venait, dit-on, de donner sa démission. Ce serait donc ajouter à son malheur, tandis qu'elle a été fort bonne pour ces demoiselles pendant tout ce temps-ci. Leur a-t-elle jamais dit une parole qui pût les blesser ? Elle évitait au contraire de parler politique. Mais elles paraissent agir plutôt par jalousie que par esprit de parti.

— J'ai envie d'aller chercher le chevalet de mademoiselle Piombo, et de le mettre auprès du mien, dit Fanny Planta.

Elle se leva, mais une réflexion la fit rasseoir.

— Avec un caractère comme celui de mademoiselle Ginevra, dit-elle, on ne peut pas savoir de quelle manière elle prendrait notre politesse. Attendons l'évènement.

— *Ecco*, dit languissamment la jeune fille aux yeux noirs.

En effet, le bruit des pas d'une personne qui montait l'escalier retentit dans la salle. Ces mots : — « La voici ! la voici ! » passèrent de bouche en bouche, et le plus profond silence régna dans l'atelier. Pour comprendre l'importance de l'ostracisme exercé par mademoiselle de Monsaurin, il est nécessaire d'ajouter que cette scène avait lieu vers la fin du mois de juillet 1815. Le second retour des Bourbons venait de troubler bien des amitiés qui avaient résisté au mouvement de la première restauration. En ce moment, les familles étaient presque toutes divisées d'opinions, et le fanatisme politique renouvelait plusieurs de ces déplorables scènes qui, aux époques de guerre civile ou religieuse, souillent l'histoire des hommes. Les enfans, les jeunes filles,

les vieillards partageaient la fièvre monarchique à laquelle le gouvernement était en proie. La discorde se glissait sous tous les toits, et la défiance teignait de sa sombre couleur les actions et les discours les plus intimes. Ginevra Piombo aimait Napoléon avec idolâtrie. Comment aurait-elle pu le haïr? L'empereur était son compatriote et le bienfaiteur de son père. Le baron de Piombo était un des serviteurs de Napoléon qui avaient coopéré le plus efficacement à son retour de l'île d'Elbe. Incapable de renier sa foi politique, jaloux même de la confesser, le vieux baron de Piombo était resté à Paris au milieu de ses ennemis. Ginevra Piombo pouvait donc être d'autant mieux mise au nombre des personnes suspectes, qu'elle ne faisait pas mystère du chagrin que cette seconde restauration causait à sa famille. Les seules larmes qu'elle eût peut-être versées dans sa vie lui furent arrachées par la double nouvelle de la captivité de Bonaparte sur *le Bellérophon* et de l'arrestation de Labédoyère.

Les jeunes personnes qui composaient le groupe des nobles appartenaient aux familles royalistes les plus exaltées de Paris. Il serait difficile de donner une idée des exagérations de cette époque et de l'horreur que causaient les bonapartistes. Quelque insignifiante et petite que puisse paraître aujourd'hui l'action de mademoiselle de Monsaurin, elle était alors une expression de haine fort naturelle. Ginevra Piombo, l'une des premières écolières de M. Servin, occupait la place dont on voulait la priver depuis le jour où elle était venue à l'atelier. Le groupe aristocratique l'avait insensiblement entourée. La chasser d'une place qui lui appartenait en quelque sorte, était non-seulement lui faire injure, mais lui causer une espèce de peine, car les artistes ont tous une place de prédilection pour leur travail. Mais l'animadversion politique entrait peut-être pour peu de chose dans la conduite de ce petit côté droit de l'atelier. Ginevra Piombo, la plus forte des élèves de M. Servin, était l'objet d'une profonde jalousie. Le maître professait la plus haute admiration pour ses talens, et peut-être pour son caractère, sa beauté, ses manières et ses opinions. Aussi servait-elle de terme à toutes ses comparaisons. Enfin elle était son élève favorite. Sans qu'on s'expliquât l'ascendant que cette jeune personne avait sur tout ce qui l'entourait, elle exerçait une grande influence sur ce petit monde qui ne pouvait lui refuser son admiration. En effet, sa voix était séduisante, ses manières avaient je ne sais quoi de pénétrant, et son regard produisait presque sur ses compagnes le même prestige que celui de Bonaparte sur ses soldats. Le parti aristocratique avait résolu depuis plusieurs jours la chute de cette reine; mais personne n'ayant encore osé s'éloigner d'elle, mademoiselle de Monsaurin venait de frapper un coup décisif, afin de rendre ses compagnes complices de sa haine. Quoique Ginevra fût sincèrement aimée par deux ou trois d'entre elles, presque toutes, étant chapitrées au logis paternel relativement à la politique, jugèrent avec ce tact particulier aux femmes qu'elles devaient rester indifférentes à la querelle.

A son arrivée, Ginevra Piombo fut donc accueillie par un profond silence. Elle était grande et bien faite. Sa démarche avait un caractère de noblesse et de grâce qui imprimait le respect. De toutes les jeunes filles qui avaient paru jusqu'alors dans l'atelier de M. Servin, elle était la plus belle. Sa figure pleine de vie et d'intelligence semblait rayonner. Ses longs cheveux noirs, ses yeux et ses cils noirs exprimaient la passion. Les coins de sa bouche se dessinaient mollement, et ses lèvres, peut-être un peu trop fortes, étaient pleines de grâce et de bonté. Par un singulier caprice de la nature, la douceur et le charme de son visage étaient en quelque sorte démentis par la partie supérieure. C'était une fidèle image de son caractère. Son front de marbre exprimait une fierté presque sauvage. Les mœurs de la Corse y respiraient encore, mais c'était le seul lien qu'il y eût entre elle et son pays natal. Dans tout le reste de sa personne, les grâces italiennes, la simplicité, l'abandon des beautés lombardes séduisaient tout-à-coup. Il ne fallait pas la voir pour lui causer la moindre peine, car elle inspirait un si vif attrait que par prudence son vieux père lui recommandait d'aller à l'atelier dans la mise la plus simple. Le seul défaut de cette créature véritablement poétique venait de la puissance même d'une beauté si largement développée. Elle avait l'air d'être femme. Elle s'était refusée au joug du mariage, par amour pour son père et sa mère, dont elle voulait embellir les vieux jours. Son goût pour la peinture avait remplacé les passions qui agitent ordinairement les femmes.

— Vous êtes bien silencieuses aujourd'hui, mesdemoiselles, dit-elle après avoir fait deux ou trois pas au milieu de ses compagnes. — Bonjour, ma petite Laure, ajouta-t-elle d'un ton doux et caressant en s'approchant de la jeune fille qui peignait loin des autres. Cette tête est fort bien ! Les chairs sont un peu trop roses ; mais tout en est dessiné à merveille.

Laure leva la tête, regarda Ginevra d'un air attendri, et leurs figures s'épanouirent un moment. Un faible sourire anima les lèvres de l'Italienne qui paraissait triste. Puis elle se dirigea lentement vers sa place en regardant avec nonchalance les dessins ou les tableaux, et en disant bonjour à chacune des jeunes filles qui composaient le premier groupe, sans s'apercevoir de la curiosité particulière qu'excitait sa présence. On eût dit d'une reine dans sa cour. Elle ne donna aucune attention au profond silence qui régnait parmi les patriciennes, et passa devant leur camp sans prononcer un seul mot. Sa préoccupation était si grande qu'elle se mit à son chevalet, ouvrit sa boîte à couleurs, prit ses brosses, revêtit ses manches brunes, ajusta son tablier, regarda son tableau, examina sa palette sans penser pour ainsi dire à ce qu'elle faisait. Toutes les têtes du premier groupe étaient tournées vers elle. Si les jeunes personnes du camp de mademoiselle de Monsaurin ne mettaient pas tant de franchise que leurs compagnes dans leur impatience, leurs œillades n'en étaient pas moins dirigées sur Ginevra.

— Elle ne s'aperçoit de rien, dit mademoiselle Planta.

En ce moment, Ginevra quitta l'attitude méditative dans laquelle elle avait contemplé sa toile, et tourna la tête vers le groupe aristocratique. Elle mesura d'un seul coup d'œil la distance qui l'en séparait, et garda le silence.

— Elle ne croit pas qu'on ait eu la pensée de l'insulter, dit mademoiselle Planta, elle n'a ni pâli, ni rougi. Comme ces demoiselles vont être vexées si elle se trouve mieux à sa nouvelle place qu'à l'ancienne. Vous êtes là hors de ligne, mademoiselle ajouta-t-elle alors à haute voix en s'adressant à Ginevra.

L'Italienne feignit de ne pas entendre, ou peut-être n'entendit-elle pas. Elle se leva brusquement, et longea avec une certaine lenteur la cloison qui séparait le cabinet noir de l'atelier. Elle était pensive, recueillie, et paraissait examiner le châssis d'où venait le jour. Elle monta sur une chaise pour attacher beaucoup plus haut la serge verte qui interceptait la lumière. Quand elle fut à cette hauteur, elle vit au-dessus de sa tête une crevasse assez légère dans la cloison. Le regard qu'elle jeta sur cette fente ne peut se comparer qu'à celui d'un avare découvrant les trésors d'Aladin. Elle descendit vivement, revint à sa place, ajusta son tableau, et feignit d'être mécontente du jour. Elle approcha de la cloison une table, sur laquelle elle mit une chaise, elle grimpa lestement sur cet échafaudage, et atteignit à la crevasse. Elle ne jeta qu'un regard dans le cabinet, le trouva éclairé par un jour de souffrance qu'on avait ouvert, et ce qu'elle y aperçut produisit sur elle une sensation si vive qu'elle tressaillit.

— Vous allez tomber, mademoiselle Ginevra, s'écria Laure.

Toutes les jeunes filles regardèrent l'imprudente qui chancelait. La peur de voir arriver ses compagnes auprès d'elle lui donna du courage, elle retrouva ses forces et son équilibre, se tourna vers Laure en se dandinant sur sa chaise, et dit d'une voix émue : — Bah! c'est encore un peu plus solide que ne l'est un trône! Elle se hâta d'arracher la serge, descendit, repoussa la table et la chaise bien loin de la cloison, revint à son chevalet, et fit encore quelques essais en ayant l'air de chercher une masse de lumière qui lui convînt. Mais son tableau ne l'occupait guère, son but était de s'approcher du cabinet noir auprès duquel elle se plaça, comme elle le désirait, à côté de la porte. Puis elle se mit à préparer sa palette en gardant le plus profond silence. Bientôt elle entendit plus distinctement, à cette place, le léger bruit qui, la veille, avait si fortement excité sa curiosité et fait parcourir à sa jeune imagination le vaste champ des conjectures. Elle reconnut facilement la respiration forte et régulière d'un homme endormi qu'elle venait de voir. Sa curiosité était satisfaite au-delà de ses souhaits, mais elle se trouvait chargée d'une immense responsabilité. Elle avait aperçu, à travers la crevasse, l'aigle impériale, et, sur un lit de sangle faiblement éclairé, la figure d'un officier de la Garde. Elle devina tout : c'était sans doute un proscrit. Maintenant elle tremblait qu'une de ses compagnes ne vînt examiner son tableau, et n'entendît ou la respiration de ce malheureux, ou quelque ronflement trop fort comme celui qui était arrivé à son oreille pendant la dernière leçon. Elle résolut de rester auprès de cette porte, en se fiant à son adresse pour déjouer le sort.

— Il vaut mieux que je sois là, pensait-elle, pour prévenir un événement sinistre, que de laisser le pauvre prisonnier à la merci d'une étourderie. Tel était le secret de l'indifférence apparente que Ginevra avait manifestée en trouvant son chevalet dérangé. Elle en était intérieurement enchantée puisqu'elle avait pu satisfaire assez naturellement sa curiosité. Puis en ce moment elle était trop vivement préoccupée pour chercher la raison de son déménagement. Rien n'est plus mortifiant pour des jeunes filles comme pour tout le monde, que de voir une méchanceté, une insulte, ou un bon mot, manquer leur effet par suite du dédain qu'en témoigne la victime. Il semble que la haine envers un ennemi s'accroisse de toute la hauteur à laquelle il s'élève au-dessus de nous. La conduite de Ginevra di Piombo devint une énigme pour toutes ses compagnes. Ses amies comme ses ennemies furent également surprises, car on lui accordait toutes les qualités possibles, hormis l'oubli des injures. Quoique les occasions de déployer ce vice de caractère eussent été rarement offertes à Ginevra dans les événemens de sa vie d'atelier, les exemples qu'elle avait pu donner de ses dispositions vindicatives et de sa fermeté n'en avaient pas moins laissé des impressions très-profondes dans l'esprit de ses compagnes. Après bien des conjectures, mademoiselle Planta finit par trouver dans le silence de l'Italienne une grandeur d'âme au-dessus de tout éloge; et son cercle, inspiré par elle, forma le projet d'humilier l'aristocratie de l'atelier. Elles parvinrent à leur but par un feu de sarcasmes qui abattirent l'orgueil du côté droit. L'arrivée de madame Servin mit fin à cette lutte d'amour-propre. Avec cette finesse qui accompagne toujours la méchanceté, mademoiselle de Monsaurin avait remarqué, analysé, commenté la prodigieuse préoccupation qui empêchait Ginevra d'entendre la dispute aigrement polie dont elle était l'objet. Alors la vengeance que mademoiselle Planta et ses compagnes tiraient de mademoiselle de Monsaurin et de son groupe, eut le fatal effet de faire rechercher par les jeunes filles nobles la cause du silence que gardait Ginevra di Piombo. La belle Italienne devint donc le centre de tous les regards, et fut épiée par ses amies, comme par ses ennemies. Il est bien difficile de cacher la plus petite émotion, le plus léger sentiment à douze jeunes filles curieuses, inoccupées, dont la malice et l'esprit ne demandent que des secrets à deviner, des intrigues à créer, à déjouer, et qui savent donner trop d'interprétations différentes à un geste, à une œillade, à une parole, pour ne pas en découvrir la véritable signification. Aussi, au bout d'un quart-d'heure, le secret de Ginevra di Piombo fut-il en grand péril d'être connu. En ce moment, la présence de madame Servin produisit un entr'acte dans le drame qui se jouait sourdement au fond de ces jeunes cœurs, et dont les sentimens, les pensées, les progrès étaient exprimés par des phrases presque allégoriques, par de malicieux coups-d'œil, par des gestes, et par le silence même, souvent plus intelligible que la parole. Aussitôt que madame Servin entra dans l'atelier, ses yeux se portèrent sur la porte du cabinet auprès de laquelle était Ginevra. Dans les circonstances présentes, ce regard ne fut pas perdu. Si d'abord aucune des écolières n'y fit attention, plus tard mademoiselle de Monsaurin s'en souvint, et s'expliqua la défiance, la crainte et le mystère qui donnèrent alors quelque chose de fauve aux yeux de madame Servin.

— Mesdemoiselles, dit-elle, M. Servin ne pourra pas venir aujourd'hui.

Elle complimenta chaque jeune personne, en recevant de toutes une foule de ces caresses féminines qui sont autant dans la voix et dans les regards que dans les gestes ; puis, elle arriva promptement auprès de Ginevra, dominée par une inquiétude qu'elle déguisait en vain. L'Italienne et la femme du peintre se firent un signe de tête amical, et restèrent toutes deux silencieuses, l'une peignant, l'autre regardant peindre. La respiration du militaire s'entendait facilement, mais madame Servin ne parut pas s'en apercevoir, et sa dissimulation était si grande, que Ginevra fut tentée de l'accuser d'une surdité volontaire. Cependant l'inconnu se remua dans son lit. Alors elle regarda fixement madame Servin, qui lui dit sans que son visage éprouvât la plus légère altération : — Votre copie est aussi belle que l'original. S'il me fallait donner la préférence à l'un des deux morceaux, je serais fort embarrassée.

— M. Servin n'a pas mis sa femme dans la confidence de ce mystère, pensa Ginevra, qui, après avoir répondu à la jeune femme par un doux sourire d'incrédulité, fredonna une *canzonnetta* de son pays, pour couvrir le bruit que pourrait faire le prisonnier.

C'était quelque chose de si insolite que d'entendre la studieuse Italienne chanter, que toutes les jeunes filles, surprises, la regardèrent. Plus tard, cette circonstance servit de preuve aux charitables suppositions de la haine. Madame Servin s'en alla bientôt, et la séance s'acheva sans autres événemens. Ginevra laissa partir ses compagnes sans manifester l'intention de les suivre, et parut vouloir travailler long-temps encore. Le désir qu'elle avait de rester seule se trahissait à son insu; à mesure que ses compagnes se préparaient pour sortir, elle leur jetait des regards d'impatience. Mademoiselle de Monsaurin, devenue en peu d'heures une cruelle ennemie pour celle qui la primait en tout, devina, par un instinct de haine, que la feinte assiduité de sa rivale cachait un mystère. Elle avait été frappée, plus d'une fois, de l'air attentif avec lequel Ginevra s'était mise à écouter un bruit que personne n'entendait. L'expression qu'elle surprit, en dernier lieu, dans les yeux de l'Italienne, fut pour elle un trait de lumière qui l'éclaira. Elle s'en alla la dernière de toutes les écolières, et descendit chez madame Servin, avec laquelle elle causa un instant. Puis elle feignit d'avoir oublié son sac, remonta tout doucement à l'atelier, et aperçut Ginevra grimpée sur un échafaudage fait à la hâte, et si absorbée dans la contemplation du militaire inconnu, qu'elle n'entendit pas le léger bruit que produisaient les pas de sa compagne. Il est vrai que, suivant une expression de Walter Scott, mademoiselle de Monsaurin marchait comme sur des œufs; elle regagna promptement la porte de l'atelier, et toussa. Ginevra tressaillit, tourna la tête, vit son ennemie, rougit, s'empressa de détacher la serge pour donner le change sur ses intentions, et descendit après avoir rangé sa boîte à couleurs. Elle quitta l'escalier en emportant, gravée dans son souvenir, l'image d'une tête d'homme aussi gracieuse que celle de l'Endymion, chef-d'œuvre de Girodet, qu'elle avait copié peu de jours auparavant.

— Proscrire un homme si jeune! Qui donc peut-il être? Car ce n'est pas le maréchal Ney.

Ces deux phrases sont l'expression la plus simple de toutes les idées que Ginevra commenta pendant deux jours. Le surlendemain, quelque diligence qu'elle fît pour arriver la première à l'atelier, elle y trouva mademoiselle de Monsaurin qui s'y était fait conduire en voiture. Ginevra et son ennemie s'observèrent long-temps; mais elles se composèrent des visages impénétrables l'une pour l'autre. Mademoiselle de Monsaurin avait vu la tête ravissante de l'inconnu, mais heureusement et malheureusement tout à la fois, les aigles et l'uniforme n'étaient pas placés dans l'espace que la fente lui avait permis d'apercevoir. Alors elle se perdait en conjectures. Tout-à-coup, M. Servin arriva beaucoup plus tôt qu'à l'ordinaire.

— Mademoiselle Ginevra, dit-il après avoir jeté un coup-d'œil sur l'atelier, pourquoi vous êtes-vous mise là? Le jour est mauvais. Approchez-vous donc de ces demoiselles, et descendez un peu votre rideau.

Puis il s'assit auprès de la jeune fille nommée Laure, dont il corrigea le travail.

— Comment donc! s'écria-t-il, voici une tête supérieurement faite. Vous serez une seconde Ginevra.

Le maître alla de chevalet en chevalet, grondant,

flattant, plaisantant, et faisant, comme toujours, plutôt craindre ses plaisanteries que ses réprimandes. L'Italienne n'avait pas obéi aux observations du professeur, et restait à son poste avec la ferme intention de ne pas s'en écarter. Elle prit une feuille de papier et se mit à *croquer* à la seppia la tête du pauvre reclus. Une œuvre conçue avec passion porte toujours un cachet particulier. La faculté d'imprimer aux traductions de la nature ou de la pensée des couleurs vraies constitue le génie, et souvent la passion en tient lieu. Aussi, dans la circonstance où se trouvait Ginevra, la persécution que sa mémoire lui faisait éprouver, ou la nécessité peut-être, cette mère des grandes choses, lui prêta-t-elle un talent surnaturel. La tête de l'officier fut jetée sur le papier au milieu d'un tressaillement intérieur qu'elle attribuait à la crainte, et dans lequel un physiologiste aurait reconnu la fièvre de l'inspiration. Elle glissait de temps en temps un regard furtif sur ses compagnes, afin de pouvoir cacher le lavis en cas d'indiscrétion de leur part; mais, malgré son active surveillance, il y eut un moment où elle n'aperçut pas le lorgnon que son impitoyable ennemie braquait sur le mystérieux dessin en s'abritant derrière un grand portefeuille. Mademoiselle de Monsaurin reconnut la figure de l'inconnu, leva brusquement la tête, et Ginevra serra la feuille de papier.

— Pourquoi êtes-vous donc restée là, malgré mon avis, mademoiselle? demanda gravement le professeur à Ginevra.

L'écolière tourna vivement son chevalet de manière à ce que personne ne pût voir son lavis, et dit d'une voix émue en le montrant à son maître : — Ne trouvez-vous pas, comme moi, que ce jour est plus favorable, et ne dois-je pas rester là?

M. Servin pâlit. Rien n'échappe aux yeux perçans de la haine ; aussi, mademoiselle de Monsaurin se mit-elle, pour ainsi dire, en tiers dans les émotions qui agitèrent le maître et l'écolière.

— Vous avez raison, dit M. Servin. Mais vous en saurez bientôt plus que moi, ajouta-t-il en riant forcément.

Il y eut une pause pendant laquelle le professeur contempla la tête de l'officier.

— Ceci est un chef-d'œuvre digne de Salvator Rosa, s'écria-t-il avec une énergie d'artiste.

A cette exclamation, toutes les jeunes personnes se levèrent, et mademoiselle de Monsaurin accourut avec la vélocité du tigre qui se jette sur sa proie. En ce moment, le proscrit, éveillé par le bruit, se remua. Ginevra fit tomber son tabouret, prononça des phrases assez incohérentes, et se mit à rire. Mais elle avait plié le portrait, et l'avait jeté dans son portefeuille avant que sa redoutable ennemie eût pu l'apercevoir. Le chevalet fut entouré, et M. Servin détailla à haute voix les beautés de la copie que faisait en ce moment son élève favorite. Tout le monde fut dupe de ce stratagème, excepté mademoiselle de Monsaurin, qui, se plaçant en arrière de ses compagnes, essaya d'ouvrir le portefeuille où elle avait vu mettre le lavis. Ginevra saisit le carton et le plaça devant elle sans mot dire. Les deux jeunes filles s'examinèrent en silence.

— Allons, mesdemoiselles, à vos places ; dit M. Servin. Si vous voulez en savoir autant, il ne faut pas toujours parler modes ou bals, et baguenauder comme vous le faites.

Quand toutes les jeunes personnes eurent regagné leurs chevalets, M. Servin s'assit auprès de Ginevra.

— Ne valait-il pas mieux que ce mystère fût découvert par moi que par une autre ? dit l'Italienne en parlant à voix basse.

— Oui, répondit le peintre. Vous êtes patriote ; mais ne le fussiez-vous pas, ce serait encore vous à qui je l'aurais confié.

Le maître et l'écolière se comprirent, et Ginevra ne craignit plus de demander : — Qui est-ce ?

— L'ami intime de Labédoyère, celui qui, après l'infortuné colonel, a contribué le plus à la réunion du septième avec les grenadiers de l'île d'Elbe. Il a été à Waterloo, il était chef d'escadron dans la Garde.

— Comment n'avez-vous pas brûlé son uniforme, son shako, et ne lui avez-vous pas donné des habits bourgeois ? dit vivement Ginevra.

— On doit m'en apporter ce soir.

— Vous auriez dû fermer notre atelier pendant quelques jours.

— Il va partir.

— Il veut donc mourir, dit la jeune fille. Laissez-le chez vous pendant le premier moment de la tourmente. Paris est encore le seul endroit de la France où l'on puisse cacher sûrement un homme. Il est votre ami? demanda-t-elle.

— Non, il n'a pas d'autres titres à ma recommandation que son malheur. Voici comment il m'est tombé sur les bras. Mon beau-père, qui avait repris du service pendant cette campagne, a rencontré ce pauvre jeune homme, et l'a très-subtilement sauvé des griffes de ceux qui ont arrêté Labédoyère. Il voulait le défendre, l'insensé!

— C'est vous qui le nommez ainsi? s'écria Ginevra en lançant un regard de surprise au peintre qui garda le silence un moment.

— Mon beau-père est trop espionné pour pouvoir garder quelqu'un chez lui, reprit-il. Il me l'a donc nuitamment amené la semaine dernière. J'avais espéré le dérober à tous les yeux en le mettant dans ce coin, le seul endroit de la maison où il puisse être en sûreté.

— Si je puis vous être utile, employez-moi, dit Ginevra, je connais le maréchal Feltre.

— Eh bien! nous verrons, répondit le peintre.

Cette conversation dura trop long-temps pour ne pas être remarquée de toutes les jeunes filles. M. Servin quitta Ginevra, revint encore à chaque chevalet, et donna de si longues leçons qu'il était encore sur l'escalier quand sonna l'heure à laquelle ses écolières avaient l'habitude de partir.

— Vous oubliez votre sac, mademoiselle de Monsaurin, s'écria le professeur en courant après la jeune fille qui descendait jusqu'au métier d'espion pour satisfaire sa haine.

La curieuse élève vint chercher son sac, en manifestant un peu de surprise de son étourderie, mais le soin de M. Servin fut pour elle une nouvelle preuve de l'existence d'un mystère dont elle avait soupçonné la gravité. Elle avait déjà inventé tout ce qui devait être, et pouvait dire comme l'abbé Vertot : — *Mon siége est fait*. Elle descendit bruyamment l'escalier et tira violemment la porte qui donnait dans l'appartement de M. Servin, afin de faire croire qu'elle sortait ; mais elle remonta doucement, et se tint derrière la porte de l'atelier. Quand le peintre et Ginevra se crurent seuls, il frappa d'une certaine manière à la porte de la mansarde, qui, aussitôt, tourna sur ses gonds rouillés et criards. L'Italienne vit paraître un jeune homme grand et bien fait, dont l'uniforme impérial lui fit battre le cœur. L'officier avait un bras en écharpe, et la pâleur de son teint accusait de vives souffrances. En apercevant une inconnue il tressaillit. Mademoiselle de Monsaurin, qui ne pouvait rien voir, trembla de rester plus long-temps ; mais il lui suffisait d'avoir entendu le grincement de la porte, elle s'en alla sans bruit.

— Ne craignez rien, dit le peintre à l'officier, mademoiselle est la fille du plus fidèle ami de l'empereur, le baron de Piombo.

Le jeune militaire ne conserva plus de doute sur le patriotisme de Ginevra, après l'avoir vue.

— Vous êtes blessé, dit-elle.

— Oh! ce n'est rien, mademoiselle, la plaie se referme.

En ce moment, les voix criardes et perçantes des colporteurs arrivèrent jusqu'à l'atelier. — Voici le jugement qui condamne à mort.... Tous trois tressaillirent. Le soldat entendit, le premier, un nom qui le fit pâlir, il chancela et s'assit.

— Labédoyère, dit-il.

Ils se regardèrent en silence. Des gouttes de sueur se formèrent sur le front livide du jeune homme. Il saisit d'une main et par un geste de désespoir les touffes noires de sa chevelure, et appuya son coude sur le bord du chevalet de Ginevra.

— Après tout, dit-il en se levant brusquement, Labédoyère et moi savions ce que nous faisions. Nous connaissions le sort qui nous attendait après le triomphe comme après la chute. Il meurt pour la cause, et moi je me cache.

Il alla précipitamment vers la porte de l'atelier; mais plus leste que lui, Ginevra s'était élancée et lui en barrait le chemin.

— Rétablirez-vous l'empereur? dit-elle. Croyez-vous pouvoir relever un géant quand lui-même n'a pas su rester debout?

— Que voulez-vous que je devienne? dit-il en s'adressant aux deux amis que lui avait envoyés le hasard. Je n'ai pas un seul parent dans le monde. Labédoyère était mon protecteur et mon ami. Je suis seul. Demain je serai peut-être proscrit ou condamné. Je n'ai jamais eu que ma paie pour fortune. J'ai mangé mon dernier écu pour venir arracher Labédoyère à son sort, et tâcher de l'emmener. La mort est donc une nécessité pour moi. Quand on est décidé à mourir, il faut savoir vendre sa tête au bourreau. Je pensais tout à l'heure que la vie d'un honnête homme vaut bien celle de deux traîtres, et qu'un coup de poignard bien placé peut donner l'immortalité !

Cet accès de désespoir effraya le peintre et Ginevra elle-même qui comprit bien le jeune homme. Elle admira cette belle tête et cette voix délicieuse dont la douceur était à peine altérée par des accens de fureur. Puis, elle jeta tout-à-coup du baume sur toutes les plaies de l'infortuné.

— Monsieur, dit-elle, quant à votre détresse pécuniaire, permettez-moi de vous offrir quelques cents francs. Mon père est riche, je suis son seul enfant, il m'aime, et je suis bien sûre qu'il ne me blâmera pas. Ne vous faites pas scrupule d'accepter. Nos biens viennent de l'empereur, nous n'avons pas un centime qui ne soit un effet de sa munificence. N'est-ce pas être reconnaissans que d'obliger un de ses fidèles soldats? Prenez donc cette somme avec aussi peu de façons que j'en mets à vous l'offrir. Ce n'est que de l'argent, ajouta-t-elle d'un ton de mépris. — Maintenant, quant à des amis, vous en trouverez ! Là, elle leva fièrement la tête, et ses yeux brillèrent d'un éclat inusité. — La tête qui tombera demain devant une douzaine de fusils sauve la vôtre, reprit-elle. Attendez que cet orage passe, et vous pourrez aller chercher du service à l'étranger, si l'on ne vous oublie pas, ou dans l'Armée française, si l'on vous oublie.

Il existe dans les consolations que donne une femme une délicatesse qui a toujours quelque chose de maternel, de prévoyant, de complet. Mais quand, à ces paroles de paix et d'espérance, se joignent la grâce des gestes, cette éloquence de ton qui vient du cœur, et que surtout la bienfaitrice est belle, il est difficile à un homme de résister. Le jeune officier aspira l'amour par tous les sens. Une légère teinte rose nuança ses joues blanches, ses yeux perdirent un peu de la mélancolie qui les ternissait, et il dit d'un son de voix particulier : — Vous êtes un ange de bonté! Mais Labédoyère, ajouta-t-il, Labédoyère!

A ce cri, ils se regardèrent tous trois en silence, et ils se comprirent. Ce n'étaient plus des amis de vingt minutes, mais de vingt ans.

— Mon cher, reprit M. Servin, pouvez-vous le sauver?

— Je puis le venger!

Ginevra tressaillit. Quoique l'inconnu fût beau, son aspect n'avait point ému la jeune fille. La douce pitié que les femmes trouvent dans leur cœur pour les misères qui n'ont rien d'ignoble, avait étouffé chez Ginevra toute autre affection. Mais entendre un cri de vengeance, rencontrer dans ce proscrit une âme italienne, du dévouement pour Napoléon, de la générosité à la Corse! c'en était trop pour elle. Elle le contempla donc avec une émotion respectueuse qui lui agita fortement le cœur. C'était la première fois qu'un homme lui faisait éprouver un sentiment aussi vif. Elle se plut à mettre l'âme de l'inconnu en harmonie avec la beauté distinguée de ses traits, avec les heureuses proportions de sa taille, qu'elle admirait en artiste. Elle avait été menée par le hasard, de la curiosité à la pitié, de la pitié à un intérêt puissant, et de cet intérêt, à des sensations si profondes, qu'elle crut dangereux de rester là plus long-temps.

— A demain, dit-elle en laissant à l'officier le plus doux de ses sourires pour consolation.

En voyant ce sourire, qui jetait comme un nouveau jour sur la figure de Ginevra, l'inconnu oublia tout pendant un instant.

— Demain, répondit-il avec tristesse, demain, Labédoyère...

Ginevra se retourna, mit un doigt sur ses lèvres, et le regarda comme si elle lui disait : — Calmez-vous, soyez prudent.

Alors le jeune homme s'écria : — *O Dio! che non vorrei vivere dopo averla veduta!* (O Dieu! qui ne voudrait vivre, après l'avoir vue!)

L'accent particulier avec lequel il prononça cette phrase fit tressaillir Ginevra.

— Vous êtes Corse? s'écria-t-elle en revenant à lui, le cœur palpitant d'aise.

— Je suis né en Corse, répondit-il. Mais j'ai été

amené très-jeune à Gênes; et, aussitôt que j'eus atteint l'âge auquel on entre au service militaire, je me suis engagé.

La beauté de l'inconnu, l'attrait surnaturel que lui prêtaient ses opinions bonapartistes, sa blessure, son malheur, son danger même, tout disparut aux yeux de Ginevra, ou plutôt tout se fondit dans un seul sentiment, nouveau, délicieux. Ce proscrit était un enfant de la Corse, il en parlait le langage chéri! La jeune fille resta pendant un moment immobile, retenue par une sensation magique. Elle avait en effet sous les yeux un tableau vivant auquel tous les sentimens humains réunis et le hasard donnaient de vives couleurs. D'après l'invitation de M. Servin, l'officier s'était assis sur un divan. Le peintre avait dénoué l'écharpe qui retenait le bras de son hôte, et s'occupait à en défaire l'appareil afin de panser la blessure. Ginevra frissonna en voyant la longue et large plaie que la lame d'un sabre avait faite sur l'avant-bras du jeune homme. Elle laissa échapper une plainte. L'inconnu leva la tête vers elle et se mit à sourire. Il y avait quelque chose de touchant et qui allait à l'âme dans l'attention avec laquelle M. Servin enlevait la charpie et tâtait les chairs meurtries, tandis que la figure du blessé, quoique pâle et maladive, exprimait, à l'aspect de la jeune fille, plus de plaisir que de souffrance. Une artiste devait admirer involontairement cette opposition de sentimens, et les contrastes que produisaient la blancheur des linges, la nudité du bras, avec l'uniforme bleu et rouge de l'officier. En ce moment, une obscurité douce enveloppait l'atelier ; mais un dernier rayon de soleil vint éclairer la place où se trouvait le proscrit, en sorte que sa noble et blanche figure, ses cheveux noirs, ses vêtemens, tout fut inondé par le jour, effet simple que la superstitieuse Italienne prit pour un heureux présage. L'inconnu ressemblait ainsi à un ange de lumière qui lui faisait entendre le langage de la patrie, et le mettait sous le charme des souvenirs de son enfance, pendant que dans son cœur naissait un sentiment aussi frais, aussi pur que son premier âge d'innocence. Elle demeura, pendant un moment bien court, songeuse et comme plongée dans une pensée infinie ; puis, elle rougit de laisser voir sa préoccupation, échangea un doux et rapide regard avec le proscrit, et s'enfuit en le voyant toujours.

Le lendemain, Ginevra vint à l'atelier. Ce n'était pas un jour de leçon, le prisonnier put rester auprès de sa compatriote. M. Servin, qui avait une esquisse à terminer, permit au reclus de demeurer dans l'atelier, et servit de mentor aux deux jeunes gens qui s'entretinrent souvent en italien. Le pauvre soldat raconta les souffrances qu'il avait éprouvées pendant la déroute de Moscou. Il s'était trouvé, à l'âge de dix-neuf ans, au passage de la Bérésina, seul de son régiment, après avoir perdu, dans ses camarades, les seuls hommes qui pussent s'intéresser à un orphelin. Il peignit en traits de feu le grand désastre de Waterloo. Sa voix fut une musique pour l'Italienne. Ginevra n'avait pas été élevée à la française, elle était, en quelque sorte, la fille de la nature, et ignorait le mensonge. Elle se livrait sans détour à ses impressions, et les avouait, ou plutôt les laissait deviner sans le manége de cette petite et calculatrice coquetterie des jeunes filles de Paris. Pendant cette journée, elle resta plus d'une fois, sa palette d'une main, son pinceau de l'autre, sans que le pinceau s'abreuvât des couleurs de la palette. Les yeux attachés sur l'officier et la bouche légèrement entr'ouverte, elle écoutait, se tenant toujours prête à donner un coup de pinceau qu'elle ne donnait jamais. Elle ne s'étonnait pas de trouver tant de douceur dans les yeux du jeune homme, car elle sentait les siens devenir doux malgré sa volonté de les tenir sévères ou calmes. Puis, elle peignait ensuite avec une attention particulière et pendant des heures entières, sans lever la tête, parce qu'il était là, près d'elle, la regardant travailler. La première fois qu'il vint s'asseoir pour la contempler en silence, elle lui dit d'un son de voix ému et après une longue pause : — Cela vous amuse donc de voir peindre ?

Ce jour-là elle apprit qu'il se nommait Louis. Ils convinrent, avant de se séparer, que, les jours d'atelier, s'il arrivait quelque événement politique important, Ginevra l'en instruirait en chantant, à voix basse, des airs italiens.

Le lendemain, mademoiselle de Monsaurin apprit, sous le secret, à toutes ses compagnes que

Ginevra di Piombo était aimée d'un jeune homme qui venait, pendant les heures consacrées aux leçons, s'établir dans le cabinet noir de l'atelier.

— Vous qui prenez son parti, dit-elle à mademoiselle Planta, examinez-la bien, et vous verrez à quoi elle passera son temps.

Ginevra fut donc observée avec une attention diabolique. On écouta ses chansons, on épia ses regards. Au moment où elle ne croyait être vue de personne, une douzaine d'yeux étaient incessamment arrêtés sur elle. Ainsi prévenues, ces jeunes filles interprétèrent dans leur sens vrai, les agitations qui passèrent sur la brillante figure de l'Italienne, et ses gestes, et l'accent particulier de ses fredonnemens, et l'air attentif dont elle écoutait des sons indistincts qu'elle seule entendait à travers la cloison. Au bout d'une huitaine de jours, une seule des quinze élèves de M. Servin s'était refusée à voir Louis par la crevasse de la cloison. Cette jeune fille était Laure, la jolie personne, pauvre et assidue, qui, par un instinct de faiblesse, aimait véritablement Ginevra, et la défendait encore. Mademoiselle Planta voulut faire rester Laure sur l'escalier à l'heure du départ, afin de lui prouver l'intimité de Ginevra et du beau jeune homme en les surprenant ensemble. Laure refusa de descendre à un espionnage que la curiosité ne justifiait pas, et devint l'objet d'une réprobation universelle.

Le comte de Monsaurin ayant été nommé pair de France, son impertinente fille trouva qu'il était au-

4.

dessous de sa dignité de venir à l'atelier d'un peintre, et surtout d'un peintre dont les opinions avaient une teinte de patriotisme ou de bonapartisme, ce qui, à cette époque, était une seule et même chose. Elle ne revint donc plus chez M. Servin qui refusa poliment d'aller chez elle. Si mademoiselle de Monsaurin oublia Ginevra, le mal qu'elle avait semé porta ses fruits. Insensiblement, et soit par hasard, par caquetage ou par pruderie, toutes les autres jeunes personnes instruisirent leurs mères de l'étrange aventure qui se passait à l'atelier. Un jour mademoiselle Planta ne vint pas, et la leçon suivante ce fut une autre jeune fille ; enfin trois ou quatre demoiselles, qui étaient restées les dernières, ne revinrent plus. Ginevra et mademoiselle Laure, sa petite amie, furent pendant deux ou trois jours les seules habitantes de l'atelier désert. L'Italienne ne s'apercevait point de l'abandon dans lequel elle se trouvait, et ne recherchait même pas la cause de l'absence de ses compagnes. Ayant inventé depuis peu des moyens de correspondre mystérieusement avec Louis, elle vivait à l'atelier comme dans une délicieuse retraite, seule au milieu d'un monde, ne pensant qu'à l'officier et aux dangers qui le menaçaient. Cette jeune fille, si admiratrice des nobles caractères, pressait Louis de se soumettre promptement à l'autorité royale, afin de le garder en France. Louis ne voulait pas sortir de sa cachette. Si les passions ne naissent et ne grandissent que sous l'influence d'événemens extraordinaires et romanesques, on peut dire que jamais tant de circonstances ne concoururent à lier deux êtres par un même sentiment. L'amitié de Ginevra pour Louis et de Louis pour elle fit plus de progrès en un mois qu'une amitié du monde n'en fait en dix ans dans un salon. L'adversité est la pierre de touche des caractères. Ginevra put donc apprécier facilement Louis et le connaître. Ils ressentirent bientôt une estime réciproque l'un pour l'autre. Puis, Ginevra étant plus âgée que Louis, trouvait une douceur extrême à être courtisée par un jeune homme déjà si grand, si éprouvé par le sort, et qui joignait, à l'expérience d'un homme, la beauté, les grâces de l'adolescence. De son côté, Louis ressentait un indicible plaisir à se laisser protéger en apparence par une jeune fille de vingt-cinq ans. Il y avait dans ce sentiment un certain orgueil inexplicable. Peut-être était-ce une preuve d'amour. L'union de la force et de la faiblesse, de la douceur et de la fierté, avait en Ginevra d'irrésistibles attraits, et Louis était entièrement subjugué par elle. Ils s'aimaient si profondément déjà, qu'ils n'avaient eu besoin ni de se le dire, ni de se le nier.

Un jour, et vers le soir, Ginevra entendit un signal favori. Louis frappait avec une épingle sur la boiserie, de manière à ne pas produire plus de bruit qu'une araignée qui attache son fil. Il demandait ainsi à sortir de sa retraite. L'Italienne jeta un coup-d'œil dans l'atelier, et ne voyant pas la petite Laure, elle répondit au signal. Louis ouvrit la porte, sa vue plongea sur l'atelier, il aperçut la jeune fille, et rentra précipitamment. Ginevra étonnée se leva, vit Laure, et lui dit en allant à son chevalet : — Vous restez bien tard, ma chère. Cette tête me paraît pourtant achevée. Il n'y a plus qu'un reflet à indiquer sur le haut de cette tresse de cheveux.

— Vous seriez bien bonne, dit Laure d'une voix émue, si vous vouliez me corriger cette copie. Je pourrais conserver quelque chose de vous....

— Je veux bien, répondit Ginevra, sûre de pouvoir ainsi la congédier. Je croyais, reprit-elle en donnant de légers coups de pinceau, que vous aviez beaucoup de chemin à faire de chez vous à l'atelier.

— Oh! Ginevra, je vais m'en aller, s'écria la jeune fille d'un air triste, et pour toujours.

L'Italienne ne fut pas autant affectée de ces paroles pleines de mélancolie qu'elle l'aurait été un mois auparavant.

— Vous quittez M. Servin? demanda-t-elle.

— Vous ne vous apercevez donc pas, Ginevra, que depuis quelque temps il n'y a plus ici que vous et moi.

— C'est vrai, répondit Ginevra, frappée tout-à-coup comme par un souvenir. Ces demoiselles seraient-elles malades? se marieraient-elles? ou leurs pères seraient-ils tous arrivés à la pairie?

— Toutes ont quitté M. Servin, répondit Laure.

— Et pourquoi?

— A cause de vous, Ginevra!

— De moi! répéta l'Italienne en se levant, le front menaçant, l'air fier et les yeux étincelans.

— Oh! ne vous fâchez pas, ma bonne Ginevra, s'écria douloureusement Laure. Mais ma mère aussi veut que je quitte l'atelier. Toutes ces demoiselles ont dit que vous aviez un amant, que M. Servin se prêtait à ce qu'il demeurât dans le cabinet noir. Je ne l'ai jamais cru, je n'en ai rien dit à ma mère. Hier au soir madame Planta, qui l'a rencontrée dans un bal, lui a demandé si elle m'envoyait toujours ici. Sur la réponse affirmative de ma mère, elle lui a répété toutes les calomnies de ces demoiselles. Maman m'a bien grondée, elle a prétendu que je devais savoir tout cela, et que j'avais manqué à la confiance qui règne entre une mère et sa fille, en ne lui en parlant pas. O ma chère Ginevra! moi qui vous prenais pour modèle et à qui j'aurais tant voulu ressembler! Combien je suis fâchée de ne plus pouvoir être votre amie! Mais prenez garde! madame Planta et ma mère doivent venir demain chez M. Servin pour lui faire des reproches.

La foudre tombée à deux pas de Ginevra l'aurait moins étonnée que cette révélation.

— Qu'est-ce que cela leur faisait? dit-elle naïvement.

— Tout le monde trouve cela fort mal. Maman dit que c'est contraire aux mœurs....

— Et vous, Laure, qu'en pensez-vous?

La jeune fille regarda Ginevra, leurs pensées se confondirent, Laure ne retint plus ses larmes, se jeta au cou de son amie et l'embrassa. En ce moment, M. Servin arriva.

— Mademoiselle Ginevra, dit-il avec enthousiasme, j'ai fini mon tableau! on le vernit! Qu'avez-vous donc? Il paraît que toutes ces demoiselles prennent des vacances, ou sont à la campagne.

Laure sécha ses larmes, salua M. Servin, et se retira.

— L'atelier est désert depuis plusieurs jours, dit Ginevra. Ces demoiselles ne reviendront plus.

— Bah!

— Oh, ne riez pas, reprit Ginevra, écoutez-moi. Je suis la cause involontaire de la perte de votre réputation.

L'artiste se mit à sourire, et dit en interrompant son écolière. — Ma réputation! mais, dans quelques jours, mon tableau sera exposé.

— Il ne s'agit pas de votre talent, dit l'Italienne. Ces demoiselles ont publié que M. Louis était renfermé ici, que vous vous prêtiez.... à.... notre amour....

— Il y a du vrai là-dedans, mademoiselle, répondit le professeur. Les mères de ces demoiselles sont des bégueules, reprit-il. Si elles étaient venues me trouver, tout se serait expliqué. Mais que je prenne du souci de tout cela? la vie est trop courte!

Et le peintre fit craquer ses doigts par dessus sa tête. Louis, qui avait entendu une partie de cette conversation, accourut aussitôt.

— Vous allez perdre toutes vos écolières, s'écria-t-il, et je vous aurai ruiné.

L'artiste prenant la main de Louis et celle de Ginevra, les joignit.

— Vous vous marierez, mes enfans, leur demanda-t-il avec une touchante bonhomie.

Ils baissèrent tous deux les yeux, et leur silence fut le premier aveu qu'ils se firent.

— Eh bien! reprit M. Servin, vous serez heureux, n'est-ce pas? Y a-t-il quelque chose qui puisse payer le bonheur de deux êtres tels que vous?

— Je suis riche, dit Ginevra, et vous me permettrez de vous indemniser....

— Indemniser! s'écria M. Servin. Quand on saura que j'ai été victime des calomnies de quelques sottes, et que je cachais un proscrit; mais tous les libéraux de Paris m'enverront leurs filles! Alors je serai peut-être votre débiteur....

Louis serrait la main de son protecteur sans pouvoir prononcer une parole; mais enfin il lui dit d'une voix attendrie : — C'est donc à vous que je devrai ma Ginevra et toute ma félicité.

— Soyez heureux! dit le peintre avec une onction comique et en imposant les mains sur la tête des deux amans, je vous unis!

Cette plaisanterie d'artiste mit fin à leur attendrissement. Ils se regardèrent tous trois en riant. L'Italienne serra la main de Louis par une violente étreinte et avec une simplicité d'action digne des mœurs de sa patrie.

— Ah ça, mes chers enfans, reprit M. Servin, vous croyez que tout ça va maintenant à merveille? Eh bien, vous vous trompez.

Les deux amans l'examinèrent avec étonnement.

— Rassurez-vous, je suis le seul que votre espièglerie embarrasse! Madame Servin est un peu *collet-monté*, et je ne sais en vérité pas comment nous nous arrangerons avec elle.

— Dieu! j'oubliais! s'écria Ginevra. Demain madame Planta et la mère de Laure doivent venir vous...

— J'entends! dit le peintre en interrompant.

— Mais vous pouvez vous justifier, reprit la jeune fille en laissant échapper un geste de tête plein d'orgueil. M. Louis, dit-elle en se tournant vers lui et le regardant avec finesse, ne doit plus avoir d'antipathie pour le gouvernement royal? — Eh bien, reprit-elle après l'avoir vu sourire, demain matin j'enverrai une pétition à l'un des personnages les plus influens du ministère de la guerre, à un homme qui ne peut rien refuser à la fille du baron de Piombo. Nous obtiendrons un pardon tacite pour le commandant Louis. Et vous pourrez, ajouta-t-elle en s'adressant à M. Servin, confondre les mères de mes charitables compagnes en leur disant la vérité.

— Vous êtes un ange, s'écria M. Servin.

Pendant que cette scène se passait à l'atelier, le père et la mère de Ginevra s'impatientaient de ne pas la voir revenir.

— Il est six heures, et Ginevra n'est pas encore de retour, s'écria Bartholoméo.

— Elle n'est jamais rentrée si tard, répondit la femme de Piombo.

Les deux vieillards se regardèrent avec toutes les marques d'une anxiété peu ordinaire. Bartholoméo, trop agité pour rester en place, se leva et fit deux fois le tour de son salon assez lestement pour un homme de soixante-dix-sept ans. Grâce à sa constitution robuste, il avait subi peu de changemens depuis le jour de son arrivée à Paris. Malgré sa haute taille il se tenait encore droit. Ses cheveux, devenus blancs et rares, laissaient à découvert un crâne large et protubérant qui donnait une haute idée de son caractère et de sa fermeté. Sa figure, marquée de rides profondes, avait pris un très-grand développement et gardait ce teint pâle qui inspire la vénération. La fougue des passions régnait encore dans le feu surnaturel de ses yeux, dont les sourcils n'avaient pas entièrement blanchi, et qui conservaient leur terrible mobilité. L'aspect de cette tête était sévère, mais on voyait que Bartholoméo avait le droit d'être ainsi. Sa bonté, sa douceur n'étaient guère connues que de sa femme et de sa fille. Dans ses fonctions ou devant un étranger, il ne déposait jamais la majesté que le temps imprimait à sa figure et à sa personne, et l'habitude de froncer ses gros sourcils, de contracter les rides de son visage, et de donner une fixité à son regard, rendait son abord glacial.

Pendant le cours de sa vie politique, il avait été si généralement craint, qu'il passait pour peu sociable; mais il n'est pas difficile d'expliquer les causes de cette réputation. La vie, les mœurs et la fidélité de Piombo faisaient la censure de la plupart des courtisans. Malgré les missions délicates dont il fut chargé, et qui, pour tout autre, eussent été lucratives, il ne possédait pas plus d'une vingtaine de mille livres de rente en inscriptions sur le grand-livre. Si l'on vient à songer au bon marché des rentes sous l'empire et à la libéralité de Napoléon envers ceux de ses fidèles serviteurs qui savaient parler, il est facile de voir que le baron de Piombo était un homme d'une probité sévère. Il ne devait son plumage de baron qu'à la nécessité dans laquelle Napoléon s'était trouvé de lui donner un titre en l'envoyant auprès d'une puissance étrangère. Bartholoméo avait toujours professé une haine implacable pour les traîtres dont Napoléon fut entouré. Ce fut lui qui, dit-on, fit trois pas vers la porte du cabinet de l'empereur, après lui avoir donné le conseil de se débarrasser de trois hommes en France, la veille du jour où il partit pour sa célèbre et admirable campagne de 1814. Depuis le 8 juillet, Bartholoméo ne portait plus la décoration de la Légion-d'Honneur. Jamais homme n'offrit une plus belle image de ces vieux républicains, amis incorruptibles de l'empire, qui restaient comme les vivans débris des deux gouvernemens les plus énergiques que le monde ait connus. Si le baron de

Piombo déplaisait à quelques courtisans, il avait les Daru, les Drouot, les Carnot pour amis. Aussi, quant au reste des hommes politiques, depuis le 8 juillet surtout, s'en souciait-il autant que des bouffées de fumée qu'il tirait de son cigare.

Bartholoméo di Piombo avait acquis, moyennant la somme assez modique que *Madame*, mère de l'empereur, lui avait donnée de ses propriétés en Corse, l'ancien hôtel des comtes de Givry, dans lequel il n'avait fait aucun changement. Presque toujours logé aux frais du gouvernement, il n'habitait cette maison que depuis la catastrophe de Fontainebleau. Suivant l'habitude des gens simples et de haute vertu, le baron et sa femme ne donnaient rien au faste extérieur. Leurs meubles provenaient de l'ancien ameublement de l'hôtel. Les grands appartemens, hauts d'étage, sombres et nus de cette demeure, les larges glaces encadrées dans de vieilles bordures dorées et presque noires, et ce mobilier du temps de Louis XIV, étaient merveilleusement en rapport avec Bartholoméo et sa femme, personnages dignes de l'antiquité. Sous l'empire, et pendant les cent jours, en exerçant des fonctions largement rétribuées, le vieux Corse avait eu un grand train de maison, plutôt dans le but de faire honneur à sa place que dans le dessein de briller. Sa vie et celle de sa femme étaient si frugales, si tranquilles, que leur modeste fortune était plus que suffisante à leurs besoins. Pour eux, leur fille Ginevra valait toutes les richesses du monde. Aussi, quand, en mai 1814, le baron de Piombo quitta sa place, congédia ses gens et ferma la porte de son écurie, Ginevra, simple et sans faste, comme ses parens, n'eut-elle aucun regret. A l'exemple des grandes âmes elle mettait son luxe dans la force des sentimens, comme elle plaçait sa félicité dans la solitude et le travail. Puis, ces trois êtres s'aimaient trop pour que les dehors de l'existence eussent quelque prix à leurs yeux. Souvent, et surtout depuis la seconde et effroyable chute de Napoléon, Bartholoméo et sa femme passaient des soirées délicieuses à entendre Ginevra toucher du piano ou chanter. Il y avait pour eux un immense secret de plaisir dans la présence, dans la moindre parole de leur fille. Ils la suivaient des yeux avec une tendre inquiétude. Ils entendaient son pas dans la cour, quelque léger qu'il pût être. Semblables à des amans, ils savaient rester des heures entières silencieux tous trois, entendant mieux ainsi que par des paroles l'éloquence de leurs âmes. Ce sentiment profond était la vie des deux vieillards et animait toutes leurs pensées. Ce n'étaient pas trois existences, mais bien une seule, qui, semblable à la flamme d'un foyer, se divisait en trois langues de feu. Si quelquefois le souvenir des bienfaits et du malheur de Napoléon, si la politique du moment triomphaient de la constante sollicitude des deux vieillards, ils pouvaient en parler sans rompre la communauté de leurs pensées, Ginevra partageait leurs passions politiques. L'ardeur avec laquelle ils se réfugiaient dans le cœur de leur unique enfant était bien naturelle. Jusqu'alors, les occupations d'une vie publique avaient absorbé l'énergie du baron de Piombo. En quittant ses emplois, le Corse eut besoin de rejeter son énergie dans le dernier sentiment qui lui restait. Puis, à part les liens qui unissent un père et une mère à leur fille, il y avait peut-être, à l'insu de ces trois âmes despotiques, une puissante raison au fanatisme de leur passion réciproque : ils s'aimaient sans partage. Le cœur tout entier de Ginevra appartenait à son père, comme à elle celui de Piombo. Enfin, s'il est vrai que nous nous attachions les uns aux autres plus par nos défauts que par nos qualités, Ginevra répondait merveilleusement bien à toutes les passions de son père. De là procédait la seule imperfection de cette triple vie. Ginevra était entière dans ses volontés, vindicative, emportée comme Bartholoméo l'avait été pendant sa jeunesse. Le Corse se complut à développer ces sentimens sauvages dans le cœur de sa fille, absolument comme un lion apprend à ses lionceaux à fondre sur une proie. Mais cet apprentissage de vengeance ne pouvant en quelque sorte se faire qu'au logis paternel, Ginevra ne pardonnait rien à son père, et il fallait qu'il lui cédât. Piombo ne voyait que des enfantillages dans ces querelles factices ; mais l'enfant y contracta l'habitude de dominer ses parens. Au milieu de ces tempêtes que Bartholoméo aimait à exciter, un mot de tendresse, un regard suffisaient pour apaiser leurs âmes courroucées, et ils n'étaient jamais si près d'un baiser que quand ils se menaçaient. Cependant depuis cinq années environ, Ginevra, devenue plus sage que son père, évitait constamment ces sortes de scènes. Sa fidélité, son dévouement, l'amour qui triomphait dans toutes ses pensées et son admirable bon sens avaient fait justice de ses colères. Mais il n'en était pas moins résulté un bien grand mal. Ginevra vivait avec son père et sa mère sur le pied d'une égalité toujours funeste. Enfin, pour achever de faire connaître tous les changemens survenus chez ces trois personnages depuis leur arrivée à Paris, Piombo et sa femme n'ayant point d'instruction, avaient laissé Ginevra étudier à sa fantaisie. Au gré de ses caprices de jeune fille, elle avait tout appris et tout quitté, reprenant et laissant chaque pensée tour à tour, jusqu'à ce que la peinture fût devenue sa passion dominante. Elle eût été parfaite, si sa mère avait été capable de diriger ses études, de l'éclairer et de mettre en harmonie les dons de la nature. Ses défauts venaient de la funeste éducation que le vieux Corse avait pris plaisir à lui donner.

Après avoir pendant long-temps fait crier sous ses pas les feuilles du parquet, le grand vieillard sonna. Un domestique parut.

— Allez au devant de mademoiselle Ginevra, dit-il.

— J'ai toujours regretté de ne plus avoir de voiture pour elle, observa la baronne.

— Elle n'en a pas voulu, répondit Piombo en regardant sa femme, qui, accoutumée depuis quarante ans à son rôle d'obéissance, baissa les yeux.

La baronne était presque septuagénaire. Elle était grande, sèche, pâle, ridée, et ressemblait parfaitement à ces vieilles femmes que Schnetz et Fleury mettent dans les scènes italiennes de leurs tableaux de genre. Elle était presque toujours silencieuse, et on l'eût prise pour une nouvelle madame Shandy, si un mot, un regard, un geste n'avaient pas annoncé que ses sentimens gardaient encore la vigueur et la fraîcheur de la jeunesse. Sa toilette, dépouillée de coquetterie, manquait souvent de goût. Elle restait habituellement passive, plongée dans une bergère, comme une sultane *Validé*, attendant ou admirant sa Ginevra, son orgueil et sa vie. La beauté, la toilette, la grâce de sa fille, semblaient être devenues siennes. Tout pour elle était bien quand Ginevra se trouvait heureuse. Ses cheveux avaient blanchi, et quelques mèches se voyaient toujours au-dessus de son front blanc et ridé, ou le long de ses joues creuses.

— Voilà quinze jours environ, dit-elle, que Ginevra rentre un peu plus tard.

— Jean n'ira pas assez vite, s'écria l'impatient vieillard qui croisa les basques de son habit bleu, saisit son chapeau, l'enfonça sur sa tête, prit sa canne, et partit.

— Tu n'iras pas loin, lui cria sa femme.

En effet, la porte cochère s'était ouverte et fermée, et la vieille mère entendait le pas de Ginevra dans la cour. Bartholoméo reparut tout-à-coup portant en triomphe sa fille qui se débattait dans ses bras.

— La voici, la Ginevra, la Ginevrettina, la Ginevrina, la Ginevrola, la Ginevretta, la Ginevra bella!..

— Mon père, vous me faites mal.

Aussitôt elle fut posée à terre avec une sorte de respect. Elle agita la tête par un gracieux mouvement pour rassurer sa mère qui déjà s'effrayait, et pour lui dire que c'était une ruse. Le visage terne et pâle de la baronne reprit comme par enchantement des couleurs et une espèce de gaîté. Piombo se frottait les mains avec une force extrême, symptôme le plus certain de sa joie. Il avait pris cette habitude à la cour, en voyant Napoléon se mettre en colère contre ceux de ses généraux ou de ses ministres qui le servaient mal ou qui avaient commis quelque faute. Les muscles de sa figure s'étaient détendus, et la moindre ride de son front exprimait la bienveillance. Ces deux vieillards offraient en ce moment une image exacte de ces plantes souffrantes auxquelles un peu d'eau rend la vie, après une longue sécheresse.

— A table, à table! s'écria le baron en présentant sa large main à Ginevra qu'il nomma Signora Piombella! autre symptôme de gaîté auquel sa fille répondit par un sourire.

— Ah ça, dit Piombo en sortant de table, sais-tu que ta mère a observé que, depuis un mois, tu restes beaucoup plus long-temps que de coutume à ton atelier ? Il paraît que la peinture va nous faire tort.

— O mon père !

— Ginevra nous prépare sans doute quelque surprise, dit sa mère.

— Tu m'apporterais un tableau ! s'écria le Corse en frappant dans ses mains.

— Oui, je suis très-occupée à l'atelier, répondit-elle.

— Qu'as-tu donc, Ginevra ? Tu pâlis ! lui dit sa mère.

— Non ! s'écria la jeune fille en laissant échapper un geste de résolution, non, il ne sera pas dit que Ginevra Piombo aura menti une fois dans sa vie.

En entendant cette singulière exclamation, Piombo et sa femme regardèrent leur fille d'un air étonné.

— J'aime un jeune homme, ajouta-t-elle d'une voix émue.

Puis, sans oser regarder ses parents, elle abaissa ses larges paupières, comme pour voiler le feu de ses yeux.

— Est-ce un prince ? lui demanda ironiquement son père.

Le son de voix de Piombo fit trembler la mère et la fille.

— Non, mon père, répondit-elle avec modestie, c'est un jeune homme sans fortune...

— Il est donc bien beau !

— Il est malheureux.

— Que fait-il ?

— C'est le compagnon de Labédoyère. Il était proscrit, sans asile. M. Servin l'a caché, et...

— Servin est un honnête garçon, qui s'est bien comporté, s'écria Piombo. Mais vous faites mal, vous, ma fille, d'aimer un autre homme que votre père...

— Il ne dépend pas de moi de ne pas aimer, répondit doucement Ginevra.

— Je me flattais, reprit son père, que ma Ginevra me serait fidèle jusqu'à ma mort ; que mes soins et ceux de sa mère seraient les seuls qu'elle aurait reçus ; que notre tendresse n'aurait pas rencontré dans son âme de tendresse rivale ; et que...

— Vous ai-je reproché votre fanatisme pour Napoléon ? dit Ginevra. N'avez-vous aimé que moi ? N'avez-vous pas été des mois entiers en ambassade ? N'ai-je pas supporté courageusement vos absences ? La vie a des nécessités qu'il faut savoir subir.

— Ginevra !

— Non, vous ne m'aimez pas pour moi, et vos reproches trahissent un insupportable égoïsme !

— Tu accuses l'amour de ton père ! s'écria Piombo, les yeux flamboyans.

— Mon père, je ne vous accuserai jamais, répondit Ginevra avec plus de douceur que sa mère tremblante n'en attendait. Vous avez raison dans votre égoïsme, comme j'ai raison dans mon amour. Le ciel m'est témoin que jamais fille n'a mieux rempli ses devoirs auprès de ses parens. Je n'ai jamais vu que bonheur et amour là où d'autres voient souvent des obligations. Voici quinze ans que je ne me suis pas écartée de dessous votre aile protectrice, et ce fut un bien doux plaisir pour moi que de charmer vos jours. Mais serais-je donc ingrate en me livrant au charme d'aimer, en cherchant un mari?

— Ah! tu comptes avec ton père, Ginevra! reprit le vieillard d'un ton sinistre.

Il se fit une pause effrayante pendant laquelle personne n'osa parler. Enfin, Bartholoméo rompit le silence en s'écriant d'une voix déchirante : — Oh! reste avec nous, reste, vierge, auprès de ton vieux père! Je ne saurais te voir aimer un homme. Ginevra! tu n'attendras pas long-temps ta liberté...

— Mais, mon père, songez donc que nous ne vous quitterons pas; que nous serons deux à vous aimer, que vous connaîtrez le protecteur aux soins duquel vous me laisserez! Vous serez doublement chéri, par moi et par lui; par lui qui est encore moi, et par moi qui suis tout lui-même.

— O Ginevra! Ginevra! s'écria le Corse, en serrant les poings, pourquoi ne t'es-tu pas mariée quand Napoléon m'avait accoutumé à cette idée, et qu'il te présentait des ducs et des comtes?

— Ils m'aimaient par ordre, dit la jeune fille. D'ailleurs, je ne voulais pas vous quitter, et ils m'auraient emmenée avec eux.

— Tu ne veux pas nous laisser seuls, dit Piombo, mais te marier, c'est nous isoler! Je te connais, ma fille, tu ne nous aimeras plus.

— Élisa, ajouta-t-il en regardant sa femme qui restait immobile et comme stupide, nous n'avons plus de fille! Elle veut se marier.

Le vieillard s'assit après avoir levé les mains en l'air, comme pour invoquer Dieu; puis il resta courbé, comme accablé sous sa peine. Ginevra vit l'agitation de son père, et la modération de sa colère lui brisa le cœur. Elle s'attendait à une crise, à des fureurs, elle n'avait pas armé son âme contre la paix et la douceur paternelle.

— Mon père! dit-elle d'une voix touchante, non, vous ne serez jamais abandonné par votre Ginevra. Mais aimez-la aussi un peu pour elle! Si vous saviez comme *il* m'aime! Ah! ce ne serait pas lui qui me ferait de la peine!

— Déjà des comparaisons! s'écria Piombo avec un accent terrible. Non, je ne puis supporter cette idée! reprit-il. S'il t'aimait comme tu mérites de l'être, il me tuerait; et s'il ne t'aimait pas, je le poignarderais.

Les mains de Piombo tremblaient, ses lèvres tremblaient, son corps tremblait, et ses yeux lançaient des éclairs. Ginevra seule pouvait soutenir son regard, car alors ses yeux s'animaient, et la fille était digne du père.

— Oh! t'aimer! quel est l'homme digne de cette vie? reprit-il. T'aimer comme un père, n'est-ce pas déjà vivre dans le paradis? Qui donc sera jamais digne d'être ton époux?

— Lui! dit Ginevra, lui dont je me sens indigne.

— Lui? répéta machinalement Piombo. Qui, *lui?*

— Celui que j'aime.

— Est-ce qu'il peut te connaître encore assez pour t'adorer?

— Mais, mon père, reprit Ginevra éprouvant un mouvement d'impatience, quand il ne m'aimerait pas, du moment où je l'aime...

— Tu l'aimes donc? s'écria Piombo.

Ginevra inclina doucement la tête.

— Alors, tu l'aimes plus que nous.

— Ces deux sentimens ne peuvent se comparer, répondit-elle.

— L'un est plus fort que l'autre? reprit Piombo.

— Je crois que oui, dit Ginevra.

— Tu ne l'épouseras pas! Ce cri furieux fit résonner les vitres du salon.

— Je l'épouserai, répliqua tranquillement Ginevra.

— Mon Dieu! mon Dieu, s'écria la mère, comment finira cette querelle? *Santa virgina!* mettez-vous entre eux.

Le baron, qui se promenait à grands pas, vint s'asseoir. Une sévérité glacée rembrunissait son visage. Il regarda fixement sa fille, et lui dit d'une voix douce et affaiblie : — Eh bien! Ginevra! non, tu ne l'épouseras pas. Oh! ne me dis pas oui! ce soir. Laisse-moi croire le contraire. Veux-tu voir ton père à genoux et ses cheveux blancs prosternés devant toi? je vais te supplier...

— Ginevra Piombo, répondit-elle, n'a pas été

habituée à promettre et à ne pas tenir. Je suis votre fille.

— Elle a raison, dit la baronne, nous sommes mises au monde pour nous marier.

— Ainsi vous l'encouragez dans sa désobéissance...

— Ce n'est pas désobéir, répondit Ginevra, que de se refuser à un ordre injuste.

— Il ne peut pas être injuste quand il émane de la bouche de votre père, ma fille! Pourquoi me jugez-vous? La répugnance que j'éprouve n'est-elle pas un conseil d'en haut? Je vous préserve peut-être d'un malheur.

— Le malheur serait qu'il ne m'aimât pas.

— Toujours lui!

— Oui, toujours, reprit-elle. Il est ma vie, mon bien, ma pensée. Même en vous obéissant, il serait toujours dans mon cœur. Me défendre de l'épouser, n'est-ce pas vous faire haïr.

— Tu ne nous aimes plus, s'écria Piombo.

— Oh! dit Ginevra en agitant la tête.

— Eh bien! oublie-le, reste-nous fidèle. Après nous... tu comprends.

— Mon père, voulez-vous me faire désirer votre mort? s'écria Ginevra.

— Je vivrai plus long-temps que toi! Les enfans qui n'honorent pas leurs parens meurent promptement, s'écria son père parvenu au dernier degré de l'exaspération.

— Raison de plus pour me marier promptement et être heureuse! dit-elle.

Ce sang-froid, cette puissance de raisonnement achevèrent de troubler Piombo. Le sang lui porta violemment à la tête, il devint pourpre. Ginevra frissonna. Elle s'élança comme un oiseau sur les genoux de son père, lui passa ses bras d'amour autour du cou, lui caressa le visage, les cheveux, et s'écria toute attendrie : — Oh! oui, que je meure la première! Je ne te survivrais pas, mon père, mon bon père!

— O ma Ginevra, ma folle, ma Ginevrina, ma Ginevretta, répondit Piombo dont toute la colère se fondit à cette caresse, comme une glace sous les rayons du soleil.

— Il était temps que vous finissiez, dit la baronne d'une voix émue.

— Pauvre mère!

— Ah! Ginevretta! Ginevra bella!...

Et le père jouait avec sa fille comme avec un enfant de six ans. Il s'amusait à défaire les tresses ondoyantes de ses cheveux, à la faire sauter. Il y avait de la folie dans l'expression de sa tendresse. Bientôt sa fille le gronda en l'embrassant, et tenta d'obtenir, par la grâce de ses jeux et en plaisantant, l'entrée de *Louis* au logis. Mais tout en plaisantant aussi, son père refusait. Elle bouda, revint, bouda encore; puis, à la fin de la soirée, elle se trouva contente d'avoir gravé dans le cœur de son père et son amour pour Louis et l'idée d'un mariage prochain. Le lendemain elle ne parla plus de son amour, elle alla plus tard à l'atelier, elle en revint de bonne heure. Elle devint plus caressante pour son père qu'elle ne l'avait jamais été, et se montra pleine de reconnaissance, comme pour le remercier du consentement qu'il semblait donner à son mariage par son silence. Le soir, elle faisait long-temps de la musique, et souvent elle s'écriait : — Il faudrait une voix d'homme pour ce nocturne ! Elle était Italienne, c'est tout dire. Au bout de huit jours, sa mère lui fit un signe, elle vint, puis à l'oreille et à voix basse. — J'ai amené ton père à le recevoir, lui dit-elle.

— O ma mère ! vous me faites bien heureuse !

Ce jour-là, Ginevra eut donc le bonheur de revenir à l'hôtel de son père en donnant le bras à Louis. C'était la seconde fois que le pauvre officier sortait de sa cachette. Les actives sollicitations que Ginevra faisait auprès du duc de Feltre, alors ministre de la guerre, avaient été couronnées d'un plein succès. Louis venait d'être réintégré sur le contrôle des officiers en disponibilité. C'était un bien grand pas vers un meilleur avenir. Le jeune chef de bataillon, ayant été instruit par son amie de toutes les difficultés qui l'attendaient auprès du baron, n'osait avouer la crainte qu'il avait de ne pas lui plaire. Cet homme si courageux contre l'adversité, si brave sur un champ de bataille, tremblait en pensant à son entrée dans le salon de Piombo. Ginevra le sentit tressaillir, et cette émotion, dont elle devinait le principe, fut pour elle une délicieuse preuve d'amour.

— Comme vous êtes pâle ! lui dit-elle, quand ils arrivèrent à la porte de l'hôtel.

— O Ginevra ! s'il ne s'agissait que de ma vie !

Quoique Bartholoméo fût prévenu par sa femme de la présentation officielle de celui que Ginevra aimait, il n'alla pas à sa rencontre et resta dans le fauteuil où il avait l'habitude d'être assis, et la sévérité de son front eut quelque chose de glacial.

— Mon père, dit Ginevra, je vous amène une personne que vous aurez sans doute plaisir à voir. Voici M. Louis, un soldat qui combattait à quatre pas de l'empereur au Mont-Saint-Jean...

Le baron de Piombo se leva, jeta un regard furtif sur Louis, et lui dit d'une voix sardonique : — Monsieur n'est pas décoré ?

— Je ne porte pas la Légion-d'Honneur, répondit timidement Louis qui restait humblement debout.

Ginevra, blessée de l'impolitesse de son père, avança une chaise. La réponse de l'officier satisfit le vieux serviteur de Napoléon. Madame Piombo, s'apercevant que les sourcils de son mari reprenaient leur position naturelle, dit, pour ranimer la conversation : — La ressemblance de monsieur avec Nina Porta est étonnante. Ne trouvez-vous pas que monsieur a toute la physionomie des Porta ?

— Rien de plus naturel, répondit le jeune homme sur qui les yeux flamboyans de Piombo s'arrêtèrent, Nina était ma sœur...

— Tu es Luigi Porta, demanda le vieillard.

— Oui !

Bartholoméo Piombo se leva, chancela, fut obligé

6.

de s'appuyer sur une chaise, et regarda sa femme. Élisa Piombo vint à lui. Puis, les deux vieillards, silencieux, se donnèrent le bras, et sortirent du salon en abandonnant leur fille avec une sorte d'horreur. Luigi Porta, stupéfait, regarda Ginevra qui devint aussi blanche qu'une statue de marbre, et resta les yeux fixés sur la porte vers laquelle son père et sa mère avaient disparu. Leur silence et leur retraite eut quelque chose de si solennel, que, la première fois peut-être, le sentiment de la crainte entra dans son cœur. Elle joignit ses mains l'une contre l'autre avec force, et dit d'une voix si émue qu'elle ne pouvait guère être entendue que par un amant : — Combien de malheur dans un mot !

— Au nom de notre amour, qu'ai-je donc dit ? demanda Luigi Porta.

— Mon père, répondit-elle, ne m'a jamais parlé de notre déplorable histoire, et j'étais trop jeune quand j'ai quitté la Corse pour la savoir.

— Nous serions ennemis ! demanda Luigi en tremblant.

— Oui. En questionnant ma mère, j'ai appris que les Porta avaient tué mes frères et brûlé notre maison. Mon père a massacré toute votre famille. Comment avez-vous survécu, vous qu'il croyait avoir attaché aux colonnes d'un lit avant de mettre le feu à la maison ?

— Je ne sais, répondit Luigi. A six ans, j'ai été amené à Gênes, chez un vieillard nommé Colonna. Aucun détail sur ma famille ne m'a été donné. Je savais seulement que j'étais orphelin, sans fortune, et que Colonna était mon tuteur. J'ai porté son nom jusqu'au jour où je suis entré au service. Comme il m'a fallu des actes pour prouver qui j'étais, alors le vieux Colonna m'a dit que moi, faible et presque enfant encore, j'avais des ennemis. Il m'a engagé à ne prendre que le nom de Luigi pour leur échapper.

— Partez, partez, Luigi, s'écria Ginevra. Je vais vous accompagner. Tant que vous êtes dans la maison de mon père, vous n'avez rien à craindre; mais prenez bien garde à vous! Aussitôt que vous en sortirez, vous marcherez de danger en danger. Mon père a deux Corses à son service, et si ce n'est pas lui qui menacera vos jours, ce seront eux.

— Ginevra, dit-il, cette haine existera-t-elle donc entre nous?

La jeune fille sourit tristement et baissa la tête. Elle la releva bientôt avec une sorte de fierté, et dit : — O Luigi, il faut que nos sentimens soient bien purs et bien sincères, pour que j'aie la force de marcher dans la voie où je vais entrer. Mais il s'agit d'un bonheur qui doit durer toute la vie, n'est-ce pas?

Luigi ne répondit que par un sourire, et pressa la main de Ginevra. La jeune fille comprit qu'un véritable amour pouvait seul dédaigner en ce moment les protestations vulgaires. L'expression calme et consciencieuse des sentimens de Luigi en annonçait en quelque sorte la force et la durée. Alors la destinée de ces deux époux fut accomplie. Ginevra entrevit de bien cruels combats à soutenir; mais l'idée d'abandonner son amant, idée qui peut-être avait flotté dans son âme, s'évanouit complètement. Elle était à lui pour toujours. Elle l'entraîna tout-à-coup avec une sorte d'énergie hors de l'hôtel, et ne le quitta qu'au moment où il atteignit la maison dans laquelle M. Servin lui avait loué un modeste logement. Quand elle revint chez son père, elle avait pris cette espèce de sérénité que donne une résolution forte. Aucune altération dans ses manières ne peignit une inquiétude. Elle leva sur son père et sa mère, qu'elle trouva prêts à se mettre à table, des yeux dénués de hardiesse et pleins de douceur. Elle vit que sa vieille mère avait pleuré, et la rougeur de ses paupières flétries ébranla un moment son cœur, mais elle cacha son émotion. Piombo semblait être en proie à une douleur trop violente, trop concentrée, pour qu'il pût la trahir par des expressions ordinaires. Les gens servirent le dîner auquel personne ne toucha. L'horreur de la nourriture est un des symptômes qui trahissent les grandes crises de l'âme. Tous trois se levèrent sans qu'aucun d'eux se fût adressé la parole. Quand Ginevra fut placée entre son père et sa mère dans leur grand salon sombre et solennel, Piombo voulut parler, mais il ne trouva pas de voix; il essaya de marcher, et ne trouva pas de force. Il revint s'asseoir, et sonna.

— Jean, dit-il enfin au domestique, allumez du feu, j'ai froid.

Ginevra tressaillit et regarda son père avec anxiété. Le combat qu'il se livrait devait être horrible, sa figure était bouleversée. Ginevra connaissait l'étendue du péril qui la menaçait, mais elle ne tremblait pas ; tandis que les regards furtifs que Bartholoméo jetait sur sa fille semblaient annoncer qu'il craignait en ce moment le caractère dont il avait si complaisamment développé la violence. Entre eux, tout devait être extrême. Aussi, la certitude du changement qui pouvait s'opérer dans les sentimens du père et de la fille, animait-elle le visage de la baronne d'une expression de terreur.

— Ginevra, dit enfin Piombo sans oser la regarder, vous aimez l'ennemi de votre famille.

— Cela est vrai! répondit-elle.

— Il faut choisir entre lui et nous. Notre *vendetta* fait partie de nous-mêmes. Qui n'épouse pas ma vengeance, n'est pas de ma famille.

— Mon choix est fait, répondit-elle encore d'une voix calme.

La tranquillité de la jeune fille trompa Bartholoméo.

— O ma chère fille, s'écria-t-il.

Puis des larmes, les premières et les seules qu'il répandit dans sa vie, humectèrent ses paupières.

— Je serai sa femme, dit brusquement Ginevra.

Bartholoméo eut comme un éblouissement ; mais il reprit son sang-froid, et répliqua : — Cela ne sera pas de mon vivant, je n'y consentirai jamais.

Ginevra garda le silence.

— Mais, dit le baron en continuant, songes-tu que Luigi est le fils de celui qui a tué tes frères?

— Il avait six ans au moment où le crime a été commis, il doit en être innocent, répondit-elle.

— Un Porta! s'écria Bartholoméo.

— Mais, ai-je jamais pu partager cette haine? dit vivement la jeune fille. M'avez-vous élevée dans cette croyance qu'un Porta était un monstre? Pouvais-je penser qu'il restât un seul de ceux que vous aviez tués? N'est-il pas naturel que vous fassiez céder votre *vendetta* à mon amour?

— Un Porta! dit Piombo. Mais si son père t'avait trouvée dans ton lit, tu ne vivrais pas, il t'aurait donné cent fois la mort.

— Cela se peut, répondit-elle, mais son fils m'a donné plus que la vie. Sa seule vue m'apporte un bonheur sans lequel il n'y a pas de vie. Il m'a appris à sentir! J'ai peut-être vu des figures plus belles encore que la sienne, mais aucune ne m'a autant charmée; j'ai peut-être entendu des voix... non, non, jamais de plus mélodieuses. Il m'aime! Il sera mon mari.

— Jamais, dit Piombo, j'aimerais mieux te savoir morte, Ginevra!

Il se leva, se mit à parcourir à grands pas le salon, et laissa échapper ces paroles après des pauses qui peignaient toute son agitation : — Vous croyez peut-être faire plier ma volonté? Détrompez-vous. Je ne veux pas qu'un Porta soit mon gendre. Telle est ma sentence. Qu'il ne soit plus question de ceci entre nous. Je suis Bartholoméo di Piombo, entendez-vous, Ginevra ?

— Attachez-vous quelque sens mystérieux à ces paroles, demanda-t-elle froidement.

— Oui, elles signifient que j'ai un poignard, et que je ne crains pas les hommes.

La jeune fille se leva.

— Eh bien ! dit-elle, je suis Ginevra di Piombo, et je déclare que dans six mois je serai la femme de Luigi Porta. — Vous êtes un tyran, mon père, ajouta-t-elle après une pause effrayante.

Bartholoméo serra ses poings, et frappa sur le marbre de la cheminée : — Ah ! nous sommes à Paris, dit-il en murmurant.

Puis il se tut, se croisa les bras, pencha la tête sur sa poitrine, et ne prononça plus une seule parole pendant toute la soirée. La jeune fille affecta un sang-froid incroyable après avoir prononcé son arrêt. Elle se mit au piano, chanta, joua des morceaux ravissans avec une grâce et un sentiment qui annonçaient une parfaite liberté d'esprit, triomphant ainsi de son père dont le front ne paraissait pas s'adoucir. Le vieillard ressentit cruellement cette injure tacite. Il recueillit en ce moment un des fruits amers de l'éducation qu'il avait donnée à sa fille. Le respect est une barrière qui protége autant un père et une mère qu'un enfant, en évitant à ceux-là des chagrins, à ceux-ci des remords. Le lendemain Ginevra voulut sortir à l'heure où elle avait coutume de se rendre à l'atelier, et trouva la porte de l'hôtel fermée pour elle. Ginevra inventa bientôt un moyen d'instruire Luigi Porta des sévérités dont elle était victime. Une femme de chambre qui ne savait pas lire fit parvenir au jeune officier la lettre que lui écrivit Ginevra. Pendant cinq jours les deux amans surent correspondre, grâces à ces ruses qu'on sait toujours machiner à vingt ans. Le père et la fille se parlèrent rarement. Tous deux gardaient au fond du cœur un principe de haine. Ils souffraient, mais orgueilleusement et en silence. Reconnaissant combien étaient forts les liens d'amour qui les attachaient l'un à l'autre, ils essayaient de les briser, mais sans pouvoir y parvenir. Nulle pensée douce ne venait plus comme autrefois faire briller les traits sévères de Bartholoméo quand il contemplait sa Ginevra. La jeune fille avait quelque chose de farouche en regardant son père. Le reproche siégeait sur ce front d'innocence. Elle se livrait bien à d'heureuses pensées, mais par fois des remords semblaient ternir ses yeux. Il n'était même pas difficile de deviner qu'elle ne pourrait jamais jouir tranquillement d'une félicité qui faisait le malheur de ses parens. Chez Bartholoméo comme chez sa fille, toutes les irrésolutions causées par la bonté native de leurs âmes devaient néanmoins échouer devant leur fierté et devant la rancune particulière aux Corses. En effet, ils s'encourageaient l'un et l'autre dans leur colère, et fermaient les yeux sur l'avenir. Peut-être aussi se flattaient-ils mutuellement que l'un céderait à l'autre.

Le jour de la naissance de Ginevra, sa mère, désespérée de cette désunion qui prenait un caractère grave, médita de réconcilier le père et la fille, grâces aux souvenirs de cet anniversaire. Ils étaient réunis tous trois dans la chambre de Bartholoméo. Ginevra devina l'intention de sa mère à l'hésitation peinte sur son visage et sourit tristement. En ce moment un domestique annonça deux notaires accompagnés de plusieurs témoins. Ils entrèrent. Bartholoméo regarda fixement ces hommes dont les figures froidement compassées avaient quelque chose de blessant pour des âmes aussi passionnées que l'étaient celles des trois principaux acteurs de cette scène. Le vieillard se tourna vers sa fille d'un air inquiet, il vit sur son visage un sourire de triomphe qui lui fit soupçonner quelque catastrophe, et il affecta de garder, à la manière des sauvages, une immobilité mensongère en regardant les deux notaires avec une sorte de curiosité calme. Les étrangers s'assirent après y avoir été invités par un geste du vieillard.

— Monsieur est sans doute M. le baron de Piombo, demanda le plus âgé des notaires.

Bartholoméo s'inclina. Le notaire fit un léger mouvement de tête et regarda la jeune fille avec la sournoise expression d'un Garde du commerce qui surprend un débiteur. Puis, il tira sa tabatière, l'ouvrit, y prit une pincée de tabac, et se mit à la humer à petits coups, en cherchant les premières phrases de son discours; puis en les prononçant il fit des repos continuels (manœuvre oratoire que ce signe — représentera très-imparfaitement).

— Monsieur, dit-il, — nous sommes envoyés vers vous, — mon collègue et moi, — pour accomplir le vœu de la loi, et — mettre un terme aux divisions qui — paraîtraient — s'être introduites — entre vous et mademoiselle votre fille, — au sujet — de — son — mariage avec Luigi Porta ; — mon client.

Cette phrase assez pédantesquement débitée parut probablement trop belle au notaire pour qu'on pût la comprendre d'un seul coup. Il s'arrêta, en regardant Bartholoméo avec une expression particulière aux gens d'affaires, et qui tient le milieu entre la servilité et la familiarité. Habitués à feindre beaucoup d'intérêt pour les personnes auxquelles ils parlent, les notaires finissent par faire contracter à leur figure une grimace qu'ils revêtent et quittent comme leur petit *pallium* officiel. Ce masque de bienveillance, dont il est si facile de saisir le mécanisme, irrita tellement Bartholoméo qu'il lui fallut rappeler toute sa raison pour ne pas jeter le notaire par les fenêtres. Une expression de colère se glissa dans toutes ses rides ; et, en la voyant, l'homme de la loi se dit en lui-même : — Je produis de l'effet !

— Mais, reprit-il d'une voix mielleuse, monsieur le baron, dans ces sortes d'occasions, notre ministère commence toujours par être essentiellement conciliateur. — Daignez donc avoir la bonté de m'entendre ! — Il est évident que mademoiselle Ginevra Piombo atteint aujourd'hui même — l'âge auquel il suffit de faire des actes respectueux pour qu'il soit passé outre à la célébration d'un mariage, malgré le défaut de consentement des parens. Or, — il est d'usage dans les familles — qui jouissent d'une certaine considération, — qui appartiennent à la société, — qui conservent quelque dignité, — auxquelles il importe enfin de ne pas donner au public le secret de leurs divisions, — et qui d'ailleurs ne veulent pas se nuire à elles-mêmes en frappant de réprobation l'avenir de deux jeunes époux (car — c'est se nuire à soi-même!) — il est d'usage, — dis-je, — parmi ces familles honorables — de ne pas laisser subsister des actes semblables — qui — restent, — qui sont des monumens d'une division qui — finit — par cesser. — Du moment, monsieur, où une jeune personne a recours aux actes respectueux, elle annonce une intention trop décidée, pour qu'un père et — une mère, ajouta-t-il en se tournant vers la baronne, puissent espérer de la voir suivre leurs avis. — Alors la résistance paternelle étant nulle — par ce fait — d'abord. — Puis, étant infirmée par la loi, il est constant que tout homme sage, après avoir fait une dernière remontrance à son enfant — lui donne la liberté de...

Le notaire s'arrêta, en s'apercevant qu'il aurait pu parler deux heures sans obtenir de réponse. Il éprouva d'ailleurs une émotion particulière à l'aspect de l'homme qu'il essayait de convertir. Il s'était fait une révolution extraordinaire sur le visage de

Bartholoméo. Toutes ses rides contractées lui donnaient un air de cruauté indéfinissable, et il jetait sur le notaire un regard de tigre. La baronne était muette et passive. Ginevra, calme et résolue, attendait, elle savait que la voix du notaire était plus puissante que la sienne, et alors elle semblait s'être décidée à garder le silence. Au moment où l'homme de loi se tut, cette scène devint si effrayante, que les témoins étrangers tremblèrent, jamais peut-être ils n'avaient été frappés par un semblable silence. Les notaires se regardèrent comme pour se consulter, se levèrent et allèrent ensemble à la croisée.

— As-tu jamais rencontré des cliens fabriqués comme ceux-là? demanda le plus âgé à son confrère.

— Il n'y a rien à en tirer! répondit le plus jeune. A ta place, moi, je m'en tiendrais à la lecture de mon acte. Le vieux ne me paraît pas amusant. Il est colère, et tu ne gagneras rien à vouloir *discuter* avec lui...

Alors le vieux notaire chargé des intérêts de Luigi lut un papier timbré contenant un procès-verbal rédigé à l'avance, et demanda froidement à Bartholoméo quelle était sa réponse.

— Il y a donc en France des lois qui détruisent le pouvoir paternel, demanda le Corse.

— Monsieur, dit le notaire de sa voix mielleuse.

— Qui arrachent une fille à son père?

— Monsieur!

— Qui privent un vieillard de sa dernière consolation?

— Monsieur, votre fille ne vous appartient que...

— Qui le tuent?

— Monsieur, permettez?

Rien n'est plus affreux que le sang-froid et les raisonnements exacts d'un notaire au milieu des scènes passionnées où ils ont coutume d'intervenir. Les figures que Piombo voyait lui semblèrent échappées de l'enfer. Sa rage froide et concentrée ne connut plus de bornes au moment où la voix calme et presque flûtée de son petit antagoniste prononça ce fatal — « *permettez.* » Il sauta sur un long poignard suspendu à un clou au-dessus de sa cheminée, et s'élança sur sa fille. Les deux notaires se jetèrent entre lui et Ginevra; mais il renversa brutalement les deux conciliateurs en leur montrant une figure en feu et des yeux flamboyans qui paraissaient plus terribles que ne l'était la clarté du poignard. Quand Ginevra se vit en présence de son père, elle le regarda fixement d'un air de triomphe, s'avança lentement vers lui, et s'agenouilla.

— Non! non! je ne saurais, dit-il en lançant si violemment son arme, qu'elle alla s'enfoncer dans la boiserie.

— Eh bien grâce! grâce! dit-elle. Vous hésitez à me donner la mort et vous me refusez la vie? O mon père, jamais je ne vous ai tant aimé, accordez-moi Luigi? Je vous demande votre consentement à genoux, une fille peut s'humilier devant son père. Mon Luigi ou la mort.

L'irritation violente qui la suffoquait l'empêcha

de continuer; elle ne trouvait plus de voix. Ses efforts convulsifs disaient assez qu'elle était entre la vie et la mort. Bartholoméo la repoussa durement.

— Fuis, dit-il. La Luigi Porta ne saurait être Ginevra Piombo. Je n'ai plus de fille! Je n'ai pas la force de te maudire; mais je t'abandonne, et tu n'as plus de père. Ma Ginevra Piombo est enterrée là! s'écria-t-il d'un son de voix profond en se pressant fortement le cœur. — Sors donc, malheureuse, ajouta-t-il après un moment de silence. Sors, et ne reparais plus devant moi. Puis, il prit Ginevra par le bras, l'entraîna, et la conduisit silencieusement hors de la maison.

— Luigi, s'écria Ginevra en entrant dans le modeste appartement où était l'officier, mon Luigi! nous n'avons d'autre fortune que notre amour.

— Nous sommes plus riches que tous les rois de la terre, répondit-il.

— Mon père et ma mère m'ont abandonnée, dit-elle avec une profonde mélancolie.

— Je t'aimerai pour eux.

— Nous serons donc bien heureux, s'écria-t-elle avec une gaieté qui avait quelque chose d'effrayant.

— Oh! oui.

Le lendemain du jour où Ginevra quitta la maison de son père, elle alla prier madame Servin de lui accorder un asile et sa protection jusqu'à l'époque fixée par la loi pour son mariage avec Luigi Porta. Là, commença pour elle l'apprentissage des chagrins que le monde sème autour de ceux qui ne suivent pas ses usages. Très-affligée du tort que l'aventure de Ginevra faisait à son mari, madame Servin reçut froidement la fugitive, et lui apprit par des paroles poliment circonspectes, qu'elle ne devait pas compter sur son appui. Trop fière pour insister, Ginevra, étonnée d'un égoïsme auquel elle n'était pas habituée, alla se loger dans l'hôtel garni le plus voisin de la maison où demeurait Luigi. Luigi Porta vint passer ses journées aux pieds de sa fiancée. Son jeune amour, la pureté de ses paroles dissipaient les nuages que la réprobation paternelle amassait sur le front de Ginevra. Il lui peignait l'avenir si beau, qu'elle finissait par sourire, sans néanmoins oublier la rigueur de ses parens.

Un matin, la servante de l'hôtel lui remit plusieurs malles qui contenaient des étoffes, du linge, et une foule de choses nécessaires à une jeune femme qui se met en ménage. Elle reconnut dans cet envoi la prévoyante bonté d'une mère. En visitant ces présens, elle trouva une bourse où la baronne avait mis la somme qui appartenait à sa fille, en y joignant le fruit de ses économies. L'argent était accompagné d'une lettre où elle la conjurait d'abandonner son funeste projet de mariage, s'il en était encore temps. Il lui avait fallu des précautions inouïes pour faire parvenir ces faibles secours à Ginevra. La mère y suppliait sa fille de ne pas l'accuser de dureté, si par la suite elle la laissait dans l'abandon; car elle craignait de ne pouvoir plus l'assister.

Elle la bénissait, lui souhaitait de trouver le bonheur dans ce fatal mariage, si elle persistait, en lui assurant qu'elle ne pensait qu'à sa fille chérie. En cet endroit, des larmes avaient effacé plusieurs mots de la lettre.

— O ma mère! ma mère! s'écria Ginevra tout attendrie. Elle éprouvait le besoin de se jeter à ses genoux, de la voir et de respirer l'air bienfaisant de la maison paternelle. Elle s'élançait déjà, quand Luigi entra. Elle le regarda, et sa tendresse filiale s'évanouit, ses larmes se séchèrent, elle ne se sentit pas la force d'abandonner Luigi. Il était si malheureux et si aimant! Être l'espoir d'une noble créature, l'aimer, et l'abandonner! ce sacrifice est une trahison dont les jeunes âmes sont incapables. Ginevra eut la générosité d'ensevelir sa douleur au fond de son âme.

Enfin le jour du mariage arriva. Ginevra ne vit personne autour d'elle. Luigi avait profité du moment où elle s'habillait pour aller chercher les témoins nécessaires à la signature de leur acte de mariage. Ces témoins étaient de braves gens. L'un, ancien maréchal-des-logis de hussards, avait contracté, à l'armée, envers Luigi, de ces obligations qui ne s'effacent jamais du cœur d'un honnête homme. Il s'était mis loueur de voitures et possédait quelques fiacres. L'autre, entrepreneur de maçonnerie, était le propriétaire de la maison où les nouveaux époux devaient demeurer. Chacun d'eux se fit accompagner par un ami. Ils vinrent avec

Luigi prendre la mariée. Peu accoutumés aux grimaces sociales, et ne voyant rien que de très-simple dans le service qu'ils rendaient à Luigi, ces gens s'étaient habillés proprement, mais sans luxe, en sorte que rien n'annonça le joyeux cortège d'une noce. Ginevra, elle-même, s'était mise très-simplement afin de se conformer à sa fortune. Cependant sa beauté avait quelque chose de si noble et de si imposant, qu'à son aspect la parole expira sur les lèvres des témoins qui se croyaient obligés de lui adresser un compliment. Ils la saluèrent avec respect, elle s'inclina, ils la regardèrent en silence et ne surent plus que l'admirer. Cette réserve jeta du froid entre eux. La joie ne peut éclater que parmi des gens qui se sentent égaux. Le hasard voulut donc que tout fût sombre et grave autour des deux fiancés. Rien ne refléta leur félicité. L'église et la mairie n'étaient pas très-éloignées de l'hôtel. Luigi et sa fiancée, suivis des témoins que leur imposait la loi, voulurent y aller à pied, dans une simplicité qui dépouilla de tout appareil cette grande scène de la vie sociale. Ils trouvèrent dans la cour de la mairie une foule d'équipages qui annonçaient nombreuse compagnie. Ils montèrent, et arrivèrent à une grande salle où les mariés dont le bonheur était indiqué pour ce jour-là, attendaient assez impatiemment le maire du quartier. Ginevra s'assit près de Luigi au bout d'un grand banc, et leurs témoins restèrent debout, faute de siéges.

Deux mariées pompeusement habillées de blanc,

chargées de rubans, de dentelles, de perles, et couronnées de bouquets de fleurs d'oranger dont les frais boutons tremblaient sous leur voile, étaient entourées de leurs familles joyeuses, et accompagnées de leurs mères qu'elles regardaient d'un air à la fois satisfait et craintif. Tous les yeux réfléchissaient leur bonheur, et chaque figure semblait leur prodiguer des bénédictions. Les pères, les témoins, les frères, les sœurs allaient et venaient, comme un essaim de papillons se jouant dans un rayon de soleil prêt à disparaître. Chacun semblait comprendre la valeur de ce moment fugitif où, dans la vie, le cœur se trouve entre deux espérances : les souhaits du passé, et les promesses de l'avenir. A cet aspect, Ginevra sentit son cœur se gonfler, et pressa le bras de Luigi, qui lui lança un regard. Une larme roula dans les yeux du jeune Corse, il ne comprit jamais mieux qu'alors tout ce que sa Ginevra lui sacrifiait. Cette larme précieuse fit oublier à la jeune fille l'abandon dans lequel elle se trouvait. L'amour versa des trésors de lumière entre les deux amans qui ne virent plus qu'eux au milieu de ce tumulte. Ils étaient là, seuls, dans cette foule, tels qu'ils devaient être dans la vie. Leurs témoins, indifférens à la cérémonie, causaient tranquillement de leurs affaires.

— L'avoine est bien chère, disait le maréchal-des-logis au maçon.

— Elle n'est pas encore si renchérie que le plâtre, proportion gardée, répondit l'entrepreneur.

Et ils firent un tour dans la salle.

— Comme on perd du temps ici, s'écria le maçon en remettant dans sa poche une grosse montre d'argent.

Luigi et Ginevra, serrés l'un contre l'autre, semblaient ne faire qu'une même personne. Certes, un poète aurait admiré ces deux têtes ravissantes, unies par un même sentiment, également colorées, mélancoliques et silencieuses, en présence de deux noces bourdonnantes, devant quatre familles tumultueuses, étincelantes de parure, de diamans, de fleurs, et dont la gaîté avait quelque chose de passager. Tout ce que ces groupes bruyans et splendides mettaient de joie en dehors, Luigi et Ginevra l'ensevelissaient au fond de leurs cœurs. D'un côté, le fracas le plus terrestre; de l'autre, le silence des joies paisibles de l'âme; la terre et le ciel. Mais la tremblante Ginevra ne sut pas entièrement dépouiller les faiblesses de la femme. Superstitieuse comme une Italienne, elle voulut voir un présage dans ce contraste, et garda au fond de son cœur un sentiment d'effroi, invincible autant que son amour. Tout-à-coup, un employé ouvrit une porte à deux battans, l'on fit silence, et sa voix retentit comme un glapissement, en appelant M. Luigi Porta et mademoiselle Ginevra di Piombo. Ce moment causa quelque embarras aux deux fiancés. La célébrité du nom de Piombo attira l'attention, les spectateurs cherchèrent cette noce qui semblait devoir être somptueuse. Ginevra se leva, ses regards foudroyans d'orgueil imposèrent à toute la foule, elle donna le bras à Luigi, et marcha d'un pas ferme. Les témoins la suivaient. Un murmure d'étonnement qui alla en croissant, un chuchotement général vint rappeler à Ginevra que le monde lui demandait compte de l'absence de ses parens. La malédiction paternelle la suivait partout.

— Attendez les familles, dit le maire à l'employé qui lisait promptement l'acte.

— Le père et la mère protestent, répondit flegmatiquement le secrétaire.

— Des deux côtés ? reprit le maire.

— L'époux est orphelin.

— Où sont les témoins ?

— Les voici ! répondit encore le secrétaire, en montrant les quatre hommes immobiles et muets qui, les bras croisés, ressemblaient à des statues.

— Mais, s'il y a protestation, dit le maire.

— Les actes respectueux ont été légalement faits, répliqua l'employé en se levant pour transmettre au fonctionnaire les pièces annexées à l'acte de mariage.

Ce débat bureaucratique eut quelque chose de flétrissant. C'était en peu de mots toute une histoire. La haine des Porta et des Piombo, de terribles passions furent analysées, inscrites sur une page de l'état civil, comme, sur la pierre d'un tombeau, sont gravées, en quelques lignes, les annales d'un peuple, et souvent même en un mot : Robespierre, ou Napoléon.

Ginevra tremblait. Semblable à la colombe qui, traversant les mers, n'avait que l'arche pour poser ses pieds, elle ne pouvait réfugier son regard que dans les yeux de Luigi. Tout était sombre et froid autour d'elle. Le maire avait un air improbateur et sévère, et son commis regardait les deux époux avec une curiosité malveillante. Rien n'eut jamais moins l'air d'une fête. Comme toutes les choses de la vie humaine quand elles sont dépouillées de leurs accessoires, c'était un fait simple en lui-même, immense par la pensée. Après quelques interrogations auxquelles les époux répondirent, après quelques paroles marmotées par le maire, et après l'apposition de leurs signatures sur le registre, Luigi et Ginevra furent unis. Ils traversèrent deux haies de parens joyeux auxquels ils n'appartenaient pas, et qui s'impatientaient presque du retard que leur causait ce mariage si triste en apparence. Quand la jeune fille se trouva dans la cour de la mairie et sous le ciel, un soupir s'échappa de son sein.

— Oh! toute ma vie, toute une vie de soins et d'amour suffira-t-elle pour reconnaître le courage et la tendresse de ma Ginevra! lui dit Luigi.

A ces mots, que des larmes de bonheur accompagnaient, la mariée oublia toutes ses souffrances. Elle avait souffert de se présenter devant le monde, en réclamant un bonheur que sa famille refusait de sanctionner.

— Pourquoi les hommes se mettent-ils donc entre nous, dit-elle avec une naïveté de sentiment qui ravit le pauvre Luigi.

Le plaisir rendit les deux époux plus légers. Ils ne voyaient ni ciel, ni terre, ni maisons, et semblaient avoir des ailes en allant à l'église. Enfin ils arrivèrent à une petite chapelle obscure et devant un autel sans pompe, où un vieux prêtre célébra leur union. Là, comme à la mairie, ils furent entourés par les deux noces qui les poursuivaient de leur éclat. L'église, pleine d'amis et de parens, retentissait du bruit que faisaient les carrosses, les bedeaux, les suisses, les prêtres. Les autels brillaient de tout le luxe ecclésiastique, les couronnes de fleurs d'oranger qui paraient les statues de la Vierge avaient été renouvelées. On ne voyait que fleurs, que parfums, que cierges étincelans, que coussins de velours brodés d'or. Il semblait que Dieu fût complice de cette joie d'un jour. Quand il fallut tenir au-dessus des têtes de Luigi et de Ginevra ce symbole d'union éternelle, ce joug de satin blanc, doux, brillant, léger pour les uns, et de plomb pour le plus grand nombre, le prêtre chercha mais en vain les jeunes garçons qui remplissent ce joyeux office : deux des témoins les remplacèrent. L'ecclésiastique fit à la hâte une instruction aux époux sur les périls de la vie, sur les devoirs qu'ils enseigneraient un jour à leurs enfans ; et, à ce sujet, il glissa un reproche indirect sur l'absence des parens de Ginevra. Puis, après les avoir unis devant Dieu, comme le maire les avait unis devant la loi, il acheva sa messe et les quitta.

— Dieu les bénisse ! dit le hussard au maçon sous le porche de l'église. Jamais deux créatures ne furent mieux faites l'une pour l'autre. Les parens de cette fille-là sont des infirmes. Je ne connais pas de soldat plus brave que le major Louis ! Si tout le monde s'était comporté comme lui, *l'autre* y serait encore.

La bénédiction du soldat, la seule qui, dans ce jour, leur eût été donnée, répandit comme un baume sur le cœur de Ginevra.

— Adieu, mon brave! dit Luigi au maréchal, je te remercie.

— Tout à votre service, mon major. Ame, individu, chevaux et voitures, tout est à vous.

Ils se séparèrent en se serrant la main, et Luigi remercia cordialement son propriétaire.

— Comme il t'aime, dit Ginevra.

Luigi entraîna vivement la jeune fille à la maison qu'ils devaient habiter, et ils atteignirent bientôt leur modeste appartement. Là, quand la porte fut refermée, Luigi prit sa femme dans ses bras en s'écriant : — O ma Ginevra! car maintenant tu es à moi, ici est la véritable fête. Ici, reprit-il, tout nous sourira.

Ils parcoururent ensemble les trois chambres dont leur logement était composé. La pièce d'entrée servait de salon et de salle à manger. A droite se trouvait une chambre à coucher ; à gauche un grand cabinet que Luigi avait fait arranger pour sa chère femme. Là étaient les chevalets, la boîte à couleurs, les plâtres, les modèles, les mannequins, les tableaux, les portefeuilles, enfin tout le mobilier de l'artiste.

— Je travaillerai là, dit-elle avec une expression enfantine.

Elle regarda long-temps la tenture, les meubles, et toujours elle se retournait vers Luigi pour le remercier. En effet, il y avait une sorte de magnificence dans ce petit réduit. Une bibliothèque contenait les livres favoris de Ginevra. Au fond était un piano. Elle s'assit sur un divan, attira Luigi près d'elle, et lui serrant la main : — Tu as bon goût, dit-elle d'une voix caressante.

— Tes paroles me font bien heureux, dit-il.

— Mais voyons donc tout, demanda Ginevra, à laquelle Luigi avait fait un mystère des ornemens de cette retraite.

Alors ils allèrent vers une chambre nuptiale, fraîche, et blanche comme une vierge.

— Oh! sortons, sortons, dit Luigi en riant.

— Mais je veux tout voir.

Et l'impérieuse Ginevra visita l'ameublement avec le soin curieux d'un antiquaire examinant une médaille. Elle toucha les soieries, et passa tout en revue avec le contentement naïf d'une jeune mariée qui déploie les richesses de sa corbeille.

— Nous commençons par nous ruiner, dit-elle d'un air moitié joyeux, moitié chagrin.

— C'est vrai! tout l'arriéré de ma solde est là, répondit Luigi. Je l'ai vendu à un juif.

— Pourquoi? reprit-elle d'un ton de reproche où perçait une satisfaction secrète. Crois-tu que je serais moins heureuse sous un toit? Mais, reprit-elle, tout cela est bien joli, et c'est à nous.

Luigi la contemplait avec tant d'enthousiasme qu'elle baissa les yeux et lui dit : — Allons voir le reste.

Au-dessus de ces trois chambres et sous les toits, il y avait un cabinet pour Luigi, une cuisine et une chambre de domestique. Ginevra fut satisfaite de son petit domaine. Cependant la vue s'y trouvait bornée par le large mur d'une maison voisine, et la cour d'où venait le jour était sombre. Mais les deux amans avaient le cœur si joyeux, mais l'espérance leur embellissait si bien l'avenir, qu'ils ne surent voir que de charmantes images dans leur mystérieux asile. Ils étaient au fond de cette vaste maison et perdus dans l'immensité de Paris, comme deux perles, dans leur nacre, au sein des profondes mers. Pour tout autre, c'eût été une prison; pour eux, ce fut un paradis. Les premiers jours de leur union appartinrent à l'amour. Il leur fut trop difficile de se vouer tout-à-coup au travail et ils ne surent pas résister au charme de leur propre passion. Luigi restait des heures entières couché au pied de sa Ginevra, admirant la couleur de ses cheveux, la coupe de son front, le ravissant encadrement de ses yeux, et la pureté, la blancheur des deux arcs sous lesquels ils s'agitaient lentement en exprimant le bonheur d'un amour satisfait. Ginevra caressait la chevelure de son Luigi, sans se lasser de contempler, suivant une de ses expressions, la *beltà folgorante* de son époux, la finesse de ses traits; toujours séduite par la noblesse de ses manières, comme elle le séduisait toujours par la grâce des siennes. Ils jouaient comme des enfans avec des riens, et ces riens les ramenaient toujours à leur passion. Ils ne cessaient leurs jeux que pour tomber dans toute la rêverie du *far niente*. Alors, un air chanté par Ginevra leur reproduisait encore les nuances délicieuses de leur amour. Puis ils allaient, unissant leurs pas comme ils avaient uni leurs âmes, parcourant les campagnes, retrouvant leur amour partout, dans les fleurs, sur les cieux, au sein des teintes ardentes du soleil couchant; ils le lisaient jusque sur les nuées capricieuses qui se combattaient dans les airs. Une journée ne ressemblait jamais à la précédente, leur amour allait croissant parce qu'il était vrai. Ils s'étaient éprouvés en peu de jours, et avaient instinctivement reconnu que leurs âmes étaient de celles dont les richesses inépuisables semblent toujours promettre de nouvelles jouissances pour l'avenir. C'était l'amour dans toute sa naïveté, avec ses interminables causeries, ses phrases inachevées, ses longs silences, son repos oriental et sa fougue. Luigi et Ginevra avaient tout compris de l'amour. N'est-il pas comme la mer qui, vue superficiellement ou à la hâte, est accusée de monotonie par les âmes vulgaires, tandis que certains êtres privilégiés peuvent passer leur vie à l'admirer, en y trouvant sans cesse de changeans phénomènes qui les ravissent.

Cependant, un jour, la prévoyance vint tirer les jeunes époux de leur Eden. Il était devenu nécessaire de travailler pour vivre. Ginevra, qui possédait un talent particulier pour imiter les vieux tableaux, se mit à faire des copies, et se forma une clientelle parmi les brocanteurs. De son côté, Luigi chercha très-activement de l'occupation, mais il était bien difficile à un jeune officier dont tous les talens se bornaient à bien connaître la stratégie, de trouver de l'emploi à Paris. Enfin un jour que, lassé de ses vains efforts, il avait le désespoir dans l'âme, en voyant que le fardeau de leur existence tombait tout entier sur Ginevra, il songea à tirer parti de son écriture qui était fort belle. Avec une constance dont sa femme lui donnait l'exemple, il alla solliciter les avoués, les notaires, les avocats de Paris. La franchise de ses manières, sa situation intéressèrent vivement en sa faveur, et il obtint assez d'expéditions pour être obligé de se faire aider par des jeunes gens. Insensiblement il éleva un bureau d'écritures. Le produit de ce bureau, le prix des tableaux de Ginevra finirent par mettre le jeune ménage dans une aisance dont les deux époux étaient fiers, car elle provenait de leur industrie. Ce fut pour eux le plus beau moment de leur vie. Les journées s'écoulaient rapidement entre les occupations et les joies de l'amour. Le soir, quand ils avaient bien travaillé, ils se retrouvaient avec bonheur dans la petite cellule de Ginevra. La musique les consolait de leurs fatigues. Jamais une expression de mélancolie ne vint obscurcir les traits de la jeune femme, et jamais elle ne se permit une plainte. Elle savait toujours apparaître à son Luigi, le sourire sur les lèvres, et les yeux rayonnans. Tous deux caressaient une pensée dominante qui leur eût fait trouver du plaisir aux travaux les plus rudes. Ginevra se disait qu'elle travaillait pour Luigi ; et Luigi pour Ginevra. Parfois, en l'absence de son mari, la jeune femme songeait au bonheur parfait qu'elle aurait eu, si cette vie d'amour s'était écoulée en présence de son père et de sa mère. Elle tombait alors dans une mélancolie profonde, en éprouvant toute la puissance des remords. De sombres tableaux passaient comme des ombres dans son imagination. Elle voyait son vieux père seul, ou sa mère pleurant le soir et dérobant ses larmes à l'inflexible Piombo. Ces deux têtes blanches et graves se dressaient soudain devant elle, il lui semblait qu'elle ne devait plus les contempler qu'à la lueur fantastique du souvenir. Cette idée la poursuivait comme un pressentiment. Elle célébra l'anniversaire de son mariage en donnant à son mari un portrait qu'il avait souvent désiré, celui de sa Ginevra. Jamais la jeune artiste n'avait rien composé d'aussi remarquable. A part une ressemblance parfaite, l'éclat de sa beauté, la pureté de ses sentimens, le bonheur de l'amour y étaient rendus avec une sorte de magie. Le chef-d'œuvre fut inauguré. Ils passèrent encore une autre année au sein de l'aisance. Alors l'histoire de leur vie peut se faire en trois mots : *Ils étaient heureux*. Il ne leur arriva donc aucun événement qui mérite d'être rapporté.

Au commencement de l'hiver de l'année 1819, les marchands de tableaux conseillèrent à Ginevra de leur donner autre chose que des copies. Ils ne pouvaient plus les vendre avantageusement par suite de la concurrence. Madame Porta reconnut le tort qu'elle avait eu de ne pas s'exercer à peindre des tableaux de genre qui lui auraient acquis un nom. Elle entreprit de faire des portraits ; mais elle eut à lutter contre une foule d'artistes encore moins riches qu'elle ne l'était. Cependant, comme Luigi et Ginevra avaient amassé quelque argent, ils ne désespérèrent pas de l'avenir. A la fin de l'hiver de cette même année, Luigi travailla sans relâche. Lui aussi avait des concurrens : le prix des écritures était tellement baissé, qu'il ne pouvait plus employer personne, et se trouvait dans la nécessité de consacrer plus de temps qu'autrefois à son labeur pour en retirer la même somme. Sa femme avait fini plusieurs tableaux qui n'étaient pas sans mérite ; mais les marchands achetaient à peine ceux des artistes en réputation. Ginevra les offrit à vil prix, sans pouvoir les vendre. Leur situation eut quelque chose d'épouvantable. Leurs âmes nageaient dans le bonheur ; l'amour les accablait de ses trésors, et la pauvreté se levait comme un squelette au milieu de cette moisson de plaisir. Ils se cachaient l'un à l'autre leurs inquiétudes. Au moment où Ginevra se sentait près de pleurer en voyant son Luigi souffrant, elle le comblait de caresses. De même Luigi gardait un noir chagrin au fond de son cœur, en exprimant à Ginevra le plus tendre amour. Ils cherchaient une compensation à tous leurs maux dans l'exaltation de leurs sentimens, et leurs paroles, leurs joies, leurs jeux s'empreignaient d'une espèce de frénésie. Ils avaient peur de l'avenir. Quel est le sentiment dont la force puisse se comparer à celle d'une passion qui doit cesser le lendemain, tuée par la Mort ou par la Nécessité? Quand ils se parlaient de leur indigence, ils éprouvaient le besoin de se tromper l'un et l'autre, et saisissaient avec une égale ardeur le plus léger espoir.

Une nuit, Ginevra chercha vainement Luigi auprès d'elle, et se leva tout effrayée. Une faible lueur qui se dessinait sur le mur noir de la petite cour lui fit deviner que Luigi travaillait pendant la nuit. Il attendait que sa femme fût endormie avant de monter à son cabinet. Quatre heures sonnèrent. Le jour commençait à poindre. Ginevra se recoucha et feignit de dormir. Luigi revint. Il était accablé de fatigue et de sommeil. Elle regarda douloureusement cette belle figure sur laquelle les travaux et les soucis imprimaient déjà quelques rides. Des larmes roulèrent dans les yeux de la jeune femme.

— C'est pour moi, dit-elle, qu'il passe les nuits à écrire....

Une pensée sécha ses larmes. Elle songeait à imiter Luigi. Le jour même, elle alla chez un riche marchand d'estampes, et, à l'aide d'une lettre de recommandation qu'elle se fit donner par un brocanteur pour le négociant, elle obtint de lui l'en treprise de ses coloriages. Le jour, elle peignait et s'occupait des soins du ménage ; puis, quand la nuit arrivait, elle coloriait des gravures. Ainsi, ces deux jeunes gens, épris d'amour, n'entraient au lit nuptial que pour en sortir. Ils feignaient tous deux de dormir, et, par dévouement, se quittaient aussitôt que l'un avait trompé l'autre. Une nuit, Luigi, succombant à l'espèce de fièvre que lui causait un travail sous le poids duquel il commençait à plier, se leva pour ouvrir la lucarne de son cabinet. Il respirait l'air pur du matin, et semblait oublier ses douleurs à l'aspect du ciel, quand, en abaissant ses regards, il aperçut une forte lueur sur le mur qui faisait face aux fenêtres de l'appartement de Ginevra. Il devina tout, descendit, marcha doucement, et surprit sa femme au milieu de son atelier, enluminant des gravures.

— Oh ! Ginevra ! Ginevra ! s'écria-t-il.

Elle fit un saut convulsif sur sa chaise et rougit.

— Pouvais-je dormir, dit-elle, tandis que tu t'épuisais de fatigue ?

— Mais c'est à moi seul qu'appartient le droit de travailler ainsi.

— Puis-je rester oisive, répondit la jeune épouse dont les yeux se mouillèrent de larmes, quand je sais que chaque morceau de pain nous coûte presque une goutte de ton sang ? Je mourrais si je ne joignais pas mes efforts aux tiens. Tout ne doit-il pas être commun entre nous, plaisirs et peines ?

— Elle a froid ! s'écria Luigi avec désespoir.

Ferme donc mieux ton châle sur ta poitrine, ma Ginevra ! la nuit est humide et fraîche.

Ils vinrent devant la fenêtre. La jeune femme était dans les bras de son mari. Elle appuya sa tête sur le sein de son bien-aimé. Là, tous deux, ensevelis dans un silence profond, regardèrent le ciel qui s'éclairait lentement. Des nuages d'une teinte grise se succédaient rapidement, et l'orient devenait de plus en plus lumineux.

— Vois-tu, dit Ginevra, c'est un présage ! Nous serons heureux !

— Oui, au ciel, répondit Luigi avec un sourire amer. Oh! Ginevra ! toi qui méritais tous les trésors de la terre !

— J'ai ton cœur ! dit-elle avec un accent de joie.

— Ah ! je ne me plains pas ! reprit-il en la serrant fortement contre lui. Et il couvrit de baisers ce visage délicat qui commençait à perdre la fraîcheur de la jeunesse, mais dont l'expression était si tendre et si douce, qu'il ne pouvait jamais le voir sans être consolé.

— Quel silence ! dit Ginevra. Mon ami, je trouve un grand plaisir à veiller ! Il respire dans la nuit quelque chose de majestueux. Il y a je ne sais quelle puissance dans cette idée : tout dort et je veille !

— O ma Ginevra ! ce n'est pas d'aujourd'hui que je sens combien ton âme est délicatement gracieuse ! Mais voici l'aurore, viens dormir.

— Oui, répondit-elle, si je ne dors pas seule.

J'ai bien souffert la nuit où je me suis aperçue que mon Luigi veillait sans moi !

Le courage avec lequel ces deux jeunes époux combattaient le malheur reçut pendant quelque temps sa récompense ; mais l'événement qui met ordinairement le comble à la félicité des ménages leur devint funeste. Ginevra eut un fils. Il était, pour se servir d'une expression populaire, *beau comme le jour*. Le sentiment de la maternité doubla les forces de la jeune femme. Luigi emprunta pour subvenir aux dépenses des couches de Ginevra, en sorte que, dans les premiers momens, elle ne sentit pas tout le malaise de sa situation. Ils se livrèrent tous deux au bonheur d'élever un enfant. Ce fut leur dernière félicité. Ils luttèrent d'abord courageusement, comme deux nageurs, qui unissent leurs efforts pour rompre un courant ; mais parfois aussi, ils s'abandonnaient à une apathie, semblable à ces sommeils qui précèdent la mort. Bientôt ils se virent obligés de vendre leurs bijoux. La pauvreté se montra tout-à-coup, non pas hideuse, mais vêtue simplement. Elle était douce, sa voix n'avait rien d'effrayant, elle ne traînait après elle ni désespoir, ni lambeau, ni spectres ; mais elle faisait perdre le souvenir et les habitudes de l'aisance. Elle usait les ressorts de l'orgueil. Puis, vint la misère dans toute son horreur, insouciante de ses haillons et foulant tous les sentimens humains. Sept ou huit mois après la naissance du petit Paolo, l'on aurait eu de la peine à reconnaître dans la mère qui allaitait cet enfant malingre l'original de l'admirable portrait, devenu le seul ornement d'une chambre nue et déserte. Ginevra était sans feu, au milieu de l'hiver. Les gracieux contours de sa figure avaient disparu. Ses joues étaient blanches comme de la porcelaine, ses yeux semblaient avoir pâli. Elle regardait en pleurant son enfant amaigri, décoloré, et ne souffrait que de cette jeune misère. Luigi debout et silencieux n'avait pas le courage de sourire à son fils.

— J'ai couru tout Paris, disait-il d'une voix sourde. Je n'y connais personne, et comment oser demander à des indifférens ? *Hardi*, mon pauvre Hardi, le brave maréchal-des-logis, est impliqué dans une conspiration, et il a été mis en prison ! D'ailleurs, il m'a prêté tout ce dont il pouvait disposer ! Quant à notre propriétaire, il ne nous a rien demandé depuis un an.

— Mais nous n'avons besoin de rien, répondit doucement Ginevra en affectant un air calme.

— Chaque jour qui arrive, reprit Luigi avec terreur, amène une difficulté de plus.

La faim était à leur porte. Luigi prit tous les tableaux de Ginevra, le portrait, plusieurs meubles dont on pouvait encore se passer, et vendit tout à vil prix. La somme qu'il en obtint prolongea l'agonie du ménage pendant quelques momens. Dans ces jours de malheur, Ginevra montra toute la sublimité de son caractère et de sa résignation, elle supporta stoïquement les atteintes de la douleur. Son âme énergique la soutenait contre tous les maux.

Elle travaillait d'une main défaillante, auprès de son fils mourant, expédiait les soins du ménage avec une activité miraculeuse, et suffisait à tout. Elle était même heureuse encore, quand elle voyait, sur les lèvres de Luigi, un sourire d'étonnement à l'aspect de la propreté qu'elle faisait régner dans l'unique chambre où ils s'étaient réfugiés.

— Mon ami, lui dit-elle un soir qu'il rentrait fatigué, je t'ai gardé ce morceau de pain.

— Et toi?

— Moi, j'ai dîné! cher Luigi, je n'ai besoin de rien. Prends!

Et la douce expression de son visage le pressait encore plus que sa parole, d'accepter une nourriture dont elle se privait. Luigi l'embrassa par un de ces baisers de désespoir qui se donnaient, en 1793, entre amans, à l'heure où l'on montait à l'échafaud. En ces momens suprêmes, deux êtres se voient cœur à cœur. Aussi le malheureux Luigi, comprenant tout-à-coup que sa femme était à jeun, partagea-t-il la fièvre qui la dévorait. Il frissonna, et sortit en prétextant une affaire pressante. Il aurait mieux aimé prendre le poison le plus subtil, plutôt que d'éviter la mort en mangeant le dernier morceau de pain qui se trouvait chez lui. Il sortit sans satisfaire sa faim, et se mit à errer dans Paris au milieu des voitures les plus brillantes, au sein de ce luxe insultant qui éclate partout. Il passa vite devant les boutiques des changeurs où l'or étincelait. Puis il résolut de se vendre, de s'offrir comme remplaçant pour le service militaire, en espérant que ce sacrifice sauverait Ginevra, et que, pendant son absence, elle pourrait rentrer en grâce auprès de Bartholoméo. Il alla donc trouver un de ces hommes qui font la traite des blancs, et il éprouva une sorte de bonheur à reconnaître en lui un ancien officier de la garde impériale.

— Il y a deux jours, lui dit-il d'une voix lente et faible, que je n'ai mangé ! Ma femme meurt de faim, et ne m'adresse pas une plainte. Elle expirerait en souriant, je crois ! De grâce, mon camarade, ajouta-t-il avec un sourire amer, achète-moi d'avance. Je suis robuste, je ne suis plus au service, et je...

L'officier donna une somme à Luigi, en à compte sur celle qu'il s'engageait à lui procurer. L'infortuné poussa un rire convulsif, quand il tint une poignée de pièces d'or. Il courut de toute sa force vers sa maison, haletant, et criant parfois : — O ma Ginevra ! Ginevra !

Il commençait à faire nuit quand il arriva chez lui. Il entra tout doucement, craignant de donner une trop forte émotion à sa femme qu'il avait laissée faible. Les derniers rayons du soleil, pénétrant par la lucarne, venaient mourir sur le visage de Ginevra qui dormait assise sur un chaise en tenant son enfant sur son sein.

— Réveille-toi, ma chère Ginevra, dit-il sans s'apercevoir de la pose de son enfant, qui, en ce moment, conservait un éclat surnaturel.

En entendant cette voix, la pauvre mère ouvrit les yeux, rencontra le regard de Luigi, et sourit ; mais Luigi jeta un cri d'épouvante. Ginevra était tout-à-fait changée. A peine la reconnaissait-il. Il lui montra par un geste d'une sauvage énergie l'or qu'il avait à la main. La jeune femme se mit à rire machinalement, et tout-à-coup elle s'écria d'une voix affreuse : — Louis! l'enfant est froid.

Elle regarda son fils et s'évanouit, leur fils était mort. Luigi prit sa femme dans ses bras en lui laissant son enfant qu'elle serrrait avec une force incompréhensible ; et après l'avoir posée sur le lit, il sortit pour appeler au secours.

— O mon Dieu! dit-il à son propriétaire qu'il rencontra sur l'escalier, j'ai de l'or, et mon enfant est mort de faim. Sa mère se meurt, aidez-nous!

Il revint comme un désespéré vers Ginevra et laissa l'honnête maçon occupé, ainsi que plusieurs voisins, de rassembler tout ce qui pouvait soulager une misère inconnue jusqu'alors, tant les deux époux l'avaient soigneusement cachée par un sentiment d'orgueil. Luigi avait jeté son or sur le plancher, et s'était agenouillé au chevet du lit où gisait Ginevra.

— Mon père, s'écriait-elle dans son délire, prenez soin de mon fils et de Luigi.

— O mon ange, calme-toi, lui disait Luigi en l'embrassant, de beaux jours nous attendent.

Cette voix et cette caresse lui rendirent quelque tranquillité.

9.

— Oh mon Louis, reprit-elle en le regardant avec une attention extraordinaire, écoute-moi bien. Je sens que je meurs. Ma mort est naturelle, je souffrais trop, et puis un bonheur aussi grand que le mien devait se payer. Oui, mon Luigi, console-toi. J'ai été si heureuse, que si je recommençais à vivre, j'accepterais encore notre destinée. Je suis une mauvaise mère, je te regrette encore plus que je ne regrette mon enfant. — Mon enfant, ajouta-t-elle d'un son de voix profond. Deux larmes se détachèrent de ses yeux mourans, et soudain elle pressa le cadavre qu'elle n'avait pu réchauffer. — Donne ma chevelure à mon père, en souvenir de sa Ginevra, reprit-elle. Dis-lui bien que je ne l'ai jamais accusé... Sa tête tomba sur le bras de son époux.

— Non, tu ne peux pas mourir! s'écria Luigi. Le médecin va venir. Nous avons du pain! Ton père va te recevoir en grâce. La prospérité s'est levée pour nous. Reste, mon ange de bonté!

Mais ce cœur fidèle et plein d'amour devenait froid. Ginevra tournait instinctivement les yeux vers celui qu'elle adorait, quoiqu'elle ne fût plus sensible à rien. Des images confuses s'offraient à son esprit, prêt à perdre tout souvenir de la terre. Elle savait que Luigi était là, car elle serrait toujours plus fortement sa main glacée, et semblait vouloir se retenir au-dessus d'un précipice où elle croyait tomber.

— Mon ami, dit-elle enfin, tu as froid, je vais te réchauffer là.

Elle voulut mettre la main de son mari sur son

cœur, mais elle expira. Deux médecins, un prêtre, des voisins entrèrent en ce moment en apportant tout ce qui était nécessaire pour sauver les deux époux et calmer leur désespoir. Ils firent beaucoup de bruit d'abord, mais quand ils furent entrés, un affreux silence régna dans cette chambre.

Pendant que cette scène avait lieu, Bartholoméo et sa femme étaient assis dans leurs fauteuils antiques, chacun à un coin de la vaste cheminée dont l'ardent brasier réchauffait à peine l'immense salon de leur hôtel. La pendule marquait minuit. Depuis long-temps les deux époux avaient perdu le sommeil. En ce moment, ils étaient silencieux comme deux vieillards tombés en enfance et qui regardent tout sans rien voir. Leur salon désert, mais plein de souvenirs pour eux, était faiblement éclairé par une seule lampe près de mourir. Sans les flammes pétillantes du foyer, ils eussent été dans une obscurité complète. Un de leurs amis venait de les quitter. La chaise sur laquelle il s'était assis pendant sa visite se trouvait entre les deux époux. Piombo avait déjà jeté plus d'un regard sur cette chaise, et ses regards pleins d'idées se succédaient comme des remords. La chaise vide était celle de Ginevra. Élisa Piombo épiait les expressions qui passaient sur la blanche figure de son mari. Quoiqu'elle fût habituée à deviner les sentimens du Corse, d'après les changeantes révolutions de ses traits, ils étaient tour à tour si menaçans et si mélancoliques, qu'elle ne pouvait plus lire dans cette âme incompréhensible. Bartholoméo succombait-il sous les puissans souvenirs que réveillait cette chaise? Était-il choqué de voir qu'elle venait de servir pour la première fois à un étranger, depuis le départ de sa fille? L'heure de sa clémence, cette heure si vainement attendue jusqu'alors, avait-elle sonné? Ces réflexions agitèrent successivement le cœur d'Élisa Piombo. Il y eut un instant où la physionomie de son mari devint si terrible qu'elle trembla d'avoir osé employer une ruse même aussi simple pour faire naître l'occasion de parler de Ginevra. En ce moment la bise chassa si violemment les flocons de neige sur les persiennes, que les deux vieillards entendirent un léger bruissement. La mère de Ginevra frissonna et baissa la tête pour dérober ses larmes à l'implacable Piombo. Tout-à-coup un soupir sortit de la poitrine du vieillard. Sa femme le regarda, il était abattu. Alors elle osa parler de sa fille pour la seconde fois depuis trois ans.

— Si Ginevra avait froid, s'écria-t-elle doucement.

Piombo tressaillit.

— Elle a peut-être faim, dit-elle en continuant.

Le Corse laissa échapper une larme.

— Elle a un enfant, et ne peut pas le nourrir parce que son lait s'est tari, reprit vivement la mère avec l'accent du désespoir.

— Qu'elle vienne, qu'elle vienne! s'écria Piombo. O mon enfant chéri! Mon enfant, tu as vaincu, Ginevra.

La mère se leva comme pour aller chercher sa

fille. En ce moment la porte s'ouvrit avec fracas, et un homme dont le visage n'avait plus rien d'humain surgit tout-à-coup devant eux.

— *Morta!* Nos deux familles devaient s'exterminer l'une par l'autre, cria-t-il. Et voilà tout ce qui reste d'elle, dit-il en posant sur une table la longue chevelure noire de Ginevra.

Les deux vieillards frissonnèrent comme s'ils eussent reçu une commotion de la foudre, et ne virent plus Luigi.

— Il est mort, s'écria lentement Bartholoméo en regardant à terre.

MÊME HISTOIRE.

LE RENDEZ-VOUS.

LA JEUNE FILLE.

Au commencement du mois d'avril, par une de ces belles matinées où les Parisiens voient pour la première fois de l'année leurs pavés sans boue et leur ciel sans nuages, un cabriolet à pompe, attelé de deux chevaux fringans, déboucha dans la rue de Rivoli par la rue Castiglione, et vint se mêler à plusieurs équipages stationnés près de la grille nouvellement ouverte au milieu de la terrasse des Feuillans. La leste voiture était conduite par un homme en apparence soucieux et maladif. Des cheveux grisonnans qui couvraient à peine son crâne jaune et son front ridé, le faisaient vieux avant le temps. Il jeta les rênes au laquais à cheval qui suivait sa voiture, et descendit pour prendre dans ses bras une jeune fille dont la beauté mignonne attira l'attention des oisifs arrêtés sur la terrasse. Cette jeune personne se laissa complaisamment saisir par la taille quand elle fut debout sur le bord de la voiture, et passa l'un de ses bras autour du cou de son guide, qui la posa sur le trottoir, sans avoir chiffonné la garniture de sa robe en reps vert. Un amant n'aurait pas eu tant de soin. L'inconnu devait être le père de la jeune fille qui, sans le remercier, lui prit familièrement le bras et l'entraîna brusquement dans le jardin. Alors, le vieux père remarqua les regards émerveillés de quelques jeunes gens, et la tristesse dont son visage était empreint s'effaça pour un moment. Quoiqu'il fût arrivé depuis long-temps à l'âge où les hommes doivent se contenter des trompeuses jouissances que donne la vanité, il se mit à sourire.

— L'on te croit ma femme, dit-il à l'oreille de la jeune personne en se redressant et marchant avec une lenteur qui la désespéra.

Il semblait avoir de la coquetterie pour elle, et ouïssait, peut-être plus qu'elle, des œillades que les curieux lançaient sur ses petits pieds chaussés de brodequins en prunelle puce, sur une taille délicieuse dessinée par une robe à guimpe, et sur le cou frais qu'une collerette brodée ne cachait pas entièrement. Les mouvemens de la marche relevaient par instans la robe de la jeune fille, et permettaient de voir, au-dessus des brodequins, la rondeur d'une jambe finement moulée par un bas de soie à jour.

Aussi, plus d'un promeneur dépassa-t-il le couple pour admirer ou pour revoir la jeune figure autour de laquelle se jouaient quelques rouleaux de cheveux bruns, et dont la blancheur et l'incarnat étaient rehaussés autant par les reflets du satin rose qui doublait une élégante capote, que par le désir et l'impatience qui pétillaient dans tous les traits de la jeune fille. Une douce malice animait deux beaux yeux noirs, fendus en amande, surmontés de sourcils bien arqués, bordés de longs cils, et qui nageaient dans un fluide pur. Enfin la vie et la jeunesse étalaient leurs trésors sur ce visage mutin et sur un buste gracieux que comprimaient à peine les mille raies du reps vert.

Insensible aux hommages qu'elle recueillait, la jeune fille regardait avec une espèce d'anxiété le château des Tuileries, sans doute le but de sa pétulante promenade. Il était midi moins un quart. Quelque matinale que fût cette heure, plusieurs femmes, qui toutes avaient voulu se montrer en toilette, revenaient du château, non sans retourner la tête d'un air boudeur, comme si elles se repentaient d'être venues trop tard pour jouir d'un spectacle désiré. Quelques mots, échappés à la mauvaise humeur de ces belles promeneuses désappointées, et saisis au vol par la jolie inconnue, l'avaient singulièrement inquiétée. Le vieillard épiait d'un œil plus curieux que moqueur les signes d'impatience et de crainte qui se jouaient sur le charmant visage de sa compagne, et l'observait peut-être avec trop de soin pour ne pas avoir quelque arrière-pensée paternelle.

Ce jour était un dimanche, le treizième dimanche de l'année 1813. Le surlendemain, Napoléon partait pour cette fatale campagne, pendant laquelle il devait perdre successivement Bessières et Duroc, gagner les mémorables batailles de Lutzen et de Bautzen, se voir trahi par l'Autriche, la Saxe, la Bavière, et par Bernadotte. Un sentiment triste avait amené là cette brillante et curieuse population. Chacun semblait deviner l'avenir, et pressentait peut-être que, plus d'une fois, l'imagination aurait à retracer le tableau de cette scène, quand ces temps héroïques de la France contracteraient des teintes presque fabuleuses. La magnifique parade commandée par l'empereur Napoléon devait être la dernière de celles qui excitèrent si long-temps l'admiration des Parisiens et des étrangers. La vieille garde allait exécuter pour la dernière fois les savantes manœuvres dont la pompe et la précision étonnaient quelquefois jusqu'au géant lui-même qui s'apprêtait alors à son duel avec l'Europe.

— Allons donc plus vite, mon père, disait la jeune fille avec un air de lutinerie en entraînant le vieillard. J'entends les tambours.

— Ce sont les troupes qui entrent aux Tuileries, répondit-il.

— Ou qui défilent, tout le monde revient! répliqua-t-elle avec une amertume enfantine qui fit sourire le vieillard.

— La parade ne commence qu'à midi et demi, dit le père qui marchait presqu'en arrière de son impétueuse fille.

A voir le mouvement qu'elle imprimait à son bras droit, vous eussiez dit qu'elle s'en aidait pour courir. Sa petite main, bien gantée, froissait impatiemment un mouchoir, et ressemblait à la rame d'une barque qui fend les ondes. Le vieillard souriait par momens; mais parfois aussi des expressions soucieuses attristaient passagèrement sa figure desséchée. Son amour pour cette jolie créature lui faisait autant admirer le présent que craindre l'avenir. Il semblait se dire : — Elle est heureuse et belle, aujourd'hui ; le sera-t-elle toujours? Car les vieillards sont assez enclins à doter de leurs chagrins l'avenir des jeunes gens.

Quand le père et la fille arrivèrent sous le péristyle du pavillon au sommet duquel flottait le drapeau tricolore, et par où les promeneurs vont et viennent du jardin des Tuileries dans le Carrousel, les factionnaires leur crièrent d'une voix grave : — On ne passe plus!

La jeune fille se haussa sur la pointe des pieds, et put entrevoir une foule de femmes parées, qui encombraient les deux côtés de la vieille arcade en marbre par où l'empereur devait sortir.

— Tu le vois bien, mon père, nous sommes partis trop tard !

Sa petite moue chagrine trahissait l'importance qu'elle avait mise à se trouver à cette revue.

— Eh bien, Julie, allons-nous-en, tu n'aimes pas à être foulée.

— Restons, mon père. D'ici, je puis encore apercevoir l'empereur. S'il périssait pendant la campagne, je ne l'aurais jamais vu.

Le père tressaillit en entendant ces paroles, car sa fille avait des larmes dans la voix ; il la regarda et crut remarquer sous ses paupières abaissées quelques pleurs causés moins par le dépit que par un de ces premiers chagrins dont tous les pères devinent le secret. Tout-à-coup cette limpide humidité se sécha. La jeune personne rougit, puis elle jeta une exclamation dont le sens ne fut compris ni par les sentinelles, ni par son père. A ce cri, un officier, qui s'élançait de la cour vers l'escalier dont il avait déjà monté deux marches, se retourna vivement. Il s'avança jusqu'à l'arcade du jardin, et reconnut la jeune fille, un moment cachée par les gros bonnets à poils des grenadiers. Aussitôt, il fit fléchir, pour elle et pour son père, la consigne qu'il avait donnée lui-même; puis, sans se mettre en peine des murmures de la foule élégante qui assiégeait l'arcade, il attira doucement à lui la jeune personne enchantée.

— Je ne m'étonne plus de sa colère ni de son empressement, puisque tu étais de service, dit le vieillard à l'officier d'un air aussi sérieux que railleur.

— Monsieur, répondit le jeune homme, si vous voulez être bien placés, ne nous amusons point à causer. L'empereur n'aime pas à attendre, et je suis chargé par le maréchal d'aller l'avertir.

Tout en parlant, il avait pris, avec une sorte de familiarité, le bras de Julie, et l'entraînait rapidement vers le Carrousel. Julie aperçut avec étonnement une foule immense qui se pressait dans le petit espace compris entre les murailles grises du palais et les bornes, qui, réunies par des chaînes, dessinent de grands carrés sablés au milieu de la cour des Tuileries. Le cordon de sentinelles, établi pour laisser un passage libre à l'empereur et à son état-major, avait beaucoup de peine à ne pas être débordé par cette foule empressée, qui bourdonnait comme un essaim.

— Cela sera donc bien beau, demanda Julie en souriant.

— Prenez donc garde, s'écria l'officier.

Il saisit la jeune fille par la taille, et la souleva avec autant de vigueur que de rapidité, pour la transporter près d'une colonne. Sans ce brusque enlèvement, sa curieuse parente allait être froissée par la croupe du cheval blanc, harnaché d'une selle en velours vert et or, que le Mameluck de Napoléon tenait par la bride, presque sous l'arcade, à dix pas en arrière de tous les chevaux qui attendaient les grands-officiers dont l'empereur devait être accompagné. Le jeune homme plaça le père et la fille près de la première borne de droite, devant la foule, et les recommanda par un signe de tête aux deux vieux grenadiers entre lesquels ils se trouvèrent.

Quand l'officier revint au palais, un air de bonheur et de joie avait succédé sur sa figure au subit effroi que la reculade du cheval y avait imprimé; mais aussi Julie lui avait-elle serré mystérieusement la main, soit pour le remercier du petit service qu'il venait de lui rendre, soit pour lui dire : — Enfin je vais donc vous voir! Elle inclina même doucement la tête en réponse au salut respectueux que l'officier lui fit, ainsi qu'à son père, avant de disparaître avec prestesse. Il semblait que le vieillard eût à dessein laissé les deux jeunes gens ensemble. Il se tenaît dans une attitude grave, un peu en arrière de sa fille, l'observait à la dérobée, et tâchait de lui inspirer une fausse sécurité, en paraissant absorbé dans la contemplation du magnifique spectacle qu'offrait le Carrousel. Quand sa fille reporta sur lui le regard d'un écolier inquiet de son maître, il lui répondit même par un sourire de gaieté bienveillante, qui semblait lui être famillier ; mais son œil perçant avait suivi l'officier jusque sous l'arcade et aucun événement de cette scène rapide ne lui avait échappé.

— Quel beau spectacle, dit Julie à voix basse en pressant la main de son père.

L'aspect pittoresque et grandiose que présentait en ce moment le Carrousel faisait prononcer cette exclamation par des milliers de spectateurs dont toutes les figures étaient béantes d'admiration. Une autre rangée de monde, tout aussi pressée que celle dont le vieillard et sa fille faisaient partie, occupait, sur une ligne parallèle au château, l'espace étroit et pavé qui longe la grille du Carrousel. Cette foule achevait de dessiner fortement, par la variété des toilettes féminines, l'immense carré long que formait, avec les bâtimens des Tuileries, cette grille alors nouvellement posée.

Les régimens de la vieille garde qui allaient être passés en revue, se tenaient sur ce vaste terrain où ils figuraient en face du palais d'imposantes lignes bleues de dix rangs de profondeur. Au-delà de l'enceinte, et dans le Carrousel, se trouvaient, sur d'autres lignes parallèles, plusieurs régimens d'infanterie et de cavalerie prêts à passer sous l'arc triomphal qui orne le milieu de la grille, et sur le faîte duquel se voyaient, à cette époque, les magnifiques chevaux de Venise. La musique des régimens était placée au bas des galeries du Louvre, et masquée par les lanciers polonais de service. Une grande partie du carré sablé restait vide comme une arène préparée pour les mouvemens de ces corps silencieux dont les masses, disposées avec la symétrie de l'art militaire, réfléchissaient les rayons du soleil par le feu triangulaire de dix mille baïonnettes étincelantes. L'air agitait les plumets des soldats et les faisait ondoyer comme les arbres d'une forêt courbés sous un vent impétueux. Ces vieilles bandes, muettes et brillantes, offraient mille contrastes de couleurs dus à la diversité des uniformes, des paremens, des armes et des aiguillettes. Cet immense tableau, miniature d'un champ de bataille avant le combat, était poétiquement encadré, avec tous ses accessoires et ses accidens bizarres, par les hauts bâtimens majestueux, dont chefs et soldats imitaient en ce moment l'immobilité. Le spectateur comparait involontairement ces murs d'hommes aux murs de pierre.

Le jeune soleil du printemps jetait profusément sa jaillissante lumière sur les murs blancs bâtis de la veille, sur les murs séculaires, et sur ces innombrables figures basanées dont chacune racontait des périls passés, et attendait gravement les périls à venir. Les colonels de chaque régiment allaient et venaient seuls devant les fronts que formaient tant d'hommes héroïques ; mais derrière les masses carrées de ces troupes bariolées d'argent, d'azur, de pourpre et d'or, les curieux pouvaient apercevoir les banderoles tricolores attachées aux lances de six infatigables cavaliers polonais, qui, semblables aux chiens conduisant un troupeau le long d'un champ, voltigeaient sans cesse entre les troupes et les curieux, pour empêcher ces derniers de dépasser le petit espace de terrain qui leur était concédé auprès de la grille impériale. A ces mouvemens près, on aurait pu se croire dans le palais de la Belle au bois dormant. La brise du printemps, qui passait sur les bonnets à longs poils des grenadiers, en attestait l'immobilité, de même que le murmure sourd de la foule accusait leur silence. Parfois seulement le retentissement d'un chapeau chinois, ou un léger coup frappé par inadvertance sur une grosse caisse, était répété par les échos du palais impérial, et ressemblait à ces coups de tonnerre lointains qui annoncent un orage.

Un enthousiasme indescriptible éclatait dans l'attente de la multitude. La France allait faire ses adieux à Napoléon, la veille d'une campagne dont le moindre citoyen prévoyait les dangers. Il s'agissait, cette fois, pour l'empire français, d'être ou de ne pas être. Cette pensée semblait animer la population citadine et la population armée qui se pressaient, également silencieuses, dans l'enceinte où planaient l'aigle et le génie de Napoléon. Ses soldats, espoir de la France, ces soldats, sa dernière goutte de sang, entraient aussi pour beaucoup dans l'inquiète curiosité des spectateurs. Entre la plupart des assistans et des militaires, il se disait des adieux peut-être éternels; mais tous les cœurs, même les plus hostiles à l'empereur, adressaient au ciel des vœux ardens pour la gloire de la patrie. Les hommes les plus fatigués de la lutte commencée entre l'Europe et la France avaient tous déposé leurs haines en passant sous l'arc de triomphe, comprenant qu'au jour du danger, Napoléon était toute la France.

L'horloge du château sonna une demi-heure. En ce moment les bourdonnemens de la foule cessèrent, et le silence devint si profond, que l'on eût entendu la parole d'un enfant. Alors le vieillard et sa fille, qui semblaient ne vivre que par les yeux, purent distinguer un bruit d'éperons, un cliquetis d'épées tout particulier qui retentit sous le sonore péristyle du château.

Un petit homme, vêtu d'un uniforme vert, d'un pantalon blanc, et chaussé de bottes à l'écuyère, parut tout-à-coup en gardant sur sa tête un chapeau à trois cornes aussi prestigieux qu'il l'était lui-même. Le large ruban rouge de la Légion-d'Honneur flottait sur sa poitrine. Une petite épée était à son côté. Il fut aperçu par tous les yeux, et à la fois, de tous les points dans la place. Aussitôt, les tambours battirent aux champs, et les deux orchestres débutèrent par une phrase dont l'expression guerrière fut répétée sur tous les instrumens, depuis la plus douce des flûtes jusqu'à la grosse caisse. A ces sons belliqueux les âmes tressaillirent, les drapeaux saluèrent, les soldats présentèrent les armes par un mouvement unanime et régulier, qui agita les fusils depuis le premier rang jusqu'au dernier dans le Carrousel; des mots de commandement se répétèrent comme des échos ; des cris de : Vive l'empereur ! furent poussés par la multitude enthousiasmée ; tout frissonna, tout remua, tout s'ébranla.

Napoléon était monté à cheval. Ce mouvement avait imprimé la vie à ces masses silencieuses, avait donné une voix aux instrumens, un élan aux aigles et aux drapeaux, une émotion à toutes les figures. Les murs des hautes galeries de ce vieux palais semblaient aussi crier : Vive l'empereur ! Ce n'était pas quelque chose d'humain, c'était une magie, un simulacre de la puissance divine, ou mieux une fugitive image de ce règne si fugitif. L'homme entouré de tant d'amour, d'enthousiasme, de dévoûment, de vœux, pour qui le soleil avait chassé les nuages du ciel, resta sur son cheval, à trois pas en avant du petit escadron doré qui le suivait, ayant le grand maréchal à sa gauche, le maréchal de service à sa droite. Au sein de tant d'émotions excitées par lui, aucun trait de son visage ne parut s'émouvoir.

— Oh ! mon Dieu, oui. A Wagram au milieu du feu, à la Moscowa parmi les morts, il est toujours tranquille comme Baptiste, *lui !*

Cette réponse à de nombreuses interrogations

était faite par le grenadier qui se trouvait auprès de la jeune fille.

Julie fut pendant un moment absorbée par la contemplation de cette figure dont le calme indiquait une si grande sécurité de puissance. L'empereur se pencha vers Duroc, auquel il dit une phrase courte qui fit sourire le grand-maréchal. Les manœuvres commencèrent. Si jusqu'alors la jeune personne avait partagé son attention entre la figure impassible de Napoléon et les lignes bleues, vertes et rouges des troupes; en ce moment, elle s'occupa presque exclusivement, au milieu des mouvemens rapides et réguliers exécutés par ces vieux soldats, d'un jeune officier qui courait à cheval parmi les lignes mouvantes, et revenait avec une infatigable activité vers le groupe doré à la tête duquel brillait Napoléon.

Cet officier montait un superbe cheval noir, et se faisait distinguer, au sein de cette multitude chamarrée, par le bel uniforme des officiers d'ordonnance de l'empereur. Ses broderies pétillaient si vivement au soleil, et l'aigrette de son shako étroit et long en recevait de si fortes lueurs, que les spectateurs durent le comparer à un feu follet, à une âme invisible chargée par l'empereur d'animer, de conduire ces bataillons dont les baïonnettes et les armes ondoyantes jetaient des flammes, quand, sur un seul signe de ses yeux, ils se brisaient, se rassemblaient, tournoyaient comme les ondes d'un gouffre, ou passaient devant lui comme ces lames longues, droites et hautes que l'Océan courroucé dirige sur ses rivages.

Quand les manœuvres furent terminées, l'officier d'ordonnance accourut à bride abattue, et s'arrêta devant l'empereur, pour en attendre les ordres. En ce moment, il était à vingt pas de Julie, en face du groupe impérial, dans une attitude assez semblable à celle que Gérard a donnée au général Rapp, dans le tableau de la bataille d'Austerlitz. Alors, il fut permis à la jeune fille d'admirer son amant dans toute sa splendeur militaire. Le capitaine Victor d'Aiglemont avait à peine trente ans. Il était grand, bien fait, svelte, et ses heureuses proportions ne ressortaient jamais mieux que quand il employait sa force à gouverner un cheval dont le dos élégant et souple paraissait plier sous lui. Sa figure mâle et brune possédait ce charme inexplicable qu'une parfaite régularité de traits communique à de jeunes visages. Son front était large et haut. Ses yeux de feu, ombragés de sourcils épais et bordés de longs cils, se dessinaient comme deux ovales blancs entre deux lignes noires. Son nez offrait la gracieuse courbure d'un bec d'aigle. La pourpre de ses lèvres était rehaussée par les sinuosités de l'inévitable moustache noire. Ses joues larges et fortement colorées offraient des tons bruns et jaunes qui dénotaient une vigueur extraordinaire. Sa figure était une de celles que la bravoure a marquées de son sceau, et offrait le type de celles que cherche aujourd'hui l'artiste quand il songe à représenter un des soldats de la France impériale.

Le cheval trempé de sueur, et dont la tête agitée

exprimait une extrême impatience, avait ses deux pieds de devant écartés et arrêtés sur une même ligne, sans que l'un dépassât l'autre. Il faisait flotter les longs crins de sa queue fournie, et son dévouement offrait une matérielle image de celui que son maître avait pour l'empereur. En voyant son amant si occupé de saisir les regards de Napoléon, Julie éprouva un moment de jalousie, en pensant qu'il ne l'avait pas encore regardée.

Tout-à-coup, un mot est prononcé par le souverain, Victor presse les flancs de son cheval, et part au galop ; mais l'ombre d'une borne projetée sur le sable effraie l'animal; il s'effarouche, recule, se dresse, et si brusquement, que le cavalier semble en danger. Julie jette un cri, elle pâlit ; chacun la regarde avec curiosité ; elle ne voit personne ; ses yeux sont attachés sur ce cheval trop fougueux que l'officier châtie tout en courant répéter les ordres de Napoléon.

Ces étourdissans tableaux absorbaient si bien Julie, qu'à son insu, elle s'était cramponnée au bras de son père, à qui elle révélait involontairement ses pensées par la pression plus ou moins vive de ses jeunes doigts. Quand Victor fut sur le point d'être renversé par le cheval, elle s'accrocha plus violemment encore à son père, comme si elle-même eût été en danger de tomber.

Le vieillard contemplait, avec une sombre et douloureuse inquiétude, le visage épanoui de sa fille, et des sentimens de pitié, de jalousie, des regrets même se glissèrent dans toutes ses rides contractées. Mais quand l'éclat inaccoutumé des yeux de Julie, le cri qu'elle venait de pousser et le mouvement convulsif de ses doigts, achevèrent de lui en dévoiler l'amour secret ; certes, il dut avoir quelques tristes révélations de l'avenir, car sa figure offrit alors une expression sinistre.

En ce moment, l'âme de Julie semblait avoir passé dans celle de l'officier. Une pensée plus cruelle que toutes celles qui avaient effrayé le vieillard crispa les traits de son visage souffrant, quand il vit le colonel d'Aiglemont échanger, en passant devant eux, un regard d'intelligence avec Julie, dont les yeux étaient humides, et dont le teint avait contracté une vivacité extraordinaire. Alors il emmena brusquement sa fille dans le jardin des Tuileries.

— Mais, mon père, disait-elle, il y a encore sur la place du Carrousel des régimens qui vont manœuvrer.

— Non, mon enfant, toutes les troupes défilent.

— Je pense, mon père, que vous vous trompez. M. d'Aiglemont a dû les faire avancer.....

— Mais, ma fille, je souffre et ne veux pas rester.

Julie n'eut pas de peine à croire son père quand elle eut jeté les yeux sur ce visage, auquel de paternelles inquiétudes donnaient un air abattu.

— Souffrez-vous beaucoup ? demanda-t-elle avec indifférence, tant elle était préoccupée.

— Chaque jour n'est-il pas un jour de grâce pour moi? répondit le vieillard.

— Vous allez donc encore m'affliger en me parlant de votre mort. J'étais si gaie! Voulez-vous bien chasser vos vilaines idées noires.

— Ah! s'écria le père en poussant un soupir, enfant gâté! Les meilleurs cœurs sont quelquefois bien cruels. Vous consacrer notre vie, ne penser qu'à vous, préparer votre bien-être, sacrifier nos goûts à vos fantaisies, vous adorer, vous donner même notre sang, ce n'est donc rien! Hélas, oui, vous acceptez tout avec insouciance. Pour toujours obtenir vos sourires et votre dédaigneux amour, il faudrait avoir la puissance de Dieu. Puis enfin, un autre arrive! un amant, un mari nous ravissent vos cœurs.

Julie regarda son père avec étonnement. Il marchait lentement, et jetait sur elle des regards sans lueur.

— Vous vous cachez même de nous, reprit-il, mais peut-être aussi de vous-même...

— Que dites-vous donc, mon père?

— Je pense, Julie, que vous avez des secrets pour moi.

Elle rougit.

— Tu aimes, reprit vivement le vieillard. Ah! j'espérais te voir fidèle à ton vieux père jusqu'à sa mort, j'espérais te conserver près de moi heureuse et brillante! t'admirer comme tu étais encore naguère. En ignorant ton sort, j'aurais pu croire à un avenir tranquille pour toi ; mais maintenant, il est impossible que j'emporte une espérance de bonheur pour ta vie, car tu aimes encore plus le colonel que tu n'aimes le cousin. Je n'en puis plus douter.

— Pourquoi ne l'aimerais-je pas, s'écria-t-elle avec une vive expression de curiosité.

— Ah! ma Julie, tu ne me comprendrais pas, répondit le père en soupirant.

— Dites toujours, reprit-elle en laissant échapper un mouvement de mutinerie.

— Eh bien! mon enfant, écoute-moi. Les jeunes filles se créent souvent de nobles et ravissantes images, des figures tout idéales ; elles se forgent des idées chimériques sur les hommes, sur les sentimens, sur le monde ; puis elles attribuent innocemment à un caractère les perfections qu'elles ont rêvées, et s'y confient ; elles aiment dans l'homme de leur choix cette créature imaginaire ; et, plus tard, quand il n'est plus temps de s'affranchir du malheur, la trompeuse apparence qu'elles ont embellie, leur premier amant enfin, se change en un squelette odieux. Julie, j'aimerais mieux te savoir amoureuse d'un vieillard plutôt que de te voir aimer le colonel. Ah! si tu pouvais te placer à dix ans d'ici dans la vie, tu rendrais justice à mon expérience. Je connais Victor. Sa gaieté est une gaieté sans esprit, une gaieté de caserne. Il est sans talent, et dépensier. C'est un de ces hommes que le ciel a fabriqués pour prendre et digérer quatre repas par jour, dormir, aimer la première venue, et se battre. Il n'entend pas la vie. Son bon cœur, car il a bon cœur, l'entraînera peut-être à donner sa bourse à un malheureux, à un camarade ; mais il est insouciant, mais il n'est pas doué de cette délicatesse de cœur qui nous rend esclaves du bonheur d'une femme ; mais il est ignorant, égoïste... Il y a beaucoup de *mais*.

— Cependant, mon père, il faut bien qu'il ait de l'esprit et des moyens pour avoir été fait colonel...

— Ma chère, Victor restera colonel toute sa vie. Je n'ai encore vu personne qui m'ait paru digne de toi, reprit le vieux père avec une sorte d'enthousiasme.

Il s'arrêta un moment, contempla sa fille et ajouta :
— Mais, ma pauvre Julie, tu es encore trop jeune, trop faible, trop délicate pour supporter les chagrins et les tracas du mariage. D'Aiglemont a été gâté par ses parens, de même que tu l'as été par ta mère et par moi. Comment espérer que vous pourrez vous entendre tous deux avec des volontés différentes dont les tyrannies seront inconciliables ? Tu seras ou victime ou tyran. L'une ou l'autre alternative apporte une égale somme de malheurs dans la vie d'une femme. Mais tu es douce et modeste, tu plieras d'abord. Enfin tu as, dit-il d'une voix altérée, une grâce de sentiment qui sera méconnue, et alors...

Il n'acheva pas, les larmes le gagnèrent.

— Victor, reprit-il après une pause, blessera les naïves qualités de ta jeune âme. Je connais les militaires, ma Julie. J'ai vécu aux armées. Il est rare que leur cœur puisse triompher des habitudes produites ou par les malheurs au sein desquels ils vivent, ou par les hasards de leur vie aventurière.

— Vous voulez donc, mon père, répliqua Julie d'un ton qui tenait le milieu entre le sérieux et la plaisanterie, contrarier mes sentimens, me marier pour vous, et non pour moi.

— Te marier pour moi ! s'écria le père avec un mouvement de surprise, pour moi, ma fille, dont tu n'entendras bientôt plus la voix si amicalement grondeuse. J'ai toujours vu les enfans attribuer à un sentiment personnel les sacrifices que leur font les parens ! Épouse Victor, ma Julie. Un jour, tu déploreras amèrement sa nullité, son défaut d'ordre, son égoïsme, son indélicatesse, son ineptie en amour, et mille autres chagrins qui te viendront par lui. Alors, souviens-toi que, sous ces arbres, la voix prophétique de ton vieux père a retenti vainement à tes jeunes oreilles !

Le vieillard se tut, il avait surpris sa fille agitant la tête d'une manière mutine. Ils firent ensemble quelques pas vers la grille où leur voiture était arrêtée. Pendant cette marche silencieuse, la jeune fille examina furtivement le visage de son père et quitta par degrés sa mine boudeuse. La profonde douleur gravée sur ce front penché vers la terre lui fit une vive impression.

— Je vous promets, mon père, dit-elle d'une voix douce et altérée, de ne pas vous parler de Victor avant que vous ne soyez revenu de vos préventions contre lui.

Le vieillard regarda sa fille avec étonnement. Deux larmes qui roulaient dans ses yeux tombèrent le long de ses joues ridées. Il ne put embrasser Julie devant la foule dont ils étaient environnés, mais il lui pressa tendrement la main. Quand il remonta en voiture, toutes les pensées soucieuses qui s'étaient amassées sur son front avaient complètement disparu.

L'attitude un peu triste de sa fille l'inquiétait alors bien moins que la joie innocente dont elle avait trahi le secret pendant la revue.

LA FEMME.

Dans les premiers jours du mois de mars 1814, un peu moins d'un an après la revue de l'empereur, une vieille calèche roulait sur la levée d'Amboise à Tours. En quittant le dôme vert des noyers sous lesquels se cache la poste de la Frillière, cette voiture fut entraînée avec une telle rapidité, qu'en un moment elle arriva au pont bâti sur la Cise à l'embouchure de cette rivière dans la Loire, et s'y arrêta. Un trait venait de se briser par suite du mouvement impétueux que, sur l'ordre de son maître, un jeune postillon avait imprimé à quatre des plus vigoureux chevaux du relais. Ainsi, par un effet du hasard, deux personnes qui se trouvaient dans la calèche eurent le loisir de contempler, à leur réveil, un des plus beaux sites que puissent présenter les séduisantes rives de la Loire.

A sa droite, le voyageur embrasse d'un regard toutes les sinuosités décrites par la Cise, qui se roule, comme un serpent argenté, dans l'herbe de prairies opulentes, auxquelles les premières pousses du printemps donnaient alors les couleurs de l'émeraude.

A gauche, la Loire apparaît dans toute sa magnificence. Les innombrables facettes de quelques *roulées*, produites par une brise matinale un peu froide, réfléchissaient les scintillemens du soleil sur les vastes nappes que déploie cette majestueuse rivière. Puis, çà et là, des îles verdoyantes se succèdent, dans l'étendue des eaux, comme les chatons d'un collier. De l'autre côté du fleuve, les plus belles campagnes de la Touraine déroulent leurs trésors à perte de vue. Dans le lointain, l'œil ne rencontre d'autres bornes que les collines du Cher, dont les cimes dessinaient en ce moment des lignes lumineuses sur le transparent azur du ciel. A travers le tendre feuillage des îles, au fond du tableau, Tours semble, comme Venise, sortir du sein des eaux. Les campaniles grises de sa vieille cathédrale s'élancent dans les airs, où elles se confondaient alors avec les créations fantastiques de quelques nuages blanchâtres.

Au-delà du pont sur lequel la voiture était arrêtée, le voyageur aperçoit devant lui, le long de la Loire jusqu'à Tours, une chaîne de rochers, qui, par une fantaisie de la nature, paraît avoir été posée pour encaisser le fleuve et dont ses flots tentent de ronger la base, spectacle qui fait toujours l'étonnement du voyageur. Le village de Vouvray se trouve comme niché dans les gorges et les éboulemens de ces roches, qui commencent à décrire un coude devant le pont de la Cise. Puis, de Vouvray jusqu'à Tours, les effrayantes anfractuosités de cette colline déchirée sont habitées par une population de vignerons. En plus d'un endroit, il n'existe pas moins de trois étages de demeures creusées dans le roc, et réunies par de dangereux escaliers taillés à même la pierre. Au sommet d'un toit, une jeune fille en jupon rouge court à son jardin. La fumée d'une cheminée s'élève entre les sarmens et le pampre naissant d'une vigne. Des closiers labourent leurs champs perpendiculaires. Une vieille femme, tranquille sur un quartier de roche éboulée, tourne son rouet sous les fleurs d'un amandier, et regarde passer les voyageurs à ses pieds, en souriant de leur effroi. Elle ne s'inquiète pas plus des crevasses du sol que de la ruine pendante d'un vieux mur, dont les assises ne sont plus retenues que par les tortueuses racines d'un manteau de lierre. Le marteau des tonneliers fait retentir les voûtes de caves aériennes. Enfin, la terre est partout cultivée et partout féconde, là où la nature a refusé de la terre à l'industrie humaine.

Aussi rien n'est-il comparable, dans le cours de la Loire, au riche panorama que la Touraine présente alors aux yeux du voyageur. Le triple tableau de cette scène, dont les aspects sont à peine indiqués, procure à l'âme un de ces spectacles qu'elle inscrit à jamais dans son souvenir ; et quand un poète en a joui, ses rêves viennent souvent lui en reconstruire fabuleusement les effets romantiques.

Au moment où la voiture parvint sur le pont de la Cise, plusieurs voiles blanches débouchèrent entre les îles de la Loire, et donnèrent une nouvelle harmonie à ce site harmonieux. La senteur des saules qui bordent le fleuve ajoutait de pénétrans parfums au goût de la brise humide ; les oiseaux faisaient entendre leurs prolixes concerts ; et le chant motôtone d'un gardeur de chèvres y joignait une sorte de mélancolie, tandis que les cris des mariniers annonçaient une agitation lointaine. De molles vapeurs capricieusement arrêtées autour des arbres épars dans ce vaste paysage, y imprimaient une dernière grâce. C'était la Touraine dans toute sa gloire, le printemps dans toute sa splendeur.

Cette partie de la France, la seule dont les armées étrangères ne devaient point fouler les trésors, était en ce moment la seule qui fût tranquille, et l'on eût dit qu'elle défiait l'invasion.

Une tête coiffée d'un bonnet de police se montra hors de la calèche aussitôt qu'elle ne roula plus. Bientôt un militaire impatient en ouvrit lui-même la portière, et sauta sur la route, comme pour aller quereller le postillon. L'intelligence avec laquelle le Tourangeau raccommodait le trait cassé, rassura le comte d'Aiglemont, qui revint vers la portière en étendant ses bras comme pour en détirer les muscles endormis. Il bâilla, regarda le paysage, posa la main sur le bras d'une jeune femme soigneusement enveloppée dans un vitchoura; et lui dit d'une voix enrouée :

— Tiens, petite, réveille-toi donc pour examiner le pays. Il est magnifique.

A ces mots, Julie avança la tête hors de la calèche. Un bonnet de martre lui servait de coiffure, et les plis du manteau fourré dans lequel elle était enveloppée déguisaient si bien ses formes, qu'on ne pouvait plus voir que sa figure.

Julie d'Aiglemont ne ressemblait déjà plus à la jeune fille qui courait naguère avec joie et bonheur à la revue des Tuileries. Son visage, toujours délicat, était privé des couleurs roses qui jadis lui donnaient un si riche éclat. Les touffes noires de quelques cheveux défrisés par l'humidité de la nuit faisaient ressortir la blancheur mate de sa tête dont la vivacité semblait engourdie. Cependant ses yeux brillaient d'un feu surnaturel; et, au-dessous de leurs paupières, quelques teintes violettes se dessinaient sur ses joues fatiguées. Elle examina d'un œil indifférent les campagnes du Cher, la Loire et ses îles, Tours et les longs rochers de Vouvray; mais, sans vouloir regarder la ravissante vallée de la Cise, elle se rejeta promptement dans le fond de la calèche, et dit d'une voix qui, en plein air, paraissait d'une extrême faiblesse : — Oui, c'est admirable.

— Julie, n'aimerais-tu pas à vivre ici?

— Oh ! là où ailleurs, dit-elle avec insouciance.

— Souffres-tu? lui demanda le colonel d'Aiglemont d'un air inquiet.

— Pas du tout, répondit la jeune femme avec une vivacité momentanée.

Elle contempla son mari en souriant, et ajouta :
— J'ai envie de dormir.

Le galop d'un cheval retentit soudain, Victor d'Aiglemont laissa la main de sa femme, et tourna la tête vers le coude que la route fait en cet endroit. Au moment où Julie ne fut plus vue par le colonel, l'expression de gaîté qu'elle avait imprimée à son pâle visage disparut comme si quelque lueur eût cessé de l'éclairer. N'éprouvant ni le désir de revoir le paysage, ni la curiosité de savoir quel était le cavalier dont le cheval galopait si furieusement, elle se replaça dans le coin de la calèche, et ses yeux se fixèrent sur la croupe des chevaux, sans trahir aucune espèce de sentiment. Elle avait un air aussi stupide que peut l'être celui d'un paysan breton écoutant le prône de son curé.

Un jeune homme, monté sur un cheval de prix, sortit tout-à-coup d'un bouquet de peupliers et d'aubépines en fleurs.

— C'est un Anglais, dit le colonel.

— Oh! mon Dieu, oui, mon général, répliqua le postillon. Il est de la race des gars qui veulent, dit-on, manger la France.

L'inconnu était un de ces voyageurs qui se trouvèrent sur le continent lorsque Napoléon arrêta tous les Anglais, en représailles de l'attentat commis envers le droit des gens par le cabinet de Saint-James lors de la rupture du traité d'Amiens. Soumis aux caprices du pouvoir impérial, ces prisonniers ne restèrent pas tous dans les résidences où ils furent saisis, ou dans celles qu'ils eurent d'abord la liberté de choisir. La plupart de ceux qui habitaient en ce moment la Touraine y avaient été transférés de divers points de l'empire, où leur séjour avait paru compromettre les intérêts de la politique continentale.

Le jeune captif qui promenait en ce moment son ennui matinal était une victime de la puissance bureaucratique. Depuis deux ans, un ordre parti du ministère des relations extérieures l'avait arraché au climat de Montpellier, où la rupture de la paix le surprit autrefois cherchant à se guérir d'une affection pulmonaire. Du moment où ce jeune homme reconnut un militaire dans la personne du comte d'Aiglemont, il s'empressa d'en éviter les regards en tournant assez brusquement la tête vers les prairies de la Cise.

— Tous ces Anglais sont insolens comme si le globe leur appartenait, dit le colonel en murmurant. Heureusement, Soult va leur donner les étrivières.

Quand le prisonnier passa devant la calèche, il y jeta les yeux. Alors, malgré la brièveté de son regard, il put admirer l'expression de mélancolie qui donnait à la figure pensive de la comtesse je ne sais quel attrait indéfinissable. Il y a beaucoup d'hommes dont le cœur est puissamment ému par la seule apparence de la souffrance chez une femme ; pour eux, la douleur semble être une promesse de constance ou d'amour.

Entièrement absorbée dans la contemplation d'un coussin de sa calèche, Julie ne fit attention ni au cheval, ni au cavalier. Le trait avait été solidement et promptement rajusté. Le comte remonta en voiture. Le postillon s'efforça de regagner le temps perdu, et mena rapidement les deux voyageurs sur la partie de la levée que bordent les rochers suspendus au sein desquels mûrissent les vins de Vouvray, d'où s'élancent tant de jolies maisons, où apparaissent, dans le lointain, les ruines de cette si célèbre abbaye de Marmoutiers, la retraite de saint Martin.

— Que nous veut donc ce milord diaphane, s'écria le colonel en tournant la tête pour s'assurer que le cavalier qui, depuis le pont de la Cise, suivait sa voiture, était le jeune Anglais. Comme l'inconnu ne violait aucune convenance de politesse en se promenant sur la berme de la levée, le colonel se remit dans le coin de sa calèche, après avoir jeté un regard menaçant sur l'Anglais. Mais il ne put, malgré son involontaire inimitié, s'empêcher de remarquer la beauté du cheval et la grâce du cavalier.

Le jeune homme avait une de ces figures britanniques dont le teint est si fin, la peau si douce et si blanche, qu'on est quelquefois tenté de supposer qu'elles appartiennent au corps délicat d'une jeune fille. Il était blond, mince et grand. Son costume

avait ce caractère de recherche et de propreté qui
distingue les fashionables de la prude Angleterre.
On eût dit qu'il rougissait plus par pudeur que par
plaisir à l'aspect de la comtesse. Une seule fois,
Julie leva les yeux sur l'étranger ; mais elle y fut en
quelque sorte obligée par son mari, qui voulait lui
faire admirer les jambes fines d'un cheval de race
pure.

Les yeux de Julie rencontrèrent alors ceux du timide Anglais. Dès ce moment, le gentilhomme, au lieu de faire marcher son cheval près de la calèche, la suivit à quelques pas de distance. A peine la comtesse regarda-t-elle l'inconnu. Elle n'aperçut aucune des perfections humaines et chevalines qui lui étaient signalées, et se rejeta au fond de la voiture, après avoir laissé échapper un léger mouvement de sourcils, comme pour approuver son mari.

Alors, le colonel se rendormit, et les deux époux arrivèrent à Tours sans s'être dit une seule parole, et sans que les ravissans paysages de la changeante scène au sein de laquelle ils voyageaient attirassent une seule fois l'attention de Julie. Quand son mari sommeilla, elle le contempla à plusieurs reprises. Au dernier regard qu'elle lui jeta, un cahot fit tomber sur les genoux de la jeune femme un médaillon suspendu à son cou par une chaîne de deuil, et le portrait de son père lui apparut soudain. A cet aspect, des larmes, jusque-là réprimées, roulèrent dans ses yeux.

L'Anglais vit peut-être les traces humides et bril-

12.

lantes que ces pleurs laissèrent un moment sur les joues pâles de la comtesse, mais que l'air sécha promptement.

Chargé par l'empereur de porter des ordres au maréchal Soult, qui avait à défendre la France de l'invasion faite par les Anglais dans le Béarn, le colonel d'Aiglemont profitait de sa mission pour soustraire sa femme aux dangers dont Paris était alors menacé, et la conduisait à Tours, chez une vieille parente à lui.

Bientôt la voiture roula sur le pavé de Tours, sur le pont, dans la Grande rue, et s'arrêta devant l'hôtel antique où demeurait la ci-devant marquise de Belorgey.

Madame de Belorgey était une de ces belles vieilles femmes, au teint pâle, à cheveux blancs, qui ont un sourire fin, qui semblent porter des paniers, et coiffées d'un bonnet dont la mode est inconnue. Portraits septuagénaires du siècle de Louis XV, ces femmes sont presque toujours caressantes, comme si elles aimaient encore; moins pieuses que dévotes, et moins dévotes qu'elles n'en ont l'air; toujours exhalant la poudre à la maréchale, contant bien, causant mieux, et riant plutôt d'un souvenir que d'une plaisanterie. L'actualité leur déplaît.

Quand une vieille femme de chambre vint annoncer à la marquise (car elle devait bientôt reprendre son titre) la visite d'un neveu qu'elle n'avait pas vu depuis le commencement de la guerre d'Espagne, elle ôta vivement ses lunettes, ferma la *Galerie de l'ancienne cour*, son livre favori; puis elle retrouva une sorte d'agilité, et arriva sur son perron au moment où les deux époux en montaient les marches.

La tante et la nièce se jetèrent un rapide coup-d'œil.

— Bonjour, ma chère tante, s'écria le colonel en saisissant la marquise, et l'embrassant avec précipitation. Je vous amène une jeune personne à garder; je viens vous confier mon trésor. Ma Julie n'est ni coquette, ni jalouse; elle a une douceur d'ange... Mais elle ne se gâtera pas ici, j'espère, dit-il en s'interrompant.

— Mauvais sujet, répondit la marquise en lui lançant un regard moqueur.

Puis elle s'offrit, la première, avec une certaine grâce aimable, à embrasser Julie, qui restait passive, et paraissait plus embarrassée que curieuse.

— Nous allons donc faire connaissance, ma chère petite belle, reprit la marquise. Ne vous effrayez pas trop de moi, je tâche de n'être jamais vieille avec les jeunes gens.

Avant d'arriver au salon, la marquise avait déjà, suivant l'habitude des provinces, commandé à déjeûner pour ses deux hôtes; mais le comte arrêta l'éloquence de sa tante en lui disant d'un ton sérieux qu'il ne pouvait pas lui donner plus de temps que la poste n'en mettrait à relayer. Les trois parens entrèrent donc au plus vite dans le salon, et le colonel eut à peine le temps de raconter à la marquise les événemens politiques et militaires qui l'obligeaient à lui demander un asile pour sa jeune femme.

Pendant le récit, la tante regardait alternativement et son neveu qui parlait sans être interrompu, et sa nièce dont elle attribua la pâleur et la tristesse à cette séparation forcée. Elle avait l'air de se dire : — Hé ! hé ! ces jeunes gens là s'aiment.

En ce moment, des claquemens de fouet retentirent dans la vieille cour silencieuse, dont les pavés étaient dessinés par des bouquets d'herbes ; alors, Victor embrassa derechef la marquise, et s'élança hors du logis.

— Adieu, ma chère, dit-il en embrassant sa femme qui l'avait suivi jusqu'à la voiture.

— Oh! Victor, laisse-moi t'accompagner plus loin encore, dit-elle d'une voix caressante, je ne voudrais pas te quitter...

— Y penses-tu ?

— Eh bien ! répliqua Julie, adieu, puisque tu le veux.

La voiture disparut.

— Vous aimez donc bien mon pauvre Victor, demanda la marquise à sa nièce, dont elle interrogea les yeux par un de ces savans regards que les vieilles femmes jettent aux jeunes.

— Hélas ! madame, répondit Julie, ne faut-il pas bien aimer un homme pour l'épouser ?

Cette dernière phrase fut accentuée par un ton de naïveté qui trahissait tout à la fois un cœur pur et de profonds mystères. Or, il était bien difficile à une femme amie de Duclos et du maréchal de Richelieu de ne pas chercher à deviner le secret de ce jeune ménage. La tante et la nièce étaient en ce moment sur le seuil de la porte cochère, occupées à regarder la calèche qui fuyait. Les yeux de la comtesse n'exprimaient pas l'amour comme la marquise le comprenait. La bonne dame était Provençale, et ses passions avaient été vives.

— Vous vous êtes donc laissée prendre par mon vaurien de neveu? demanda-t-elle à sa nièce.

La comtesse tressaillit involontairement, car l'accent et le regard de cette vieille coquette semblèrent lui annoncer une connaissance du caractère de Victor, plus approfondie peut-être que ne l'était la sienne. Alors, madame d'Aiglemont, inquiète, s'enveloppa dans cette dissimulation maladroite, premier refuge des cœurs naïfs et souffrans. La marquise se contenta des réponses de Julie; mais elle pensa joyeusement que sa solitude allait être réjouie par quelque secret d'amour, et que sa nièce devait avoir quelque intrigue amusante à conduire.

Quand madame d'Aiglemont se trouva dans un grand salon, tendu de tapisseries encadrées par des baguettes dorées, qu'elle fut assise devant un grand feu, abritée des bises *fenestrales* par un paravent chinois, sa tristesse ne put guère se dissiper. Il était difficile que la gaieté naquît sous d'aussi vieux lambris, entre ces meubles séculaires. Néanmoins, la jeune parisienne prit une sorte de plaisir à entrer dans cette solitude profonde, et dans le silence solennel de la province. Après avoir échangé quelques mots avec cette tante, à laquelle elle avait écrit naguère une lettre de nouvelle mariée, elle resta silencieuse comme si elle eût écouté la musique d'un opéra. Ce ne fut qu'après deux heures d'un calme digne de la Trappe, qu'elle s'aperçut de son impolitesse envers sa tante. Elle se souvint de ne lui avoir fait que de froides réponses. La vieille femme avait respecté le caprice de sa nièce par cet instinct plein de grâce qui caractérise les gens de l'ancien temps. En ce moment, la marquise tricotait. Elle s'était, il est vrai, absentée plusieurs fois pour s'occuper d'une certaine chambre *verte*, où devait coucher la comtesse, et où les gens de la maison en plaçaient les bagages ; mais alors elle avait repris sa place dans un grand fauteuil, et regardait la jeune femme à la dérobée. Honteuse de s'être abandonnée à son irrésistible méditation, Julie essaya de se la faire pardonner en s'en moquant.

— Ma chère petite, nous connaissons la douleur des veuves, répondit la tante.

Il fallait avoir quarante ans pour deviner l'ironie qu'exprimèrent les lèvres de la marquise.

Le lendemain, la comtesse fut beaucoup mieux. Elle causa. Madame de Belorgey ne désespéra plus d'apprivoiser cette nouvelle mariée, qu'elle avait d'abord jugée comme un être sauvage et stupide. Elle l'entretint des joies du pays, des bals et des maisons où elles pouvaient aller. Toutes les questions de la marquise furent, pendant cette journée, autant de pièges que, par une ancienne habitude de cour, elle ne put s'empêcher de tendre à sa nièce pour en deviner le caractère. Julie résista à toutes les instances qui lui furent faites pendant quelques jours d'aller chercher des distractions au dehors. Aussi malgré l'envie qu'avait la vieille dame de promener orgueilleusement sa jolie nièce, finit-elle par renoncer à vouloir la mener dans le monde. La comtesse avait trouvé un prétexte à sa solitude et à sa tristesse dans le chagrin que lui avait causé la mort de son père, dont elle portait encore le deuil.

Au bout de huit jours, la marquise admira la douceur angélique, les grâces modestes, l'esprit indulgent de Julie; et dès-lors, elle s'intéressa prodigieusement à la mystérieuse mélancolie qui rongeait ce jeune cœur. La comtesse était une de ces femmes nées pour être aimables, et qui semblent apporter avec elles le bonheur. Sa société devint si douce et si précieuse à la marquise de Belorgey, qu'elle s'affola de sa nièce, et désira ne plus la quitter. Un mois suffit pour établir entre elles une éternelle amitié.

La marquise remarqua, non sans surprise, les changemens qui se firent dans la physionomie de madame d'Aiglemont. Les couleurs vives qui en embrasaient le teint s'éteignirent insensiblement et sa figure prit des tons mats et pâles. En perdant son éclat primitif, Julie devenait moins triste. Parfois la marquise réveillait chez sa jeune parente des élans de gaieté, ou des rires folâtres, bientôt réprimés par une pensée importune. Elle devina que, ni le souvenir paternel, ni l'absence de Victor, n'étaient la cause de la mélancolie profonde qui jetait un voile sur la vie de sa nièce. Puis la marquise eut tant de mauvais soupçons, qu'il lui fut difficile de s'arrêter à la véritable cause du mal, car nous ne rencontrons peut-être le vrai que par hasard.

Un jour enfin, Julie fit briller aux yeux de sa tante étonnée un oubli complet du mariage, une folie de jeune fille étourdie, une candeur d'esprit, un enfantillage digne du premier âge, tout cet esprit délicat et parfois si profond qui distingue les jeunes personnes en France. Alors la marquise résolut de sonder les mystères de cette âme, dont le naturel extrême équivalait à une impénétrable dissimulation. La nuit approchait; les deux dames étaient assises devant une croisée qui donnait sur la rue; Julie avait repris un air pensif; un homme à cheval vint à passer.

— Voilà une de vos victimes, dit la marquise.

Madame d'Aiglemont regarda sa tante en manifestant un étonnement mêlé d'inquiétude.

— C'est un jeune Anglais, un gentilhomme, sir Arthur Grenville. Son histoire est intéressante. Il est venu à Montpellier en 1803, espérant que l'air de ce pays, où il était envoyé par les médecins, le guérirait d'une maladie de poitrine à laquelle il devait succomber. Comme tous ses compatriotes, il a été arrêté par Bonaparte lors de la guerre, car ce monstre-là ne peut se passer de guerroyer. Par distraction, ce jeune Anglais s'est mis à étudier sa maladie, que l'on croyait mortelle. Insensiblement, il a pris goût à l'anatomie, à la médecine; il s'est passionné pour ces sortes d'arts; ce qui est fort extraordinaire chez un homme de qualité; mais le Régent s'est bien occupé de chimie! Bref, sir Arthur a fait des progrès étonnans même pour les professeurs de Montpellier; l'étude l'a consolé de sa captivité, et en même temps il s'est radicalement guéri. On prétend qu'il est resté deux ans sans parler, respirant rarement, demeurant couché dans une étable, buvant du lait d'une vache venue de Suisse, et vivant de cresson. Depuis qu'il est à Tours, il n'a vu personne. Il est fier comme paon. Mais vous avez certainement fait sa conquête, car ce n'est probablement pas pour moi qu'il passe sous nos fenêtres deux fois par jour depuis que vous êtes ici.... Certes, il vous aime.

Ces derniers mots réveillèrent la comtesse comme par magie. Elle laissa échapper un geste et un sourire qui surprirent la marquise. Loin de témoigner cette satisfaction instinctive, ressentie même par la femme la plus sévère quand elle apprend qu'elle fait un malheureux, le regard de Julie fut terne et froid. Son visage indiquait un sentiment de répulsion voisin de l'horreur. Cette proscription n'était pas celle dont une femme aimante frappe le monde entier au profit d'un seul être; alors elle sait rire et plaisanter. Non, Julie était en ce moment comme une personne à qui le souvenir d'un danger trop vivement présent en fait ressentir encore la douleur.

La marquise, bien convaincue que sa nièce n'aimait pas son neveu, fut stupéfaite en découvrant qu'elle n'aimait personne. Elle trembla d'avoir à reconnaître en Julie un cœur désenchanté, une jeune femme à qui l'expérience d'un jour, d'une nuit peut-être, avait suffi pour apprécier la nullité de Victor.

— Si elle le connaît, tout est dit, pensa-t-elle ; mon neveu subira bientôt les inconvéniens du mariage.

Alors elle se proposait déjà de la convertir aux doctrines monarchiques du siècle de Louis XV ; mais quelques heures plus tard, elle apprit, ou plutôt elle devina la situation assez commune dans le monde à laquelle la comtesse devait sa mélancolie.

Julie, devenue tout à coup pensive, se retira chez elle plus tôt que de coutume. Quand sa femme de chambre l'eut déshabillée et l'eut laissée prête à se coucher, elle resta devant le feu, plongée dans une duchesse de velours jaune, meuble antique, aussi favorable aux affligés qu'aux gens heureux. Elle pleura, elle soupira, elle pensa. Puis elle prit une petite table, chercha du papier, et se mit à écrire. Les heures passèrent vite, car la confidence qu'elle faisait dans cette lettre paraissait lui coûter beaucoup; chaque phrase amenait de longues rêveries. Tout à coup la jeune femme fondit en larmes, et s'arrêta. En ce moment les horloges sonnèrent deux heures. Sa tête, aussi lourde que celle d'une mourante, s'inclina sur son sein, puis quand elle la releva, Julie vit sa tante surgie tout-à-coup, comme un personnage qui se serait détaché de la tapisserie dont les murs étaient garnis.

— Qu'avez-vous donc, ma petite, dit la marquise? Pourquoi veiller si tard, et surtout pourquoi pleurer toute seule, à votre âge?

Elle s'assit sans autre cérémonie près de sa nièce et dévora des yeux la lettre commencée.

— Vous écriviez à votre mari?

— Sais-je où il est? reprit la comtesse.

La tante prit le papier et le lut. Elle avait apporté ses lunettes. Il y avait préméditation. L'innocente créature lui laissa prendre la lettre sans faire la moindre observation. Ce n'était pas un défaut de dignité ou quelque sentiment de culpabilité secrète qui lui ôtait ainsi toute énergie. Non, sa tante se rencontra là dans un de ces momens de crise où l'âme est sans ressort, et où tout est indifférent, le bien et le mal, le silence et la confiance.

Comme une jeune fille vertueuse qui accable un amant de dédains, mais qui, le soir, se trouve si triste, si abandonnée, qu'elle le désire, et veut un cœur où déposer ses souffrances, Julie laissa violer sans mot dire le cachet que la délicatesse imprime à une lettre même ouverte, et resta pensive pendant que la marquise lisait.

« Ma chère Louisa, pourquoi réclamer tant de fois l'accomplissement de la plus imprudente promesse que puissent se faire deux jeunes filles ignorantes. Tu te demandes souvent, m'écris-tu, pourquoi je n'ai pas répondu depuis six mois à tes interrogations. Si tu n'as pas compris mon silence, aujourd'hui tu en devineras peut-être la raison en apprenant les mystères que je vais trahir. Je les aurais à jamais ensevelis dans le fond de mon cœur, si tu ne m'avertissais de ton prochain mariage. Tu vas te marier, Louisa. Cette pensée me fait frémir. Pauvre petite, marie-toi; puis, dans quelques mois, un de tes plus poignans regrets viendra du souvenir de ce que nous étions naguère, quand un soir, à Écouen, parvenues toutes deux sous les grands chênes de la montagne, nous contemplâmes la belle vallée que nous avions à nos pieds, et que nous y admirâmes les rayons du soleil couchant dont les reflets nous enveloppaient. Nous nous assîmes sur un quartier de roche, et tombâmes dans un ravissement auquel succéda la plus douce mélancolie. Tu trouvas la première que ce soleil lointain nous parlait d'avenir. Nous étions bien curieuses et bien folles alors! Te souviens-tu de toutes nos extravagances ? Nous nous embrassâmes comme deux amans, disions-nous. Nous nous jurâmes que la première mariée de nous deux raconterait fidèlement à l'autre ces secrets d'hyménée, ces joies que nos âmes enfantines nous peignaient si délicieuses. Cette soirée sera ton désespoir, Louisa. Dans ce temps, tu étais jeune, belle, insouciante, sinon heureuse; un mari te rendra, en peu de jours, ce que je suis déjà, laide, souffrante et vieille. Te dire combien j'étais fière, vaine et joyeuse d'épouser le colonel Victor d'Aiglemont, ce serait une folie ! Et même comment te le dirai-je ? je ne me souviens plus de moi-même. En peu d'instans, mon enfance est devenue comme un songe. Ma contenance pendant la journée solennelle qui consacrait un lien dont j'ignorais l'étendue n'a pas été exempte de reproches. Mon père a plus d'une fois tâché de réprimer ma gaîté, car je témoignais des joies qu'on trouvait inconvenantes, et mes discours révélaient de la malice, justement parce qu'ils étaient sans malice. Je faisais mille enfantillages avec ce voile nuptial, avec cette robe et ces fleurs. Restée seule, le soir, dans la chambre où j'avais été conduite avec apparat, je méditai quelque espièglerie pour intriguer Victor; et, en attendant qu'il vînt, j'avais des palpitations de cœur semblables à celles qui me saisissaient autrefois en ces jours solennels du 31 décembre, quand, sans être aperçue, je me glissais dans le salon où les étrennes étaient entassées. Lorsque mon mari entra, qu'il me chercha, le rire étouffé que je fis entendre sous les mousselines dont je m'étais enveloppée, a été le dernier éclat de cette gaîté douce qui anima les jeux de notre enfance... »

Quand la marquise eut achevé de lire cette lettre, qui, commençant ainsi, devait contenir de bien tristes observations, elle posa lentement ses lunettes sur la table, y remit aussitôt la lettre, et fixa sur sa nièce deux yeux verts dont l'âge n'avait pas affaibli le feu clair.

— Ma petite, dit-elle, une femme mariée ne saurait écrire ainsi à une jeune personne, sans manquer aux convenances...

— C'est ce que je pensais, répondit Julie en interrompant sa tante, et j'avais honte de moi pendant que vous la lisiez...

— Si à table un mets ne nous semble pas bon, il n'en faut dégoûter personne, mon enfant, reprit la vieille avec bonhomie ; surtout, lorsque, depuis Ève jusqu'à nous, le mariage a paru chose si excellente...

Julie saisit la lettre et la jeta au feu.

— Vous n'avez plus de mère, dit la marquise.

La comtesse tressaillit ; puis elle leva doucement la tête et la baissa comme pour dire : — J'ai déjà regretté plus d'une fois ma mère depuis un an.

Elle regarda sa tante, et un frisson de joie sécha ses larmes quand elle aperçut l'air de bonté qui animait cette vieille figure. Elle tendit sa jeune main à la marquise, qui semblait la solliciter, et quand leurs doigts se pressèrent, ces deux femmes achevèrent de se comprendre.

— Pauvre orpheline, ajouta la marquise.

Ce mot fut un dernier trait de lumière pour Julie. Elle crut entendre la voix prophétique de son père.

— Vous avez les mains brûlantes, demanda la vieille femme. Sont-elles toujours ainsi?

— La fièvre ne m'a quittée que depuis sept ou huit jours, répondit-elle.

— Vous aviez la fièvre, et vous me le cachiez.

— Je l'ai depuis un an, dit Julie avec une sorte d'anxiété pudique.

— Ainsi, mon bon petit ange, reprit la marquise, le mariage n'a été jusqu'à présent pour vous qu'une longue douleur.

La jeune femme n'osa répondre; mais elle fit un geste affirmatif qui trahissait toutes ses souffrances.

— Vous êtes donc malheureuse?

— Oh! non, ma tante. Victor m'aime à l'idolâtrie, et je l'adore, il est si bon.

— Oui, vous l'aimez; mais vous le fuyez, n'est-ce pas?

— Oui.... quelquefois.... Il me cherche trop souvent.

— N'êtes-vous pas souvent troublée dans la solitude par la crainte qu'il ne vienne vous y surprendre?

— Hélas! oui, ma tante. Mais je l'aime bien, je vous assure.

— Ne vous accusez-vous pas en secret vous-même de ne pas savoir ou pouvoir partager ses plaisirs? Parfois, ne pensez-vous point que l'amour légitime est plus dur à porter que ne le serait une passion criminelle?

— Oh! c'est cela, dit-elle en pleurant, vous devinez donc tout, là où tout est énigme pour moi. Mes sens sont engourdis; je suis sans idées; enfin, je vis difficilement. Mon âme est oppressée par une indéfinissable appréhension qui glace mes sentimens et me jette dans une torpeur continuelle. Je suis sans voix pour me plaindre et sans paroles pour exprimer ma peine. Je souffre, et j'ai honte de souffrir en voyant Victor heureux de ce qui me tue.

— Enfantillages, niaiseries que tout cela! s'écria la tante, dont le visage desséché s'anima tout-à-coup par un gai sourire, le reflet des joies de son jeune âge.

— Et vous aussi vous riez, dit avec désespoir la jeune femme.

— J'ai été ainsi, reprit promptement la marquise. Maintenant que Victor vous a laissée seule, n'êtes-vous pas redevenue jeune fille, tranquille; sans plaisirs, mais sans souffrances.

Julie ouvrit de grands yeux hébétés.

— Enfin, mon ange, vous adorez Victor, n'est-ce pas; mais vous aimeriez mieux être sa sœur que sa femme, et lui refuser.... Hein?....

— Hé bien, oui, ma tante. Mais pourquoi sourire?

— Oh! vous avez raison, ma pauvre enfant. Il n'y a, dans tout ceci, rien de bien gai. Votre avenir serait gros de plus d'un malheur, si je ne vous prenais sous ma protection, et si ma vieille expérience ne savait pas deviner la cause innocente de vos chagrins. Mon neveu ne méritait pas son bonheur... le sot! Sous le règne de notre bien-aimé Louis XV, une jeune femme, qui se serait trouvée dans la situation où vous êtes, aurait bientôt puni son mari de s'être conduit en vrai lansquenet. L'égoïste! les militaires de ce tyran impérial sont tous de vilains ignorans. Ils prennent la brutalité pour de la galanterie ; ils ne connaissent pas plus les femmes qu'ils ne savent faire l'amour ; ils croient que d'aller à la mort le lendemain les dispense d'avoir, la veille, des égards et des attentions pour nous. Autrefois, l'on savait aussi bien aimer que mourir à propos. Ma nièce, je vous le formerai. Je mettrai fin au triste désaccord qui vous conduirait à vous haïr l'un et l'autre, à souhaiter un divorce, si vous n'étiez pas morte avant d'en venir au désespoir.

Julie écoutait la vieille marquise avec autant d'étonnement que de stupeur. Elle était surprise d'entendre des paroles dont elle pressentait la sagesse plutôt qu'elle ne la comprenait, et fut effrayée de retrouver dans la bouche d'une parente pleine d'expérience, mais sous une forme plus douce, l'arrêt porté par son père sur Victor.

Elle eut peut-être une vive intuition de son avenir, et sentit sans doute le poids des malheurs qui devaient l'accabler, car elle fondit en larmes, et se jeta dans les bras de la vieille marquise, en lui disant : — Soyez ma mère!

La tante ne pleura pas, car la révolution a laissé aux femmes de l'ancienne monarchie peu de larmes dans les yeux. Autrefois l'amour, et plus tard la

Terreur, les ont familiarisées avec les plus poignantes péripéties, en sorte qu'elles conservent au milieu des dangers de la vie une dignité froide, une affection sincère, mais sans expansibilité, qui leur permet d'être toujours fidèles à l'étiquette et à une noblesse de maintien que les mœurs nouvelles ont eu le grand tort de répudier.

La marquise prit la jeune femme dans ses bras, la baisa au front avec une tendresse et une grâce qui souvent se trouvent plus dans les manières et les habitudes de ces femmes que dans leur cœur. Elle cajola sa nièce par de douces paroles, lui promit un heureux avenir, la berça par des promesses d'amour, en l'aidant à se coucher, comme si elle eût été sa fille, une fille chérie dont elle épousât l'espoir et les chagrins. Elle se revoyait jeune, se retrouvait inexpériente et jolie en sa nièce. La comtesse s'endormit, heureuse d'avoir rencontré une amie, une mère, à qui, désormais, elle pourrait tout dire.

Le lendemain matin, au moment où la tante et la nièce s'embrassaient avec cette cordialité profonde et cet air d'intelligence qui prouvent un progrès dans le sentiment, une cohésion plus parfaite entre deux âmes, elles entendirent le pas d'un cheval, tournèrent la tête en même temps, et virent le jeune lord anglais qui passait lentement, selon son habitude. Il paraissait avoir fait une certaine étude de la vie que menaient ces deux femmes solitaires, et ne manquait jamais à se trouver à leur déjeuner ou à leur dîner. Son cheval ralentissait le pas sans avoir besoin d'en être averti ; puis, pendant le temps qu'il mettait à franchir l'espace pris par les deux fenêtres de la salle à manger, sir Arthur y jetait un regard mélancolique, la plupart du temps dédaigné par la comtesse qui n'y faisait aucune attention. Mais accoutumée à ces curiosités mesquines qui s'attachent aux plus petites choses afin d'animer la vie de province, et dont un esprit même supérieur se garantit difficilement, la marquise s'amusait de l'amour timide et sérieux si tacitement exprimé par l'Anglais. Ces regards périodiques étaient devenus comme une habitude pour elle ; et chaque jour elle signalait le passage de sir Arthur par de nouvelles plaisanteries.

En se mettant à table, les deux femmes le regardèrent simultanément. Les yeux de Julie et de sir Grenville se rencontrèrent cette fois avec une telle précision de sentiment, que la jeune femme rougit. Aussitôt l'Anglais pressa son cheval, et partit au galop.

— Mais, madame, dit Julie à sa tante, que faut-il faire ? Il doit être constant pour les gens qui voient passer sir Arthur, que je suis....

— Oui, répondit la marquise en l'interrompant.

— Hé bien, ne pourrais-je pas lui dire de ne pas se promener ainsi ?

— Ne serait-ce pas lui donner à penser qu'il est dangereux ? Et, d'ailleurs, pouvez-vous empêcher un homme d'aller et venir où bon lui semble ! Demain, nous ne mangerons plus dans cette salle ; quand il ne nous y verra plus, le lord discontinuera de vous aimer par la fenêtre. Voilà, ma chère enfant, comment se comporte une femme qui a l'usage du monde.

Mais le malheur de Julie devait être complet. A peine les deux femmes se levaient-elles de table, que le valet de chambre de Victor arriva soudain. Il venait de Bourges à franc étrier, par des chemins détournés, et apportait à la comtesse une lettre de son mari. Victor avait quitté l'empereur; il annonçait à sa femme la chute du trône impérial, la prise de Paris, et l'enthousiasme qui éclatait en faveur des Bourbons sur tous les points de la France; mais ne sachant comment pénétrer jusqu'à Tours, il la priait de venir en toute hâte à Orléans, où il espérait se trouver avec des passeports pour elle. Ce valet de chambre, ancien militaire, devait accompagner Julie de Tours à Orléans, route que Victor croyait libre encore.

— Madame, vous n'avez pas un instant à perdre, dit le valet de chambre, les Prussiens, les Autrichiens et les Anglais vont faire leur jonction à Blois ou à Orléans...

En quelques heures, la jeune femme fut prête, et partit dans une vieille voiture de voyage que lui prêta sa tante.

— Pourquoi ne viendriez-vous pas à Paris avec nous? dit-elle en embrassant la marquise. Maintenant que les Bourbons se rétablissent, vous y trouveriez...

— J'y serais allée sans ce retour inespéré, ma

pauvre petite. Mes conseils vous sont trop nécessaires, à Victor et à vous. Aussi, vais-je faire toutes mes dispositions pour vous y rejoindre.

Julie partit accompagnée de sa femme de chambre et du vieux militaire, qui galopait à côté de la chaise, et veillait à la sécurité de sa maîtresse.

Il était nuit, Julie arrivait à un relais en avant de Blois lorsque, inquiète d'entendre une voiture qui marchait derrière la sienne, et ne l'avait pas quittée depuis Amboise, elle se mit à la portière, afin de voir quels étaient ses compagnons de voyage. Le clair de lune lui permit d'apercevoir sir Arthur, debout, à trois pas d'elle, les yeux attachés sur sa chaise. Leurs regards se rencontrèrent fatalement. La comtesse se rejeta vivement au fond de sa voiture, mais avec un sentiment de peur qui la fit palpiter. Comme la plupart des jeunes femmes réellement innocentes et sans expérience, elle voyait une faute dans un amour involontairement inspiré à un homme. Elle ressentait une terreur instinctive que lui donnait peut-être la conscience de sa faiblesse devant une si audacieuse agression. Une des plus fortes armes de l'homme est ce pouvoir terrible d'occuper de lui-même une femme dont l'imagination, naturellement mobile, s'effraie ou s'offense d'une poursuite.

La comtesse se souvint du conseil de sa tante, et résolut de rester pendant le voyage au fond de sa chaise de poste, sans en sortir. Mais, à chaque relais, elle entendait l'Anglais qui se promenait autour des deux voitures ; puis, sur la route, le bruit importun de sa calèche retentissait incessamment aux oreilles de Julie.

La jeune femme pensa bientôt qu'une fois réunie à son mari, il saurait la défendre de cette singulière persécution.

— Mais s'il ne m'aimait pas, cependant.

Cette réflexion fut la dernière de toutes celles qu'elle fit. En arrivant à Orléans, sa chaise de poste fut arrêtée par les Prussiens, conduite dans la cour d'une auberge, et gardée par des soldats. La résistance était impossible. Les étrangers expliquèrent aux trois voyageurs, par des signes impératifs, qu'ils avaient reçu la consigne de ne laisser sortir personne de la voiture. La comtesse pleurait. Elle resta pendant deux heures environ prisonnière, au milieu des soldats qui fumaient, riaient, et parfois la regardaient avec une insolente curiosité. Enfin, elle les vit s'écarter de la voiture avec une sorte de respect en entendant le bruit de plusieurs chevaux ; puis, bientôt une troupe d'officiers supérieurs étrangers, à la tête desquels était un général autrichien, entoura la chaise de poste.

— Madame, lui dit le général, agréez nos excuses ; il y a eu erreur. Vous pouvez continuer sans crainte votre voyage, et voici un passeport qui vous évitera désormais toute espèce d'avanie...

La comtesse prit le papier en tremblant, et balbutia de vagues paroles. Elle voyait près du général et en costume d'officier anglais, sir Arthur, à qui sans doute elle devait sa prompte délivrance. Tout à la fois joyeux et mélancolique, le jeune lord détournait la tête, et n'osait regarder Julie qu'à la dérobée.

Grâce au passeport, madame d'Aiglemont parvint à Paris sans aventure fâcheuse. Elle y retrouva son mari, qui, délié de son serment de fidélité à l'empereur, avait reçu le plus flatteur accueil près du comte d'Artois, nommé lieutenant-général du royaume par son frère Louis XVIII. Victor eut un grade éminent dans les gardes-du-corps. Cependant, au milieu des fêtes qui marquaient le retour des Bourbons, un malheur bien profond, et qui devait influer sur sa vie, assaillit la pauvre Julie. Elle perdit la marquise de Belorgey.

La vieille dame était morte de joie et d'une goutte remontée au cœur, en revoyant à Tours le duc d'Angoulême. Ainsi, la personne à laquelle son âge donnait le droit d'éclairer Victor; la seule qui, par d'adroits conseils, pouvait rendre l'accord de la femme et du mari plus parfait, cette personne était morte. Julie sentit toute l'étendue de cette perte. Il n'y avait plus qu'elle-même entre elle et son mari. Mais, jeune et timide, elle préférerait d'abord la souffrance à la plainte. La perfection même de son caractère s'opposait à ce qu'elle osât se soustraire à ses devoirs, ou tenter de rechercher la cause de ses douleurs; les faire cesser eût été chose trop délicate; Julie craignait d'offenser sa pudeur de jeune fille.

Elle ne vit plus sir Arthur.

LA MÈRE.

Il se rencontre beaucoup d'hommes dont la nullité profonde est un secret pour la plupart des gens qui les connaissent. Un haut rang, une illustre naissance, d'importantes fonctions, un certain vernis de politesse, une grande réserve dans la conduite, ou les prestiges de la fortune sont, pour eux, comme des gardes qui empêchent les critiques de pénétrer jusqu'à leur intime existence. Ils ressemblent aux rois dont la véritable taille, le caractère et les mœurs ne peuvent jamais être ni bien connus, ni justement appréciés, parce qu'ils sont vus de trop loin ou de trop près. Ces personnages à mérite factice interrogent au lieu de parler, ont l'art de mettre les autres en scène pour éviter de poser devant eux, puis, avec une heureuse adresse, ils tirent chacun par le fil de ses passions ou de ses intérêts, et se jouent ainsi des hommes qui leur sont réellement supérieurs, ils en font des marionnettes et les croient petits pour les avoir rabaissés jusqu'à eux. Alors, ils obtiennent le triomphe naturel d'une pensée mesquine, mais fixe, sur la mobilité des grandes pensées. Aussi, pour juger ces têtes vides et peser leurs valeurs négatives, l'observateur doit-il posséder un esprit plus subtil que supérieur, plus de patience que de portée dans la vue, plus de finesse et de tact que d'élévation et de grandeur dans les idées. Néanmoins, quelque habileté que déploient ces usurpateurs en défendant leurs côtés faibles, il leur est bien difficile de tromper leurs femmes, leurs mères, leurs enfans ou l'ami de la maison. Mais ces personnes leur gardent presque toujours le secret sur une chose qui touche, en quelque sorte, à l'honneur commun ; et souvent même elles les aident à en imposer au monde.

Si, grâce à ces conspirations domestiques, beaucoup de niais passent pour des hommes supérieurs, ils compensent le nombre d'hommes supérieurs qui passent pour des niais, en sorte que l'état social a toujours la même masse de capacités apparentes.

Songez maintenant au rôle que doit jouer une femme d'esprit et de sentiment, en présence d'un mari de ce genre? n'apercevrez-vous pas des existences pleines de douleurs et de dévouement dont rien ici-bas ne saurait récompenser certains cœurs pleins d'amour et de délicatesse? Qu'il se rencontre une femme forte dans cette horrible situation, elle en sortira par un crime, comme fit Catherine II, si abusivement nommée *la Grande*. Mais, comme toutes les femmes ne sont pas assises sur un trône, elles se vouent, la plupart, à des malheurs domestiques qui, pour être obscurs, n'en sont pas moins terribles. Celles qui cherchent ici-bas des consolations immédiates à leurs maux ne font souvent que changer de peines lorsqu'elles veulent rester fidèles à leurs devoirs, ou commettent des fautes si elles violent les lois au profit de leurs plaisirs. Ces réflexions sont toutes applicables à l'histoire secrète de Julie.

Tant que Napoléon resta debout, le comte d'Aiglemont, colonel comme tant d'autres, bon officier d'ordonnance, intrépide à remplir une mission dangereuse, mais incapable d'un commandement de quelque importance, n'excita nulle envie, passa pour un des braves que favorisait l'empereur, et fut ce que les militaires nomment vulgairement *un bon enfant*. La restauration, qui lui rendit le titre de marquis et des biens considérables, ne le trouva pas ingrat : il suivit les Bourbons à Gand. Cet acte de logique et de fidélité fit mentir l'horoscope que jadis tirait son beau-père en disant de son gendre qu'il resterait colonel. Au second retour, Victor fut nommé lieutenant-général.

Redevenu marquis, M. d'Aiglemont eut l'ambition d'arriver à la pairie. Alors, il adopta les maximes et la politique du *Conservateur*, s'enveloppa d'une dissimulation qui ne cachait rien, devint grave, interrogateur, peu parleur, et fut pris pour un homme profond. Retranché sans cesse dans les formes de la politesse, muni de formules, retenant et prodiguant les phrases toutes faites qui se frappent régulièrement à Paris pour donner en petite monnaie aux sots le sens des grandes idées ou des faits, les gens du monde le réputèrent homme de goût et de savoir. Entêté dans ses opinions aristocratiques, il fut cité comme ayant un beau caractère. Si, par hasard, il devenait insouciant ou gai comme il l'était jadis, l'insignifiance et la niaiserie de ses propos avaient pour les autres des sous-entendus diplomatiques.

— Oh! il ne dit que ce qu'il veut dire, pensaient de très-honnêtes gens.

Il était aussi bien servi par ses qualités que par ses défauts. Sa bravoure lui valait une haute réputation militaire que rien ne démentait, parce qu'il n'avait jamais commandé en chef. Sa figure mâle et noble exprimait des pensées larges, et sa physionomie n'était une imposture que pour sa femme. En entendant tout le monde rendre justice à ses talens postiches, le marquis d'Aiglemont finit par se persuader à lui-même qu'il était un des hommes les plus remarquables de la cour, où, grâce à ses dehors, il sut plaire, et où ses différentes valeurs furent acceptées sans protêt.

Mais il était modeste au logis, il y sentait instinctivement la supériorité de sa femme, toute jeune qu'elle fût; et de ce respect involontaire naquit un pouvoir occulte dont la marquise se trouva forcément investie, malgré tous ses efforts pour en repousser le fardeau. Conseil de son mari, elle en dirigeait les actions et la fortune. Cette influence contre nature était pour elle une espèce d'humiliation et la source de bien des peines qu'elle ensevelissait dans son cœur. D'abord, son instinct si délicatement féminin lui disait qu'il est bien plus beau d'obéir à un homme de talent que de conduire un sot, et qu'une jeune épouse, obligée de penser et d'agir en homme, n'est ni femme ni homme, abdique toutes les grâces de son sexe en en perdant les malheurs, et n'acquiert aucun des priviléges dont nos mœurs, dont nos lois ont doté les plus forts. Son existence cachait une bien amère dérision. N'était-elle pas obligée d'honorer une idole creuse, de protéger son protecteur, pauvre être qui, pour salaire d'un dévouement continu, lui jetait l'amour égoïste des maris; ne voyait en elle que la femme ; ne daignait ou ne savait pas, injure tout aussi profonde, s'inquiéter de ses plaisirs, ni d'où venaient sa tristesse et son dépérissement? Comme la plupart des maris qui sentent le joug d'un esprit supérieur, il sauvait son amour-propre en concluant de la faiblesse physique à la faiblesse morale de Julie, qu'il se plaisait à plaindre en demandant compte au sort de lui avoir donné pour épouse une jeune fille maladive. Enfin, il se faisait la victime, tandis qu'il était le bourreau. La marquise, chargée de tous les malheurs de cette triste existence, devait sourire encore à son maître imbécile, parer de fleurs une maison de deuil, et afficher le bonheur sur un visage pâli par de secrets supplices.

Cette responsabilité d'honneur, cette abnégation magnifique donnèrent insensiblement à la jeune marquise une dignité de femme, une conscience de vertu qui lui servirent de sauve-garde contre les dangers du monde. Puis, pour sonder ce cœur à fond, peut-être le malheur intime et caché par lequel son premier, son naïf amour de jeune fille était couronné, lui faisait-il prendre en horreur les passions; peut-être n'en concevait-elle ni l'entraînement ni les joies illicites mais délirantes qui font oublier à certaines femmes les lois de sagesse, les principes de vertu sur lesquels la société repose.

Renonçant, comme à un songe, aux douceurs, à la tendre harmonie que la vieille expérience de madame de Belorgey lui avait promises, elle attendait avec résignation la fin de ses peines en espérant mourir jeune. Depuis son retour de Touraine, sa santé s'était chaque jour affaiblie, et la vie semblait lui être mesurée par la souffrance; souffrance élégante d'ailleurs, maladie presque voluptueuse en apparence, et qui pouvait passer aux yeux des gens superficiels pour une fantaisie de petite maîtresse.

Les médecins avaient condamné la marquise à rester couchée sur un divan, où elle s'étiolait au milieu des fleurs qui l'entouraient, et se fanaient comme elle. Sa faiblesse lui interdisait la marche et le grand air, elle ne sortait qu'en voiture fermée. Sans cesse environnée de toutes les merveilles de notre luxe et de notre industrie modernes, elle ressemblait moins à une malade qu'à une reine indolente. Quelques amis, amoureux peut-être de son malheur et de sa faiblesse, sûrs de toujours la trouver chez elle, et spéculant sans doute aussi sur sa bonne santé future, venaient lui apporter les nouvelles, l'instruire de ces mille petits événemens qui rendent à Paris l'existence si variée. Sa mélancolie, quoique grave et profonde, était donc la mélancolie de l'opulence. La marquise d'Aiglemont ressemblait à une belle fleur dont la racine est rongée par un insecte noir.

Elle allait parfois dans le monde, non par goût, mais pour obéir aux exigences de la position à laquelle aspirait son mari. Sa voix et la perfection de son chant pouvaient lui permettre d'y recueillir des applaudissemens dont une jeune femme est presque toujours flattée ; mais à quoi lui servaient des succès qu'elle ne rapportait ni à des sentimens ni à des espérances. Son mari n'aimait pas la musique. Enfin, elle se trouvait presque toujours gênée dans les salons où sa beauté lui attirait tous les regards. Sa situation y excitait une sorte de compassion cruelle, une curiosité triste. Elle était atteinte d'une inflammation assez ordinairement mortelle, dont les femmes parlent en secret, et à laquelle notre néologie n'a pas encore su trouver de nom. Or, malgré le silence au sein duquel sa vie s'écoulait, sa souffrance n'était un secret pour personne. Toujours jeune fille, en dépit du mariage, les moindres regards la rendaient honteuse. Aussi, pour éviter de rougir, n'apparaissait-elle jamais que riante, gaie ; elle affectait une fausse joie, se disait toujours bien, ou prévenait les questions sur sa santé par de pudiques mensonges.

Cependant, en 1817, un événement contribua beaucoup à modifier l'état déplorable dans lequel Julie avait été plongée jusqu'alors. Elle eut une fille, et voulut la nourrir. Alors pendant deux années, les vives distractions et les inquiets plaisirs que donnent les soins maternels, lui firent une vie moins malheureuse. Elle se sépara nécessairement de son mari. Les médecins lui pronostiquèrent une meilleure santé; mais la marquise ne crut point à ces présages hypothétiques. Comme toutes les personnes pour lesquelles la vie n'a plus de douceur, peut-être voyait-elle dans la mort un heureux dénouement.

Au commencement de l'année 1819, la vie lui fut plus cruelle que jamais. Au moment où elle s'applaudissait du bonheur négatif qu'elle avait su conquérir, elle entrevit d'effroyables abîmes. Son mari s'était, par degrés, déshabitué d'elle. Ce refroidissement d'une affection déjà si tiède et toute égoïste pouvait amener plus d'un malheur que son tact fin et sa prudence lui faisaient prévoir. Quoiqu'elle fût certaine de conserver un grand empire sur Victor, et d'en avoir obtenu l'estime pour toujours, elle craignait l'influence des passions sur un homme aussi nul, aussi vaniteusement irréfléchi.

Souvent ses amis la surprenaient livrée à de longues méditations. Les moins clairvoyans lui en demandaient le secret en plaisantant, comme si une jeune femme pouvait ne songer qu'à des frivolités; comme s'il n'existait pas presque toujours un sens profond dans les pensées d'une mère de famille. D'ailleurs, le malheur aussi bien que le bonheur vrai nous mène à la rêverie.

Parfois, en jouant avec sa fille, Julie la regardait d'un œil sombre, et cessait de répondre à ces interrogations enfantines qui font tant de plaisir aux mères, pour demander compte de sa destinée au présent et à l'avenir. Alors, ses yeux se mouillaient de larmes, quand soudain quelque souvenir lui rappelait la scène de la revue aux Tuileries. Les prévoyantes paroles de son père retentissaient derechef à son oreille, et sa conscience lui reprochait d'en avoir méconnu la sagesse. De cette désobéissance folle, venaient tous ses malheurs; et souvent elle ne savait, entre tous, lequel était le plus difficile à porter.

Non seulement les doux trésors de son âme restaient ignorés, mais elle ne pouvait jamais parvenir à se faire comprendre de son mari, même dans les choses les plus ordinaires de la vie. Au moment où la faculté d'aimer se développait en elle plus forte et plus active, l'amour permis, l'amour conjugal s'évanouissait au milieu de graves souffrances physiques et morales. Puis elle avait pour son mari cette compassion voisine du mépris qui flétrit à la longue tous les sentimens. Enfin, si ses conversations avec quelques amis, les exemples, ou si certaines aventures du grand monde ne lui eussent pas appris que l'amour apportait d'immenses bonheurs, ses blessures lui auraient fait deviner les plaisirs profonds et purs qui doivent unir des âmes fraternelles.

Dans le tableau que sa mémoire lui traçait du passé, la figure candide de sir Arthur s'y dessinait chaque jour plus pure et plus belle, mais rapidement, elle n'osait s'arrêter à ce souvenir. Le silencieux et timide amour du jeune Anglais était le seul événement qui, depuis le mariage, eût laissé quelques doux vestiges dans ce cœur sombre et solitaire. Peut-être toutes les espérances trompées, tous les désirs avortés qui, graduellement, attristaient davantage l'esprit de Julie, se reportaient-ils par un jeu naturel de l'imagination, sur cet homme, dont les manières, les sentimens et le caractère paraissaient offrir tant de sympathies avec les siens. Mais cette pensée avait toujours l'apparence d'un caprice, d'un songe. Après ce rêve impossible, toujours clos par des soupirs, Julie se réveillait plus malheureuse, et sentait encore mieux ses douleurs latentes, quand elle les avait endormies sous les ailes d'un bonheur imaginaire.

Parfois, ses plaintes prenaient un caractère de folie et d'audace; elle voulait des plaisirs à tout prix. Mais plus souvent encore, elle restait en proie à je ne sais quel engourdissement stupide, écoutait sans comprendre, ou concevait des pensées si vagues, si indécises, qu'elle n'eût pas trouvé de langage pour les rendre. Froissée dans ses plus intimes volontés, dans les mœurs que, jeune fille, elle avait rêvées jadis, elle était obligée de dévorer ses larmes. A qui se serait-elle plaint? de qui pouvait-elle être entendue? Puis, elle avait cette extrême délicatesse de la femme, cette ravissante pudeur de sentiment qui consiste à taire une plainte inutile, à ne pas prendre un avantage quand le triomphe doit humilier le vainqueur et le vaincu. Julie essayait de donner sa capacité, ses propres vertus à M. d'Aiglemont, et se vantait de goûter le bonheur qui lui manquait. Toute sa finesse de femme était employée en pure perte à des ménagemens ignorés de celui-là même dont ils perpétuaient le despotisme. Par momens, elle était ivre de malheur, sans idée, sans frein ; mais heureusement une piété vraie la ramenait toujours à une espérance suprême : elle se réfugiait dans la vie future, admirable croyance qui lui faisait accepter de nouveau sa tâche douloureuse. Ces combats si terribles, ces déchiremens intérieurs étaient sans gloire, ces longues mélancolies étaient inconnues ; nulle créature ne recueillait ses regards ternes, ses larmes amères jetées au hasard et dans la solitude.

Les dangers de la situation critique à laquelle la marquise était insensiblement arrivée par la force des circonstances se révélèrent à elle dans toute leur gravité pendant une soirée du mois de janvier 1820.

Quand deux époux se connaissent parfaitement, et ont pris une longue habitude d'eux-mêmes ; qu'une femme sait interpréter les moindres gestes d'un homme, et peut pénétrer les sentimens ou les choses qu'il lui cache ; alors, des lumières soudaines éclatent souvent après des réflexions ou des remarques précédentes, dues au hasard, ou primitivement faites avec insouciance. Une femme se réveille souvent tout à coup sur le bord ou au fond d'un abîme. Ainsi, la marquise, heureuse d'être seule depuis quelques jours, devina le secret de sa solitude. Inconstant ou lassé, généreux ou plein de pitié pour elle, son mari ne lui appartenait plus. En ce moment, elle ne pensa plus à elle, ni à ses souffrances, ni à ses sacrifices ; elle ne fut plus que mère, et vit la fortune, l'avenir, le bonheur de sa fille ; sa fille, le seul être d'où lui vint quelque félicité ; son Hélène, seul bien qui l'attachât à la vie ! Maintenant, Julie voulait vivre pour préserver son enfant du joug effroyable sous lequel une marâtre pouvait étouffer la vie de cette chère créature.

A cette nouvelle prévision d'un sinistre avenir, elle tomba dans une de ces méditations ardentes qui dévorent des années entières. Entre elle et son mari, désormais, il devait se trouver tout un monde de pensées, dont, elle seule, porterait le poids. Jusqu'alors, sûre d'être aimée par Victor, autant qu'il pouvait aimer, elle s'était dévouée à un bonheur qu'elle ne partageait pas ; mais aujourd'hui, n'ayant plus la satisfaction de savoir que ses larmes faisaient la joie de son mari, seule dans le monde, il ne lui restait plus que le choix des malheurs. Au milieu du découragement qui, dans le calme et le silence de la nuit, détendit toutes ses forces ; au moment où, quittant son divan et son feu presque éteint, elle allait, à la lueur d'une lampe, contempler sa fille d'un œil sec, M. d'Aiglemont rentra plein de gaîté. Julie lui fit admirer le sommeil d'Hélène ; mais il accueillit l'enthousiasme de sa femme par une phrase banale.

— A cet âge, dit-il, tous les enfans sont gentils.

Puis, après avoir insouciamment baisé le front

de sa fille, il baissa les rideaux du berceau, regard[a]
Julie, lui prit la main, et l'amena près de lui sur [le]
divan, où tant de fatales pensées venaient de surgi[r.]

— Vous êtes bien belle ce soir, madame d'Aigle[-]
mont, s'écria-t-il avec cette insupportable gaie[té]
dont la marquise connaissait tout le vide.

— Où avez-vous passé la soirée? lui demand[a-]
t-elle en feignant une profonde indifférence.

— Chez madame de Roulay.

Il avait pris sur la cheminée un écran dont [il]
examinait le transparent avec attention, sans avo[ir]
aperçu la trace des larmes versées par sa femm[e.]
Julie frissonna. Le langage ne suffirait pas à expr[i-]
mer le torrent de pensées qui s'échappa de son cœu[r]
et qu'elle dut y contenir.

— Madame de Roulay donne un concert lund[i]
prochain, et se meurt d'envie de t'avoir. Il suff[it]
que depuis long-temps tu n'aies paru dans le mond[e]
pour qu'elle désire te voir chez elle. C'est une bonn[e]
femme qui t'aime beaucoup. Tu me feras plaisir d[e]
venir. J'ai presque répondu de toi...

— J'irai, répondit Julie.

Le son de la voix, l'accent et le regard de la mar[-]
quise eurent quelque chose de si pénétrant, de [si]
particulier, que, malgré son insouciance, Victo[r]
regarda sa femme avec étonnement. Ce fut tout[.]
Julie avait deviné que madame de Roulay était l[a]
femme qui lui avait enlevé le cœur de son mari.

Elle s'engourdit dans une rêverie de désespoir [et]
parut très-occupée à regarder le feu. Victor faisai[t]

tourner l'écran dans ses doigts, avec l'air ennuyé d'un homme qui, après avoir été heureux ailleurs, apporte chez lui la fatigue du bonheur. Quand il eut bâillé plusieurs fois, il prit un flambeau d'une main ; de l'autre, alla chercher languissamment le cou de sa femme, et voulut l'embrasser ; mais Julie se baissa, lui présenta son front, et y reçut le baiser du soir, ce baiser machinal, sans amour, espèce de grimace qu'alors elle trouva odieuse. Quand Victor eut fermé la porte, la marquise tomba sur un siége ; ses jambes chancelèrent ; elle fondit en larmes. Il faut avoir subi le supplice de quelque scène analogue pour comprendre tout ce que celle-ci cache de douleurs, pour deviner les longs et terribles drames dont elle est le principe. Ces simples et niaises paroles, ces silences entre les deux époux, les gestes, les regards, la manière dont le marquis s'était assis devant le feu, l'attitude qu'il eut en cherchant à baiser le cou de sa femme, tout avait servi à faire, de cette heure, un tragique dénouement à la vie solitaire et douloureuse menée par Julie. Dans sa folie, elle se mit à genoux devant son divan, s'y plongea le visage pour ne rien voir, et pria le Ciel, en donnant aux paroles habituelles de son oraison un accent intime, une signification nouvelle qui eussent déchiré le cœur de son mari, s'il l'eût entendue.

Elle demeura pendant huit jours préoccupée de son avenir, en proie à son malheur qu'elle étudiait en cherchant les moyens de ne pas mentir à son cœur, de regagner son empire sur le marquis, et de vivre assez long-temps pour veiller au bonheur de sa fille. Alors elle résolut de lutter avec sa rivale, de reparaître dans le monde, d'y briller; de feindre pour son mari un amour qu'elle ne pouvait plus éprouver, de le séduire; puis, lorsque par ses artifices elle l'aurait soumis à son pouvoir, d'être coquette avec lui comme le sont ces capricieuses maîtresses qui se font un plaisir de tourmenter leurs amans. Ce manége odieux était le seul remède possible à ses maux. Ainsi, elle deviendrait maîtresse de ses souffrances, elle les ordonnerait selon son bon plaisir, et les rendrait plus rares tout en subjuguant son mari, tout en le domptant sous un despotisme terrible. Elle n'eut plus aucun remords de lui imposer une vie difficile.

D'un seul bond, elle s'élança dans les froids calculs de l'indifférence. Pour sauver sa fille, elle devina tout à coup les perfidies, les mensonges des créatures qui n'aiment pas, les tromperies de la coquetterie, et ces ruses atroces qui font haïr si profondément la femme chez qui nous supposons alors des corruptions innées. A l'insu de Julie, sa vanité féminine, son intérêt et un vague désir de vengeance s'accordèrent avec son amour maternel pour la faire entrer dans une voie où de nouvelles douleurs l'attendaient. Mais elle avait l'âme trop belle, l'esprit trop délicat, et surtout trop de franchise, pour être long-temps complice de ces fraudes. Habituée à lire en elle-même, au premier pas dans le vice, car ceci était du vice, le cri de sa conscience devait étouffer celui des passions et de l'égoïsme. En effet, chez une jeune femme dont le cœur est encore pur, et où l'amour est resté vierge, le sentiment de la maternité même est soumis à la voix de la pudeur : la pudeur n'est-elle pas toute la femme?

Mais Julie ne voulut apercevoir aucun danger, aucune faute dans sa nouvelle vie. Elle vint chez madame de Roulay. Sa rivale comptait voir une femme pâle, languissante ; la marquise avait mis du rouge et se présenta dans tout l'éclat d'une parure qui rehaussait encore sa beauté.

Madame de Roulay était une de ces femmes qui prétendent exercer à Paris une sorte d'empire sur la mode et sur le monde ; elle dictait des arrêts, qui, reçus dans le petit cercle où elle régnait, lui semblaient universellement adoptés ; elle avait la prétention de faire des mots ; elle était souverainement *jugeuse*. Littérature, politique, hommes et femmes, tout subissait sa censure ; et madame de Roulay semblait défier celle des autres. Sa maison était, en toute chose, un modèle de bon goût.

Au milieu de ces salons remplis de femmes élégantes et belles, Julie triompha de madame de Roulay. Spirituelle, vive, sémillante, elle eut autour d'elle les hommes les plus distingués de l'assemblée. Pour le désespoir des femmes, sa toilette était irréprochable, et toutes lui envièrent une coupe de robe, une forme de corsage dont l'effet fut attribué généralement à quelque génie de couturière inconnue, car les femmes aiment mieux croire à la science des chiffons qu'à la grâce et à la perfection de celles qui sont faites de manière à les bien porter.

Lorsque Julie se leva pour aller au piano chanter la romance de Desdémone, les hommes accoururent de tous les salons pour entendre cette célèbre voix, muette depuis si long-temps, et il se fit un profond silence. La marquise éprouva de vives émotions en voyant les têtes pressées aux portes, et tous les regards attachés sur elle. Elle chercha son mari, lui lança une œillade pleine de coquetterie, et vit avec plaisir qu'en ce moment son amour-propre était extraordinairement flatté. Heureuse de ce triomphe, elle ravit l'assemblée dans la première partie d'*al piu salice*. Jamais ni la Malibran, ni la Pasta n'avaient fait entendre des chants aussi parfaits de sentiment et d'intonation; mais, au moment de la reprise, elle regarda dans les groupes, et aperçut sir Arthur dont le regard fixe ne la quittait pas. Elle tressaillit vivement, et sa voix s'altéra.

Madame de Roulay s'élança de sa place vers la marquise.

— Qu'avez-vous, ma chère? Oh! pauvre petite, elle est si souffrante! Je tremblais en lui voyant entreprendre une chose au-dessus de ses forces...

La romance fut interrompue. Julie dépitée ne se sentit plus le courage de continuer; elle subit la compassion perfide de sa rivale; toutes les femmes chuchotèrent; puis, à force de discuter cet incident, elles devinèrent la lutte commencée entre la marquise et madame de Roulay qu'elles n'épargnèrent pas dans leurs médisances.

Les bizarres pressentimens qui avaient si souvent agité Julie se trouvaient tout à coup réalisés. En s'occupant de lord Arthur, elle s'était complue à croire qu'un homme, en apparence aussi doux, aussi délicat, devait être resté fidèle à son premier amour. Parfois elle s'était flattée d'être l'objet de cette belle passion, la passion pure et vraie d'un homme jeune, dont toutes les pensées appartiennent à sa bien-aimée, dont tous les momens lui sont consacrés, qui n'a point de détours, qui rougit de ce qui fait rougir une femme, pense comme une femme, ne lui donne point de rivales, et se livre à elle sans songer à l'ambition, ni à la gloire, ni à la fortune. Elle avait rêvé tout cela de lord Arthur, par folie, par distraction ; puis tout à coup elle crut voir son rêve accompli. Elle lut sur le visage presque féminin du lord anglais les pensées profondes, les mélancolies douces, les résignations douloureuses dont elle-même était la victime. Elle se reconnut en lui. Le malheur et la mélancolie sont les interprètes les plus éloquens de l'amour, et correspondent entre deux êtres souffrans avec une incroyable rapidité. La vue intime et l'intus-susception des choses ou des idées sont chez eux complètes et justes. Aussi la violence du choc que reçut la marquise lui révéla-t-elle tous les dangers de l'avenir. Trop heureuse de trouver un prétexte à son trouble dans son état habituel de souffrance, elle se laissa volontiers accabler par l'ingénieuse pitié de madame de Roulay.

L'interruption de la romance était un événement dont plusieurs personnes s'entretenaient assez diversement. Les unes déploraient le sort de Julie, et se plaignaient de ce qu'une femme aussi remarquable fût perdue pour le monde; les autres voulaient savoir la cause de ses souffrances et de la solitude dans laquelle elle vivait.

— Eh bien! mon cher Flesselles, disait le marquis à l'un de ses amis, tu enviais mon bonheur en voyant madame d'Aiglemont, et tu me reprochais de lui être infidèle. Va, tu trouverais mon sort bien peu désirable, si tu restais comme moi en présence d'une jolie femme pendant une ou deux années, sans oser lui baiser la main, de peur de la briser. Ne t'embarrasse jamais de ces bijoux délicats, bons seulement à mettre sous verre, et que leur fragilité, leur cherté nous oblige à toujours respecter. Sors-tu souvent ton beau cheval pour lequel tu crains, m'a-t-on dit, les averses et la neige? Voilà mon histoire. Il est vrai que je suis sûr de la vertu de ma femme; mais mon mariage est une chose de luxe; et si tu me crois marié, tu te trompes. Aussi mes infidélités sont-elles en quelque sorte légitimes. Je voudrais bien savoir comment vous feriez à ma place, messieurs les rieurs. Beaucoup d'hommes auraient moins de ménagemens que je n'en ai pour ma femme. Je suis sûr, ajouta-t-il à voix basse, que madame d'Aiglemont ne se doute de rien. Aussi, certes, aurais-je grand tort de me plaindre, je suis très-heureux... Seulement, rien n'est plus ennuyeux pour un homme sensible que de voir souffrir une pauvre créature à laquelle on est attaché...

— Tu as donc beaucoup de sensibilité, répondit M. de Flesselles, car tu es rarement chez toi...

Cette amicale épigramme fit rire les auditeurs; mais lord Arthur resta froid et imperturbable, en gentleman qui a pris la gravité pour base de son caractère. Les étranges paroles de ce mari firent sans doute concevoir quelques espérances au jeune lord qui attendit avec patience le moment où il pourrait se trouver seul avec M. d'Aiglemont, et l'occasion s'en présenta bientôt.

— Monsieur, lui dit-il, je vois avec une peine infinie l'état de madame la marquise, et si vous saviez que, faute d'un régime particulier, elle doit mourir misérablement, je pense que vous ne plaisanteriez pas sur ses souffrances. Si je vous parle ainsi, j'y suis en quelque sorte autorisé par la certitude que j'ai de sauver madame d'Aiglemont, et de la rendre à la vie et au bonheur. Il est peu naturel qu'un homme de mon rang soit médecin; et néanmoins, le hasard a voulu que j'étudiasse la médecine. Or, je m'ennuie assez, dit-il en affectant un froid égoïsme qui devait servir ses desseins, pour qu'il me soit indifférent de dépenser mon temps et mes voyages au profit d'un être souffrant, au lieu de satisfaire quelques sottes fantaisies. Les guérisons de ces sortes de maladies sont rares parce qu'elles exigent beaucoup de soin, de temps et de patience ; il faut surtout avoir de la fortune, voyager, suivre scrupuleusement des prescriptions qui varient chaque jour, et n'ont rien de désagréable. Nous sommes deux gentilshommes, dit-il en donnant à ce mot l'acception du mot anglais *gentleman*, et nous pouvons nous entendre. Je vous préviens que si vous acceptez ma proposition, vous serez à tout moment le juge de ma conduite. Je n'entreprendrai rien sans vous avoir pour conseil, pour surveillant, et je réponds du succès si vous consentez à m'obéir. Oui, si vous voulez ne pas être pendant long-temps le mari de madame d'Aiglemont, lui dit-il à l'oreille.

— Il est sûr, milord, dit le marquis en riant, qu'un Anglais pouvait seul me faire une proposition aussi bizarre. Permettez-moi de ne pas la repousser et de ne pas l'accueillir ; j'y songerai. Puis, avant tout, elle doit être soumise à ma femme.

En ce moment, Julie avait reparu au piano. Elle chanta l'air de Sémiramide, *son regina*, *son guerriera*. Des applaudissemens unanimes, mais des applaudissemens sourds, pour ainsi dire, les acclamations polies du faubourg Saint-Germain témoignèrent de l'enthousiasme qu'elle excita.

Lorsque M. d'Aiglemont ramena sa femme à son hôtel, Julie vit avec une sorte de plaisir inquiet le prompt succès de ses tentatives. Son mari, réveillé par le rôle qu'elle venait de jouer, voulut l'honorer d'une fantaisie, et la prit en goût, comme il eût fait d'une actrice. Julie trouva plaisant d'être traitée ainsi, elle vertueuse et mariée; elle essaya de jouer avec son pouvoir; et, dans cette première lutte, sa bonté la fit succomber une dernière fois, mais ce fut la plus terrible de toutes les leçons que lui gardait le sort.

Vers deux ou trois heures du matin, Julie était sur son séant, sombre et rêveuse, dans le lit conjugal; une lampe à lueur incertaine éclairait faiblement la chambre; le silence le plus profond y régnait; et, depuis une heure environ, la marquise, livrée à de poignans remords, versait des larmes dont il serait difficile de faire comprendre toute l'amertume. Il fallait avoir l'âme de Julie pour sentir, comme elle, l'horreur d'une caresse calculée, pour se trouver autant froissée par un baiser froid; apostasie du cœur encore aggravée par une douloureuse prostitution. Elle se mésestimait elle-même, elle maudissait le mariage, elle aurait voulu être morte; et, sans un cri jeté par sa fille, elle se serait peut-être précipitée par la fenêtre, sur le pavé. M. d'Aiglemont dormait paisiblement près d'elle, sans être réveillé par les larmes chaudes que sa femme laissait tomber sur lui.

Le lendemain, Julie sut être gaie. Elle trouva des forces pour paraître heureuse, et cacher, non plus sa mélancolie, mais une invincible horreur. De ce jour, elle ne se regarda plus comme une femme irréprochable. Ne s'était-elle pas menti à elle-même; dès lors n'était-elle pas capable de dissimulation, et ne pouvait-elle pas, plus tard, déployer une profondeur étonnante dans les délits conjugaux? Son mariage était cause de cette perversité *a priori*, qui ne s'exerçait encore sur rien. Cependant elle s'était déjà demandée pourquoi résister à lord Arthur, à un amant aimé, quand elle se donnait, contre son cœur et contre le vœu de la nature, à un mari qu'elle n'aimait plus. Toutes les fautes, et les crimes peut-être, ont pour principe un mauvais raisonnement ou quelque excès d'égoïsme. La société ne peut exister que par les sacrifices individuels qu'exigent les lois. En accepter les avantages, n'est-ce pas s'engager à maintenir les conditions qui la font subsister? Or, les malheureux sans pain, obligés de respecter la propriété, ne sont pas moins à plaindre que les femmes blessées dans les vœux et la délicatesse de leur nature.

Quelques jours après cette scène, dont le lit marital garda les secrets, M. d'Aiglemont présenta lord Grenville à sa femme. Julie reçut Arthur avec une politesse froide qui faisait honneur à sa dissimulation. Elle imposa silence à son cœur, voila ses regards, donna de la fermeté à sa voix et put ainsi rester maîtresse de son avenir. Puis, après avoir reconnu, par ces moyens dont chaque femme possède la science infuse, toute l'étendue de l'amour qu'elle avait inspiré, madame d'Aiglemont sourit à l'espoir d'une prompte guérison, n'opposa plus de résistance à la volonté de son mari, qui la violentait pour lui faire accepter les soins du jeune docteur. Néanmoins, elle ne voulut se fier à sir Arthur qu'après en avoir assez étudié les paroles et les manières pour être sûre qu'il aurait la générosité de souffrir en silence. Elle avait sur lui le plus absolu pouvoir, elle en abusait déjà : n'était-elle pas déjà femme?

LA DÉCLARATION.

Moncontour, ancien manoir situé sur un de ces blonds rochers au bas desquels passe la Loire, non loin de l'endroit où Julie s'était arrêtée en 1814, est un de ces petits châteaux de Touraine, blancs, jolis, à tourelles, sculptés, brodés comme une dentelle de Malines ; un de ces châteaux mignons, pimpans, qui se mirent dans les eaux du fleuve avec leurs bouquets de mûriers, leurs vignes, leurs chemins creux, leurs longues balustrades à jour, leurs caves en rocher, leurs manteaux de lierre et leurs escarpemens. Les toits de Moncontour pétillent sous les rayons du soleil, tout y est ardent. Mille vestiges de l'Espagne poétisent cette ravissante habitation : les genêts d'or, les fleurs à clochettes embaument la brise ; l'air est caressant ; la terre sourit partout, et partout de douces magies enveloppent l'âme, la rendent paresseuse, amoureuse, l'amollissent et la bercent. Cette belle et suave contrée endort les douleurs et réveille les passions. Personne ne reste froid sous ce ciel pur, devant ces eaux scintillantes. Là meurt plus d'une ambition, là vous vous couchez au sein d'un tranquille bonheur, comme, chaque soir, le soleil dans les langes de pourpre et d'azur.

Par une douce soirée du mois d'août, en 1821, deux personnes gravissaient les chemins pierreux qui découpent les rochers sur lesquels est assis le château, et se dirigeaient vers les hauteurs pour y admirer sans doute les points de vue multipliés qu'on y découvre. Ces deux personnes étaient Julie et lord Grenville; mais cette Julie semblait être une nouvelle femme. La marquise avait les franches couleurs de la santé. Ses yeux, vivifiés par une féconde puissance de vie, étincelaient à travers une humide vapeur, semblable au fluide qui donne à ceux des enfans d'irrésistibles attraits. Elle souriait à plein, elle était heureuse de vivre, et concevait la vie. A la manière dont elle levait ses pieds mignons, il était facile de voir que nulle souffrance n'alourdissait, comme autrefois, ses moindres mouvemens, n'alanguissait ni ses regards, ni ses paroles, ni ses gestes. Sous l'ombrelle de soie blanche qui la garantissait des chauds rayons du soleil, elle ressemblait à une jeune mariée sous son voile, à une vierge prête à se livrer aux enchantemens de l'amour.

Arthur la conduisait avec un soin d'amant. Il la guidait comme on guide un enfant, la mettait dans le meilleur chemin, lui faisait éviter les pierres, lui montrait une échappée de vue, ou l'amenait devant une fleur, toujours mu par un perpétuel sentiment de bonté, par une intention délicate, par une connaissance intime du bien-être de cette femme, sentimens qui semblaient être innés en lui, autant et plus peut-être que le mouvement nécessaire à sa propre vie. Ils marchaient du même pas, sans être étonnés d'un accord qui paraissait avoir existé dès le premier jour où ils marchèrent ensemble. Ils obéissaient à une même volonté ; s'arrêtaient, impressionnés par les mêmes sensations ; leurs regards, leurs paroles correspondaient à des pensées mutuelles.

Parvenus tous deux en haut d'une vigne, ils voulurent aller se reposer sur une de ces longues pierres blanches que l'on extrait continuellement des caves pratiquées dans le rocher ; mais, avant de s'y asseoir, Julie contempla le site.

— Le beau pays ! s'écria-t-elle. Dressons une tente et vivons ici.

— Victor, cria-t-elle, venez donc, venez donc !

M. d'Aiglemont répondit d'en-bas par un cri de chasseur, mais sans hâter sa marche ; seulement, il regardait sa femme de temps à autre, lorsque les sinuosités du sentier le lui permettaient.

Julie aspira l'air avec plaisir en levant la tête et en jetant à sir Arthur un de ces coups-d'œil fins par lesquels une femme d'esprit dit toute sa pensée.

— Oh ! reprit-elle, je voudrais rester toujours ici. Peut-on jamais se lasser d'admirer cette belle vallée. Savez-vous le nom de cette jolie rivière, milord ?

— C'est la Cise.

— La Cise, répéta-t-elle.

— Et là-bas, devant nous, qu'est-ce ?

16.

— Ce sont les coteaux du Cher, dit-il.

— Et sur la droite. Ah! c'est Tours. Mais voyez le bel effet que produisent dans le lointain les clochers de la cathédrale.

Puis elle se fit muette, et laissa tomber sur la main d'Arthur la main qu'elle avait étendue vers la ville. Tous deux admirèrent en silence le paysage et les beautés de cette nature harmonieuse. Le murmure des eaux, la pureté de l'air et du ciel, tout s'accordait avec les pensées qui vinrent en foule dans leurs cœurs aimans et jeunes.

— Oh! mon Dieu, combien j'aime ce pays, répéta Julie avec un enthousiasme croissant et naïf.

— Vous l'avez habité long-temps, reprit-elle.

A ces mots, lord Grenville tressaillit.

— C'est là, répondit-il avec mélancolie en montrant un bouquet de noyers sur la route, là que, prisonnier, je vous vis pour la première fois...

— Oui, mais j'étais déjà bien triste, cette nature me sembla sauvage, et maintenant...

Elle s'arrêta, lord Grenville n'osa pas la regarder.

— C'est à vous, dit enfin Julie après un long silence, que je dois ce plaisir. Ne faut-il pas être vivante pour éprouver les joies de la vie, et, jusqu'à présent, n'étais-je pas morte à tout? Vous m'avez donné plus que la santé, vous m'avez appris à en sentir tout le prix...

Les femmes ont un inimitable talent pour exprimer leurs sentimens, sans employer de trop vives paroles; leur éloquence est surtout dans l'accent, dans le geste, l'attitude et les regards. Lord Grenville se cacha la tête dans ses mains, car des larmes roulaient dans ses yeux. Ce remerciement était le premier que Julie lui fit depuis leur départ de Paris.

Pendant une année entière, il avait soigné la marquise avec le dévouement le plus entier. Secondé par M. d'Aiglemont, il l'avait conduite aux Eaux d'Aix ; puis, sur les bords de la mer à la Rochelle. Épiant à tout moment les changemens que ses savantes et simples prescriptions produisaient sur la constitution délabrée de Julie, il l'avait cultivée comme une fleur rare peut l'être par un horticulteur passionné. La marquise avait reçu ces soins intelligens avec tout l'égoïsme d'une Parisienne habituée aux hommages, ou avec l'insouciance d'une courtisane qui ne sait ni le coût des choses, ni la valeur des hommes, et les prise au degré d'utilité dont ils lui sont.

L'influence exercée sur l'âme par les lieux est une chose digne de remarque. Si la mélancolie nous gagne infailliblement lorsque nous sommes au bord des eaux, une autre loi de notre nature impressible fait que, sur les montagnes, nos sentimens s'épurent, et la passion y gagne en profondeur ce qu'elle paraît perdre en vivacité. L'aspect du vaste bassin de la Loire, l'élévation de la jolie colline où les deux amans s'étaient assis, causaient peut-être le calme délicieux dans lequel ils savourèrent d'abord le bonheur qu'on goûte à deviner l'étendue d'une passion cachée sous des paroles insignifiantes en apparence.

Au moment où Julie achevait la phrase dont milord Grenville avait été si vivement ému, une brise caressante agita la cime des arbres, répandit la fraîcheur des eaux dans l'air; quelques nuages couvrirent le soleil; et des ombres molles laissèrent voir toutes les beautés de cette jolie nature.

Julie détourna la tête pour dérober au jeune lord la vue des larmes qu'elle réussit à retenir et à sécher, car l'attendrissement d'Arthur l'avait promptement gagnée. Elle n'osa lever les yeux sur lui, dans la crainte qu'il ne lût trop de joie dans ce regard. Son instinct de femme lui faisait sentir qu'à cette heure dangereuse elle devait ensevelir son amour au fond de son cœur. Cependant le silence pouvait être également redoutable; alors Julie, s'apercevant que lord Grenville était hors d'état de prononcer une parole, reprit d'une voix douce:

— Vous êtes touché de ce que je vous ai dit, milord. Peut-être cette vive expansion est-elle la manière dont sait revenir sur un faux jugement une âme gracieuse et bonne comme l'est la vôtre. Vous m'aurez crue ingrate en me trouvant froide et réservée, ou moqueuse et insensible pendant ce voyage qui heureusement va bientôt se terminer. Je n'aurais pas été digne de recevoir vos soins, si je n'avais su les apprécier. Milord, je n'ai rien oublié. Hélas, je n'oublierai rien, ni la sollicitude qui vous faisait veiller sur moi comme une mère veille sur son enfant, ni surtout la noble confiance de nos entretiens fraternels, la délicatesse de vos procédés; séductions contre lesquelles nous sommes toutes sans armes. Milord, il est hors de mon pouvoir de vous récompenser...

A ce mot, Julie s'éloigna vivement, et lord Grenville ne fit aucun mouvement pour l'arrêter. La marquise alla sur une roche à une faible distance, et y resta immobile. Leurs émotions furent un secret pour eux-mêmes. Sans doute ils pleurèrent en silence. Les chants des oiseaux, si gais, si prodigues d'expressions tendres au coucher du soleil, durent augmenter la violente commotion qui les avait forcés de se séparer. La nature se chargeait de leur exprimer un amour dont ils n'osaient parler.

— Eh bien, milord, reprit Julie en se mettant devant lui dans une attitude pleine de dignité qui lui permit de prendre la main d'Arthur, je vous demanderai de rendre pure et sainte la vie que vous m'avez restituée. Ici, nous nous quitterons. Je sais, ajouta-t-elle en voyant pâlir lord Grenville, que, pour prix de votre dévouement, je vais exiger de vous un sacrifice encore plus grand que ceux dont je devrais savoir mieux reconnaître l'étendue... Mais, il le faut... vous ne resterez pas en France. Vous le commander, n'est-ce pas vous donner des droits qui seront sacrés, ajouta-t-elle en mettant la main du jeune homme sur son cœur palpitant.

Arthur se leva.

— Oui, dit-il.

En ce moment, il montra M. d'Aiglemont, qui tenait sa fille dans ses bras, et parut de l'autre côté d'un chemin creux, sur la balustrade du château. Il y avait grimpé pour y faire sauter sa petite Hélène.

— Julie, je ne vous parlerai point de mon amour, nos âmes se comprennent trop bien. Quelque profonds, quelque secrets que fussent mes plaisirs de cœur, vous les avez tous partagés. Je le sens, je le sais, je le vois. Maintenant, j'acquiers la délicieuse preuve de la constante sympathie de nos cœurs, mais je fuirai... J'ai plusieurs fois calculé trop habilement les moyens de tuer cet homme, pour pouvoir y toujours résister, si je restais près de vous.

— J'ai eu la même pensée, dit-elle en laissant paraître sur sa figure troublée les marques d'une surprise douloureuse.

Mais il y avait tant de vertu, tant de certitude d'elle-même, et tant de victoires secrètement remportées sur l'amour dans l'accent et le geste qui échappèrent à Julie, que lord Grenville demeura pénétré d'admiration. L'ombre même du crime s'était évanouie dans cette naïve conscience. Le sentiment religieux qui dominait sur ce beau front devait toujours en chasser les mauvaises pensées involontaires dont notre imparfaite nature est tributaire ici-bas, mais qui montrent tout à la fois la grandeur et les périls de notre destinée.

— Alors, reprit-elle, j'aurais encouru votre mépris, et il m'aurait sauvée, reprit-elle en baissant les yeux. Perdre votre estime, n'était-ce pas mourir?

Ils restèrent encore un moment silencieux, occupés à dévorer leurs peines. Bonnes et mauvaises, leurs pensées étaient fidèlement les mêmes, et ils s'entendaient aussi bien dans leurs intimes plaisirs que dans leurs douleurs les plus cachées.

— Je ne dois pas murmurer ; le malheur de ma vie est mon ouvrage, ajouta-t-elle en levant au ciel des yeux pleins de larmes.

— Milord, s'écria M. d'Aiglemont de sa place en faisant un geste, nous nous sommes rencontrés, ici, pour la première fois. Vous ne vous en souvenez peut-être pas. Tenez, là-bas, près de ces peupliers.

L'Anglais répondit par une brusque inclination de tête.

— Je devais mourir jeune et malheureuse, répondit Julie. Oui, ne croyez pas que je vive. Le chagrin sera tout aussi mortel que pouvait l'être la terrible maladie dont vous m'avez guérie. Je ne me crois pas coupable. Non, les sentimens que j'ai conçus pour vous sont irrésistibles, éternels, mais bien involontaires, et je veux rester vertueuse. Cependant je serai tout à la fois fidèle à ma conscience d'épouse, à mes devoirs de mère et aux vœux de mon cœur. Écoutez, lui dit-elle d'une voix altérée, je n'appartiendrai plus à cet homme, jamais.

Et, par un geste effrayant d'horreur et de vérité, Julie montra son mari.

— Les lois du monde, reprit-elle, exigent que je lui rende l'existence heureuse, j'y obéirai ; je serai sa servante ; mon dévouement pour lui sera sans bornes ; mais d'aujourd'hui je suis veuve. Je ne veux être une prostituée ni à mes yeux, ni à ceux du monde ; si je ne suis point à M. d'Aiglemont, je ne serai jamais à un autre. Vous n'aurez de moi que ce que vous m'avez arraché. Voilà l'arrêt que j'ai porté sur moi-même, dit-elle en regardant Arthur avec fierté. Il est irrévocable, milord. Maintenant, apprenez que, si vous cédiez à une pensée criminelle, la veuve de M. d'Aiglemont entrerait dans un cloître, soit en Italie, soit en Espagne. Le malheur a voulu que nous ayons parlé de notre amour ; ces aveux étaient inévitables peut-être ; mais que ce soit pour la dernière fois que nos cœurs aient si fortement vibré. Demain, vous feindrez de recevoir une lettre qui vous appelle en Angleterre, et nous nous quitterons pour ne plus nous revoir.

Cependant, Julie, épuisée par cet effort, sentit ses genoux fléchir, un froid mortel la saisit ; et, par une pensée toute féminine, elle s'assit pour ne pas tomber dans les bras d'Arthur.

— Julie! cria lord Grenville.

Ce cri perçant retentit comme un éclat de tonnerre. Cette déchirante clameur exprima tout ce que l'amant, jusque-là muet, n'avait pu dire.

— Hé bien! qu'a-t-elle donc? demanda M. d'Aiglemont.

En entendant ce cri, le marquis avait hâté le pas, et se trouva soudain devant les deux amans.

— Ce ne sera rien, dit Julie avec cet admirable sang-froid que la finesse naturelle aux femmes leur permet d'avoir assez souvent dans les grandes crises de la vie. La fraîcheur de ce noyer a failli me faire perdre connaissance, et mon docteur a dû en frémir de peur. Ne suis-je pas pour lui comme une œuvre d'art qui n'est pas encore achevée? Il a peut-être tremblé de la voir détruite...

Puis, audacieusement, elle prit le bras de lord Grenville, sourit à son mari, regarda le paysage avant de quitter le sommet des rochers, et entraîna son compagnon de voyage en lui prenant la main, après s'être écriée :

— Voici, certes, le plus beau site que nous ayons vu. Je ne l'oublierai jamais. Voyez donc, Victor, quels lointains, quelle étendue et quelle variété. Ce pays me fait concevoir l'amour.

Riant d'un rire presque convulsif, mais riant de manière à tromper son mari, elle sauta gaiement dans les chemins creux, et disparut.

— Eh quoi, sitôt, dit-elle quand elle se trouva loin de M. d'Aiglemont. Hé quoi, mon ami, dans un instant nous ne pourrons plus être, et ne serons plus jamais nous-mêmes, nous ne vivrons plus....

— Allons lentement, répondit Lord Grenville, les voitures sont encore loin. Nous marcherons ensemble, et s'il nous est permis de mettre des paroles dans nos regards, nos cœurs vivront un moment de plus.

Ils se promenèrent sur la levée, au bord des eaux, aux dernières lueurs du soir, presque silencieusement, disant de vagues paroles, douces comme le murmure de la Loire, mais qui remuaient l'âme. Le soleil, au moment de sa chute, les enveloppa de ses reflets rouges avant de disparaître ; image mélancolique de leur fatal amour. Très inquiet de ne pas retrouver sa voiture à l'endroit où il s'était arrêté, M. d'Aiglemont suivait ou devançait les deux amans, sans se mêler de la conversation. La noble et délicate conduite que lord Grenville tenait pendant ce voyage, avait détruit les soupçons du marquis, et depuis quelque temps il laissait sa femme libre, en se confiant à la foi punique du lord-docteur.

Arthur et Julie marchèrent encore dans le triste et douloureux accord de leurs cœurs flétris. Naguère, en montant à travers les escarpemens de Moncontour, ils avaient tous deux une vague espérance, un inquiet bonheur dont ils n'osaient pas se demander compte ; mais en descendant le long de la levée, ils avaient renversé le frêle édifice construit dans leur imagination, et sur lequel ils n'osaient respirer, semblables aux enfans qui prévoient la chute des châteaux de cartes qu'ils ont bâtis. Ils étaient sans espérance. Le soir même, lord Grenville partit. Le dernier regard qu'il jeta sur Julie prouva malheureusement que, depuis le moment où la sympathie leur avait révélé l'étendue d'une passion si forte, il avait eu raison de se défier de lui-même.

Quand M. d'Aiglemont et sa femme se trouvèrent le lendemain assis au fond de leur voiture, sans leur compagnon de voyage, et qu'ils parcoururent avec rapidité la route, jadis faite en 1814 par la marquise, alors ignorante de l'amour et qui en avait alors presque maudit la constance, elle retrouva mille impressions oubliées. Le cœur a sa mémoire à lui. Telle femme incapable de se rappeler les événemens les plus graves, se souviendra pendant toute sa vie des choses qui importent à ses sentimens. Aussi, Julie eut-elle une parfaite souvenance de détails même frivoles ; elle reconnut avec bonheur les plus légers accidens de son premier voyage, et jusqu'à des pensées qui lui étaient venues à certains endroits de la route.

Victor, redevenu passionnément amoureux de sa femme depuis qu'elle avait recouvré la fraîcheur de la jeunesse et toute sa beauté, se serra près d'elle à la façon des amans. Lorsqu'il essaya de la prendre dans ses bras, elle se dégagea doucement, et trouva je ne sais quel prétexte pour éviter cette innocente caresse. Puis, bientôt, elle eut horreur du contact de Victor dont elle sentait et partageait la chaleur, par la manière dont ils étaient assis. Elle voulut se mettre seule sur le devant de la voiture ; mais son mari lui fit la grâce de la laisser au fond. Elle le remercia de cette attention par un soupir auquel il se méprit, et cet ancien séducteur de garnison, interprétant à son avantage la mélancolie de sa femme, la mit à la fin du jour dans l'obligation de lui dire avec une fermeté qui lui imposa :

— Mon ami, vous avez déjà failli me tuer ; vous le savez. Si j'étais encore une jeune fille sans expérience, je pourrais recommencer le sacrifice de ma vie ; mais je suis mère, j'ai une fille à élever et je me dois autant à elle qu'à vous. Subissons un malheur qui nous atteint également. Vous êtes le moins à plaindre. N'avez-vous pas su trouver des consolations que mon devoir, notre honneur commun, et, mieux que tout cela, la nature m'interdisent. Tenez, ajouta-t-elle, vous avez étourdiment oublié dans un tiroir trois lettres de madame de Roulay, les voici. Mon silence vous prouve que vous avez en moi une femme pleine d'indulgence, et qui n'exige pas de vous les sacrifices auxquels les lois la condamnent ; mais j'ai assez réfléchi pour savoir que nos rôles ne sont pas les mêmes, et que la femme seule est prédestinée au malheur. Ma vertu repose sur des principes arrêtés et fixes ; je saurai vivre irréprochable ; mais laissez-moi vivre.

Le marquis, abasourdi par la logique dont les femmes savent étudier toutes les ressources aux clartés de l'amour, fut subjugué par l'espèce de dignité qui leur est naturelle dans ces sortes de crises. La répulsion instinctive que Julie manifestait pour tout ce qui froissait son amour et les vœux de son cœur, est une des plus belles choses de la femme, et vient peut-être d'une vertu naturelle que ni les lois, ni la civilisation ne feront taire. Mais qui donc oserait les blâmer ? Quand elles ont imposé silence au sentiment exclusif qui ne leur permet pas d'appartenir à deux hommes, ne sont-elles pas comme des prêtres sans croyance ? Si quelques esprits rigides blâment l'espèce de transaction conclue par Julie entre ses devoirs et son amour, les âmes passionnées lui en feront un crime. Cette réprobation générale accuse ou le malheur qui attend les désobéissances aux lois ou de bien tristes imperfections sociales.

LE RENDEZ-VOUS.

— Vous allez être bien heureuse, madame la marquise, dit M. d'Aiglemont en posant sur une table la tasse dans laquelle il venait de boire son café.

Le marquis regarda madame de Wimphen d'un air moitié malicieux, moitié chagrin, et ajouta :

— Je pars pour une longue chasse, où je vais avec le grand-veneur. Vous serez au moins pendant huit jours absolument veuve, et c'est ce que vous désirez, je crois...

— Guillaume, dit-il au valet qui vint enlever les tasses, faites atteler.

Madame de Wimphen était cette Louisa à laquelle jadis madame d'Aiglemont voulait conseiller le célibat.

Les deux femmes se jetèrent un regard d'intelligence qui prouvait que Julie avait trouvé, dans son amie, une confidente de ses peines, confidente précieuse et charitable, car madame de Wimphen était très-heureuse en mariage ; et, dans la situation opposée où elles étaient, peut-être le bonheur de l'une faisait-il une garantie de son dévoûment au malheur de l'autre. En pareil cas, la dissemblance des destinées est presque toujours un puissant lien d'amitié.

— Est-ce le temps de la chasse? dit Julie en jetant un regard indifférent à son mari.

Le mois de mars était à sa fin.

— Madame, le grand-veneur chasse quand il veut, et où il veut. Nous allons en forêt royale, tuer des sangliers.

— Prenez garde qu'il ne vous arrive quelque accident....

— Un malheur est toujours imprévu, répondit-il en souriant.

— La voiture de monsieur est prête, dit Guillaume.

M. d'Aiglemont se leva, baisa la main de madame de Wimphen, et se tourna vers Julie.

— Madame, si je périssais victime d'un sanglier... dit-il d'un air suppliant.

— Qu'est-ce que cela signifie! demanda madame de Wimphen.

— Allons, venez, dit madame d'Aiglemont à Victor.

Puis, elle sourit en répondant à Louisa : — Tu vas voir.

Julie tendit son col à son mari, qui s'avança pour l'embrasser; mais la marquise se baissa de telle sorte que le baiser conjugal glissa sur la ruche de sa pèlerine.

— Vous en témoignerez devant Dieu, reprit M. d'Aiglemont en s'adressant à madame de Wimphen, il me faut un firman pour obtenir même cette légère faveur. Voilà comment ma femme entend l'amour. Elle m'a amené là, je ne sais par quelle ruse... Bien du plaisir.

Et il sortit.

— Mais ton pauvre mari est vraiment bien bon, s'écria Louisa quand les deux femmes se trouvèrent seules. Il t'aime.

— Oh! n'ajoute pas une syllabe à ce dernier mot. Le nom que je porte me fait horreur...

— Oui, mais Victor t'obéit entièrement, dit Louisa.

— Mais son obéissance, répondit Julie, est en partie fondée sur la grande estime que je lui ai inspirée. Je suis une femme très-vertueuse selon les lois : je lui rends sa maison agréable; je ferme les yeux sur ses intrigues; je ne prends rien sur sa fortune; il peut en gaspiller les revenus à son gré; j'ai soin seulement d'en conserver le capital. A ce prix, j'ai la paix! Il ne s'explique pas, ou ne veut pas s'expliquer mon existence. Mais si je mène ainsi mon mari, ce n'est pas sans redouter les effets de son caractère. Je suis comme un conducteur d'ours qui tremble qu'un jour la muselière ne se brise. Si Victor croyait avoir le droit de ne plus m'estimer, je n'ose prévoir ce qui pourrait arriver. Il est violent, plein d'amour-propre, de vanité surtout. S'il n'a pas l'esprit assez subtil pour prendre un parti sage dans une circonstance délicate où ses passions mauvaises seront mises en jeu; il est faible de caractère, et me tuerait peut-être provisoirement, quitte à mourir de chagrin le lendemain. Mais ce fatal bonheur n'est pas à craindre...

Il y eut un moment de silence, pendant lequel les pensées des deux amies se portèrent sur la cause secrète de cette situation.

— J'ai été bien cruellement obéie, reprit Julie en lançant un regard d'intelligence à Louisa. Cependant je ne *lui* avais pas interdit de m'écrire. Ah! *il* m'a oubliée, et a eu raison. Il serait par trop funeste que sa destinée fût brisée! n'est-ce pas assez de la mienne. Croirais-tu, ma chère, que je lis les journaux anglais dans le seul espoir de voir son nom imprimé. Eh bien, il n'a pas encore paru à la chambre des lords.

— Tu sais donc l'anglais?

— Je ne te l'ai pas dit, je l'ai appris.

— Pauvre petite, s'écria Louisa en saisissant la main de Julie, mais comment peux-tu vivre encore?

— Ceci est un secret, répondit la marquise en laissant échapper un geste de naïveté presque enfantine. Écoute. Je prends de l'opium. L'histoire de la duchesse de..., à Londres, m'en a donné l'idée. Tu sais, Mathurin en a fait un roman. Mes gouttes de laudanum sont très-faibles. Je dors. Je n'ai guère que sept heures de veille, et je les donne à ma fille...

Louisa regarda le feu, sans oser contempler son amie, dont elle conçut pour la première fois toutes les misères.

— Louisa, garde-moi le secret, dit Julie après un moment de silence.

Tout-à-coup un valet apporta une lettre à la marquise.

— Ha!... s'écria-t-elle en pâlissant.

— Je ne demanderai pas de qui, lui dit madame de Wimphen.

La marquise lisait, et n'entendait plus rien. Son amie vit les sentimens les plus actifs, l'exaltation la plus dangereuse, se peindre sur le visage de madame d'Aiglemont qui rougissait et pâlissait tour à tour. Enfin Julie jeta le papier dans le feu.

— Cette lettre est incendiaire! Oh! mon cœur m'étouffe.

Elle se leva, marcha, ses yeux brûlaient.

— Il n'a pas quitté Paris, s'écria-t-elle.

Son discours saccadé, que madame de Wimphen n'osa pas interrompre, fut scandé par des pauses effrayantes. A chaque interruption, les phrases étaient prononcées d'un accent de plus en plus profond. Les derniers mots eurent quelque chose de terrible.

— Il n'a pas cessé de me voir, à mon insu. Un de mes regards surpris chaque jour l'aide à vivre. Tu ne sais pas, Louisa? il meurt! Il demande à me dire adieu. Il sait que mon mari s'est absenté ce soir pour plusieurs jours, et va venir dans un moment. Oh! j'y périrai. Je suis perdue. Ecoute? reste avec moi. Devant deux femmes, il n'osera pas! Oh! demeure, je me crains.

— Mais mon mari sait que j'ai dîné chez toi, répondit madame de Wimphen, et doit venir me chercher.

— Eh bien, avant ton départ, je l'aurai renvoyé. Je serai notre bourreau à tous deux. Hélas, il croira que je ne l'aime plus. Et cette lettre ! Ma chère, elle contenait des phrases que je vois écrites en traits de feu.

Une voiture roula sous la porte.

— Ah ! s'écria la marquise avec une sorte de joie, il vient publiquement et sans mystère.

— Lord Grenville, cria le valet.

La marquise resta debout, immobile. En voyant Arthur pâle, maigre et hâve, il n'y avait plus de sévérité possible. Quoique lord Grenville fût violemment contrarié de ne pas trouver Julie seule, il parut calme et froid. Mais pour ces deux femmes initiées aux mystères de son amour, sa contenance, le son de sa voix, l'expression de ses regards, eurent un peu de la puissance attribuée à la torpille. La marquise et madame de Wimphen restèrent comme engourdies par la vive communication d'une douleur horrible. Le son de la voix de lord Grenville faisait palpiter si cruellement madame d'Aiglemont, qu'elle n'osait lui répondre de peur de lui révéler l'étendue du pouvoir qu'il exerçait sur elle ; lord Grenville n'osait regarder Julie ; en sorte que madame de Wimphen fit presque à elle seule les frais d'une conversation sans intérêt.

Lui jetant un regard empreint d'une touchante reconnaissance, Julie la remercia du secours qu'elle lui donnait. Alors, les deux amans imposèrent silence à leurs sentimens, et durent se tenir dans les bornes prescrites par le devoir et les convenances. Mais bientôt on annonça M. de Wimphen. En le voyant entrer, les deux amies se lancèrent un regard, et comprirent, sans se parler, les nouvelles difficultés de la situation. Il était impossible de mettre M. de Wimphen dans le secret de ce drame, et Louisa n'avait pas de raisons valables à donner à son mari, en lui demandant à rester chez son amie.

Lorsque madame de Wimphen mit son châle, Julie se leva comme pour aider Louisa à l'attacher, et dit à voix basse : — J'aurai du courage. S'il est venu publiquement chez moi, que puis-je craindre ? Mais, sans toi, dans le premier moment, en le voyant si changé, je serais tombée à ses pieds.

— Hé bien ! Arthur, vous ne m'avez pas obéi, dit madame d'Aiglemont d'une voix tremblante, en revenant prendre sa place sur une causeuse, où lord Grenville n'osa venir s'asseoir.

— Je n'ai pu résister plus long-temps au plaisir d'entendre votre voix, d'être auprès de vous. C'était une folie, un délire. Je ne suis plus maître de moi. Je me suis bien consulté, je suis trop faible. Je dois mourir. Mais mourir sans vous avoir vue, sans avoir écouté le frémissement de votre robe, sans avoir recueilli vos pleurs, quelle mort !

Il voulut s'éloigner de Julie, mais son brusque mouvement fit tomber un pistolet de poche.

La marquise regarda cette arme d'un œil qui n'exprimait plus ni passion ni pensée. Milord Grenville ramassa le pistolet et parut violemment contrarié d'un accident qui pouvait passer pour une spéculation française.

— Arthur, demanda Julie.

— Madame, répondit-il en baissant les yeux, j'étais venu plein de désespoir, je voulais...

Il s'arrêta.

— Vous vouliez vous tuer chez moi, s'écria-t-elle.

— Non pas seul, dit-il d'une voix douce.

— Eh quoi! mon mari, peut-être.

— Non, non, s'écria-t-il d'une voix étouffée.

— Mais, rassurez-vous, reprit-il, mon fatal projet s'est évanoui. Lorsque je suis entré, quand je vous ai vue; alors, je me suis senti le courage de me taire, de mourir seul.

Julie se leva, se jeta dans les bras d'Arthur qui, malgré les sanglots de sa maîtresse, distingua deux paroles pleines de passion.

— Connaître le bonheur et mourir, dit-elle. Eh bien, oui!

Toute l'histoire de Julie était dans ce cri profond; cri de nature et d'amour, auquel presque toutes les femmes succombent. Arthur la saisit, et la porta sur le canapé, par un mouvement empreint de toute la violence que donne un bonheur inespéré. Mais tout-à-coup la marquise s'arracha des bras de son amant, lui jeta le regard fixe d'une femme au désespoir, le prit par la main, saisit un flambeau, l'entraîna dans sa chambre à coucher; puis parvenue au lit où dormait Hélène, elle repoussa doucement les rideaux, et découvrit son enfant, en mettant une main devant la bougie, afin que la clarté n'offensât pas les paupières transparentes et à peine fermées de la petite fille. Hélène avait les bras ouverts, et souriait en dormant. Julie montra par un regard son enfant à lord Grenville. Ce regard disait tout.

— Un mari, nous pouvons l'abandonner même quand il nous aime. Un homme est un être fort, il a des consolations. Nous pouvons mépriser les lois du monde. Mais un enfant sans mère!

Toutes ces pensées, et mille autres plus attendrissantes encore étaient dans ce regard.

— Nous pouvons l'emporter, dit l'Anglais en murmurant, je l'aimerais bien...

Hélène s'éveilla.

— Maman.

A ce mot, Julie fondit en larmes. Lord Grenville s'assit et resta les bras croisés, muet et sombre.

— Maman!

Cette jolie, cette naïve interpellation réveilla tant de sentimens nobles et tant d'irrésistibles sympathies, que l'amour fut un moment écrasé sous la voix puissante de la maternité. Julie ne fut plus femme, elle fut mère. Lord Grenville ne résista pas longtemps; les larmes de Julie le gagnèrent. En ce moment, une porte ouverte avec violence fit un grand bruit, et ces mots retentirent:

— Madame d'Aiglemont, est-ce que tu es pr[ise] ici?

Le marquis était revenu. Avant que Julie, frappée d'étonnement, eût pu retrouver son sang-froid, M. d'Aiglemont se dirigeait de sa chambre dans c[elle] de sa femme. Ces deux pièces étaient contiguës. H[eu]reusement, Julie fit un signe à lord Grenville, [qui] alla se jeter dans un cabinet de toilette dont la m[ar]quise ferma vivement la porte.

— Eh bien! ma femme, lui dit Victor, me voi[ci]. La chasse n'a pas lieu. Je vais me coucher.

— Bonsoir, lui dit-elle, je vais en faire auta[nt], ainsi laissez-moi me déshabiller.

— Vous êtes bien revêche ce soir. Je vous obé[is], madame la marquise.

M. d'Aiglemont rentra dans sa chambre, Ju[lie] l'accompagna pour fermer la porte de communication, et s'élança pour délivrer lord Grenville. E[lle] retrouva toute sa présence d'esprit, et pensa que [l]a visite de son ancien docteur était fort naturell[e]; qu'elle pouvait l'avoir laissé au salon pour v[o]ir coucher sa fille, et allait lui dire de s'y rendre sa[ns] bruit; mais quand elle ouvrit la porte du cabin[et], elle jeta un cri perçant. Les doigts de lord Grenvi[lle] avaient été pris et écrasés dans la rainure.

— Eh bien! qu'as-tu donc, lui demanda s[o]n mari.

— Rien, rien, répondit-elle, je viens de me p[i]quer le doigt avec une épingle.

La porte de communication se rouvrit tout[-à-]

coup. La marquise crut que son mari venait par intérêt pour elle, et maudit cette sollicitude où le cœur n'était pour rien. Elle eut à peine le temps de fermer le cabinet de toilette, sans que lord Grenville eût encore pu dégager sa main. M. d'Aiglemont reparut en effet; mais la marquise se trompait, il était amené par une inquiétude toute personnelle.

— Peux-tu me prêter un foulard. Ce drôle de Charles me laisse sans un seul mouchoir de tête. Dans les premiers jours de notre mariage, tu te mêlais de mes affaires avec des soins si minutieux que tu m'en ennuyais. Ha, le mois de miel n'a pas beaucoup duré pour moi, ni pour mes cravates. Maintenant je suis livré au bras séculier de ces gens-là, qui se moquent tous de moi.

— Tenez, voilà un foulard. Vous n'êtes pas entré dans le salon.

— Non.

— Vous y auriez peut-être encore rencontré lord Grenville.

— Il est à Paris.

— Apparemment.

— Oh! j'y vais, ce bon docteur.

— Mais il doit être parti, s'écria Julie.

Le marquis était en ce moment au milieu de la chambre de sa femme, et se coiffait avec le foulard, en se regardant avec complaisance dans la glace.

— Je ne sais pas où sont nos gens, dit-il. J'ai sonné Charles déjà trois fois, il n'est pas venu. Vous êtes donc sans votre femme de chambre. Sonnez-la, je voudrais avoir cette nuit une couverture de plus à mon lit.

— Pauline est sortie, répondit sèchement la marquise.

— A minuit, dit M. d'Aiglemont.

— Je lui ai permis d'aller à l'Opéra.

— Cela est singulier, reprit le mari tout en se déshabillant, j'ai cru la voir en montant l'escalier.

— Alors elle est sans doute rentrée, dit Julie en affectant de l'impatience.

Puis, pour n'éveiller aucun soupçon chez son mari, la marquise tira le cordon de la sonnette, mais faiblement.

Les événemens de cette nuit n'ont pas été tous parfaitement connus; mais tous durent être aussi simples, aussi horribles que le sont les incidens vulgaires et domestiques qui précèdent. Le lendemain, la marquise d'Aiglemont se mit au lit pour plusieurs jours.

— Qu'est-il donc arrivé de si extraordinaire chez toi, pour que tout le monde parle de ta femme, demanda M. de Flesselles à M. d'Aiglemont, quelques jours après cette nuit de catastrophes.

— Crois-moi, reste garçon, dit M. d'Aiglemont. Le feu a pris aux rideaux du lit où couchait Hélène; ma femme a eu un tel saisissement que la voilà malade pour un an, dit le médecin. Vous épousez une jolie femme, elle enlaidit; vous épousez une jeune fille pleine de santé, elle devient malingre; vous la croyez passionnée, elle est froide; ou bien, froide en apparence, elle est réellement si passionnée qu'elle vous tue ou vous déshonore. Tantôt la créature la plus douce est quinteuse, et jamais les quinteuses ne deviennent douces ; tantôt, l'enfant que vous avez eue niaise et faible, déploie contre vous une volonté de fer, un esprit de démon. Je suis las du mariage.

— Ou de ta femme.

— Cela serait difficile. A propos, veux-tu venir à Saint-Thomas-d'Aquin avec moi, voir l'enterrement de lord Grenville...

— Singulier passe-temps. Mais, reprit Flesselles, sait-on décidément la cause de sa mort.

— Son valet de chambre prétend qu'il est resté pendant toute une nuit sur l'appui extérieur d'une fenêtre pour sauver l'honneur de sa maîtresse ; et il a fait diablement froid ces jours-ci.

— Ce dévouement serait très-estimable chez nous autres, vieux routiers ; mais lord Grenville est jeune, et... anglais. Ces Anglais veulent toujours se singulariser.

— Bah ! répondit d'Aiglemont, ces traits d'héroïsme dépendent de la femme qui les inspire, et ce n'est certes pas pour la mienne que ce pauvre Arthur est mort !

Paris, janvier 1831.

SOUFFRANCES INCONNUES.

Entre la petite rivière du Loing et la Seine, se trouve une vaste plaine bordée par la forêt de Fontainebleau, par les villes de Moret, de Nemours et de Montereau. Cet aride pays n'offre à la vue que de rares monticules ; parfois, au milieu des champs, quelques carrés de bois qui servent de retraite au gibier ; puis, partout, ces lignes sans fin, grises ou jaunâtres, particulières aux horizons de la Sologne, de la Beauce et du Berry.

Au milieu de cette plaine, entre Moret et Montereau, le voyageur aperçoit un vieux château nommé Saint-Lange, dont les abords ne manquent ni de grandeur ni de majesté : ce sont de magnifiques avenues d'ormes, des fossés, de longs murs d'enceinte, des jardins immenses, et les vastes constructions seigneuriales, qui, pour être bâties, voulaient les profits de la maltôte, ceux des fermes générales, les concussions autorisées, ou les grandes fortunes aristocratiques, détruites aujourd'hui par le code civil.

Si quelque artiste ou un homme de rêverie vient à

s'égarer par hasard dans les chemins à profondes ornières, ou dans les terres fortes qui défendent l'abord de ce pays, il se demande par quel caprice ce poétique château fut jeté dans cette savane de blé, dans ce désert de craie, de marne et de sables, où la gaieté meurt, où la tristesse naît infailliblement, où l'âme est incessamment fatiguée par une solitude sans voix, par un horizon monotone; beautés négatives, mais favorables aux souffrances qui ne veulent pas de consolations.

Une jeune femme, célèbre à Paris par sa grâce, sa figure, son esprit, et dont la position sociale, dont la fortune étaient en harmonie avec sa haute célébrité, vint, au grand étonnement du petit village situé à un mille environ de Saint-Lange, s'y établir vers la fin de l'année 1822. Les fermiers et les paysans n'avaient point vu de maîtres au château depuis un temps immémorial. Quoique d'un produit considérable, cette terre était abandonnée aux soins d'un régisseur et gardée par d'anciens serviteurs. Aussi le voyage de Madame la Marquise causa-t-il une sorte d'émoi dans le pays.

Plusieurs personnes étaient groupées au bout du village, dans la cour d'une méchante auberge, sise à l'embranchement des routes de Nemours et de Moret, pour voir passer une calèche qui allait assez lentement, car la marquise était venue de Paris avec ses chevaux. Sur le devant de la voiture, sa femme de chambre tenait une petite fille plus songeuse que rieuse; tandis qu'elle gisait au fond, comme un moribond envoyé par les médecins à la campagne. La physionomie abattue de cette jeune femme délicate contenta fort peu les politiques du village, auxquels son arrivée à Saint-Lange avait fait concevoir l'espérance d'un mouvement quelconque dans la commune ; et, certes, toute espèce de mouvement était visiblement antipathique à cette femme endolorie.

La plus forte tête du village de Saint-Lange déclara le soir, au cabaret, dans la chambre où buvaient les notables, que d'après la tristesse empreinte sur les traits de madame la marquise, elle devait être ruinée. En l'absence de M. le marquis, que les journaux désignaient comme devant accompagner le duc d'Angoulême en Espagne, elle allait économiser à Saint-Lange les sommes nécessaires à l'acquittement des différences dues par suite de fausses spéculations, faites à la Bourse, dont M. le marquis était un des plus gros joueurs. Peut-être la terre serait-elle vendue par petits lots ; alors, il y aurait de bons coups à faire, et chacun devait songer à compter ses écus, les tirer de leur cachette, énumérer ses ressources, afin d'avoir sa part dans l'abattis de Saint-Lange.

Cet avenir parut si beau que chaque notable, impatient de savoir s'il était fondé, pensa aux moyens d'apprendre la vérité par les gens du château ; mais aucun d'eux ne put donner de lumières sur la catastrophe qui amenait leur maîtresse, au commencement de l'hiver, dans son vieux château de Saint-Lange, tandis qu'elle possédait d'autres terres renommées par la gaîté des aspects et par la beauté des jardins. Monsieur le maire vint pour présenter ses hommages à madame la marquise, et ne fut pas reçu. Après le maire, le régisseur se présenta sans obtenir plus de succès.

Madame la marquise ne sortait de sa chambre que pour la laisser arranger, et demeurait, pendant ce temps, dans un petit salon voisin où elle dînait, si l'on peut appeler dîner se mettre à une table, y regarder les mets avec dégoût, et en prendre précisément la dose nécessaire pour ne pas mourir de faim. Puis, elle revenait aussitôt à la bergère antique où, dès le matin, elle s'asseyait dans l'embrasure de la seule fenêtre qui éclairât sa chambre. Elle ne voyait sa fille que pendant le peu d'instans employés par son triste repas, et encore paraissait-elle la souffrir avec peine. Ne fallait-il pas des douleurs inouïes pour faire taire, chez une jeune femme, le sentiment maternel. Aucun de ses gens n'avait accès auprès d'elle. Sa femme de chambre était la seule personne dont elle acceptât les services. Elle exigea un silence absolu dans le château, et sa fille dût aller jouer loin d'elle, car il lui était si difficile de supporter le moindre bruit, que la voix même de son enfant l'affectait désagréablement.

Les gens du pays s'occupèrent beaucoup de ces singularités dont ils eurent bientôt connaissance ; puis, quand toutes les suppositions possibles furent faites, ni les petites villes environnantes, ni les paysans ne songèrent plus à cette femme malade. La marquise, laissée à elle-même, put donc rester parfaitement silencieuse au milieu du silence qu'elle avait établi autour d'elle, et n'eut aucune occasion de quitter la chambre tendue de tapisseries où mourut sa grand'mère, et où elle était venue pour y mourir doucement, sans témoins, sans importunités, sans subir les fausses démonstrations des égoïsmes fardés d'affection qui, dans les villes, donnent aux mourans une double agonie. Cette femme avait vingt-six ans. A cet âge, une âme encore pleine de poétiques illusions, aime à savourer la mort, quand elle lui semble bienfaisante. Mais la mort a de la coquetterie pour les jeunes gens. Pour eux, elle s'avance et se retire, se montre et se cache ; sa lenteur les désenchante d'elle, et l'incertitude que leur cause son lendemain finit par les rejeter dans le monde où ils rencontreront la douleur, qui, plus impitoyable que ne l'est la mort, les frappera sans se laisser attendre. Or, cette femme qui se refusait à vivre allait éprouver l'amertume de ces retardemens au fond de sa solitude, et y faire, dans une agonie morale que la mort ne devait pas terminer, ce terrible apprentissage d'égoïsme qui déflore le cœur et le façonne au monde.

Ce cruel et triste enseignement est toujours dû à la première douleur, et la marquise souffrait véritablement pour la première et pour la seule fois de sa vie peut-être. En effet, ne serait-ce pas une erreur de croire que les sentimens se reproduisent. Une fois éclos, n'existent-ils pas toujours au fond du cœur ? ils s'y apaisent et s'y réveillent au gré des accidens de la vie ; mais ils y restent, et leur séjour modifie nécessairement l'âme. Ainsi, tout sentiment n'aurait qu'un grand jour, le jour plus ou moins long de sa première tempête ; ainsi, la douleur, le plus constant de nos sentimens, ne serait vive qu'à sa première irruption ; et ses autres atteintes iraient en s'affaiblissant, soit par une sorte d'accoutumance à ses crises, soit par une loi de notre nature qui, pour se maintenir vivante, oppose à cette force destructive une force égale, mais inerte, prise dans les calculs de l'égoïsme. Mais, entre toutes les souffrances, à laquelle appartiendra ce nom de douleur ? La perte des parens est un chagrin auquel la nature a préparé les hommes ; le mal physique est passager, n'embrasse pas l'âme, et, s'il persiste, ce n'est plus un mal, c'est la mort. Qu'une jeune femme perde un nouveau-né, l'amour conjugal l'a bientôt remplacé ; cette affliction est passagère. Enfin, toutes ces peines sont, en quelque sorte, des coups, des blessures, mais aucune n'affecte la vitalité dans son essence, et il faut qu'elles se succèdent étrangement pour tuer le sentiment qui nous porte à chercher le bonheur. La grande, la vraie douleur doit donc être un mal qui étreigne à la fois le passé, le présent et l'avenir, qui ne laisse aucune partie de la vie dans son intégrité, qui dénature à jamais la pensée, s'inscrive inaltérablement sur les lèvres et sur le front, qui brise ou détende les ressorts du plaisir, et mette en l'âme un principe de dégoût pour toute chose de ce monde. Mais encore pour être immense, pour ainsi peser sur l'âme et le corps, cette douleur doit arriver en un moment de la vie où toutes les forces de l'âme et du corps sont jeunes et foudroyer un cœur bien vivant. Alors il fait une large plaie, grande est la souffrance, et nul être ne peut sortir de cette maladie sans quelque poétique changement : ou il prend la route du ciel ; ou, s'il demeure ici-bas, il rentre dans le monde pour mentir au monde, pour y jouer un rôle ; il connaît dès lors la coulisse où l'on se retire pour calculer, pleurer, plaisanter. Après cette crise solennelle, il n'existe plus de mystères dans la vie sociale qui dès lors est irrévocablement jugée.

Chez les jeunes femmes qui ont l'âge de la marquise, cette première, cette plus poignante de toutes les douleurs est toujours causée par le même fait. La femme et surtout la jeune femme, aussi grande par l'âme qu'elle l'est par la beauté, ne manque jamais à mettre sa vie là où la nature, le sentiment et la société la poussent à la jeter tout entière. Si cette vie vient à lui manquer et si elle reste sur terre, elle y expérimente les plus cruelles souffrances par la raison qui rend le premier amour le plus beau de tous les sentimens. Pourquoi ce malheur n'a-t-il jamais eu ni peintre, ni poète ? Mais peut-il se peindre, peut-il se chanter ? Non, la nature des douleurs qu'il engendre se refuse à l'analyse et aux couleurs de l'art ; d'ailleurs, ces souffrances ne sont jamais confiées ; pour en consoler une femme, il faut savoir les deviner, car, toujours amèrement embrassées et religieusement ressenties, elles demeurent dans l'âme comme une pierre qui, en tombant dans un gouffre, y dégrade tout avant de s'y faire une place.

La marquise était alors en proie à ces souffrances qui resteront long-temps inconnues, parce que tout dans le monde les condamne, tandis que le sentiment les caresse, et que la conscience d'une femme vraie les lui justifie toujours. Il en est de ces douleurs comme de ces enfans infailliblement repoussés de la vie, et qui tiennent au cœur des mères par des liens plus forts que ceux des enfans heureusement doués. Or, jamais, peut-être, cette épouvantable catastrophe qui tue tout ce qu'il y a de vie en dehors de nous n'avait été aussi vive, aussi complète, aussi cruellement agrandie par les circonstances qu'elle venait de l'être pour la marquise. Un homme aimé, jeune et généreux, dont elle n'avait jamais exaucé les désirs afin d'obéir aux lois du monde, était mort pour lui sauver ce que la société nomme *l'honneur d'une femme*. A qui pouvait-elle dire : — Je souffre. Ses larmes auraient offensé son mari, cause première de la catastrophe. Les lois, les mœurs proscrivaient ses plaintes ; une amie en eût joui, un homme en eût spéculé. Non, cette pauvre affligée ne pouvait pleurer à son aise que dans un désert, y dévorer ses souffrances ou en être dévorée, mourir ou tuer quelque chose en elle, sa conscience, peut-être.

Depuis quelques jours, elle restait les yeux attachés sur un horizon plat où, comme dans sa vie à venir, il n'y avait rien à chercher, rien à espérer, où tout se voyait d'un seul coup-d'œil, et où elle rencontrait les images de la froide désolation qui lui déchirait incessamment le cœur. Les matinées de brouillard, un ciel d'une clarté faible, des nuées courant près de la terre sous un dais grisâtre, convenaient aux phases de sa maladie morale. Son cœur ne se serrait pas, n'était pas plus ou moins flétri ; non, la nature fraîche et fleurie s'en pétrifiait par la lente action d'une douleur intolérable, parce qu'elle était sans but. Elle souffrait par elle et pour elle. Souffrir ainsi, n'est-ce pas mettre le pied dans l'égoïsme ? Aussi, d'horribles pensées lui traversaient-elles la conscience en la lui blessant. Elle s'interrogeait avec bonne foi, et se trouvait double. Il y avait en elle une femme qui raisonnait et une femme qui sentait, une femme qui souffrait et une femme qui ne voulait plus souffrir. Elle se reportait aux joies de son enfance écoulée sans qu'elle en eût senti le bonheur, et dont les limpides images revenaient en foule, comme pour lui accuser les déceptions d'un mariage, convenable aux yeux du monde, horrible en réalité. A quoi lui avaient servi les belles pudeurs de sa jeunesse, ses plaisirs réprimés et les sacrifices faits au monde ? Quoique tout en elle exprimât et attendît l'amour, elle se demandait pourquoi maintenant l'harmonie de ses mouvemens, son sourire et sa grâce ? Elle n'aimait pas plus à se sentir fraîche et voluptueuse qu'on n'aime un son répété sans but. Sa beauté même lui était insupportable comme une chose inutile. Elle entrevoyait avec horreur que désormais elle ne pouvait plus être une créature complète. Son moi intérieur n'avait-il pas perdu la faculté de goûter les impressions dans ce neuf délicieux qui prête tant d'allégresse à la vie? A l'avenir, la plupart de ses sensations seraient souvent aussitôt effacées que reçues ; et beaucoup de celles qui jadis l'auraient émue allaient lui devenir indifférentes. Après l'enfance de la créature vient l'enfance du cœur. Or, son amant avait emporté dans la tombe cette seconde enfance. Jeune encore par ses désirs, elle n'avait plus cette entière jeunesse d'âme qui donne à tout dans la vie sa valeur et sa saveur. Ne garderait-elle pas en elle un principe de tristesse, de défiance qui ravirait à ses émotions leur subite verdeur, leur entraînement, car rien ne pouvait plus lui rendre le bonheur qu'elle avait espéré, qu'elle avait rêvé si beau? Ses premières larmes véritables éteignaient ce feu céleste qui éclaire les premières émotions du cœur, elle devait toujours pâtir de n'être pas ce qu'elle aurait pu être. De cette croyance doit procéder le dégoût amer qui porte à détourner la tête quand de nouveau le plaisir se présente.

Elle jugeait alors la vie comme un vieillard prêt à la quitter. Quoiqu'elle se sentît jeune, la masse de ses jours sans jouissances lui tombait sur l'âme, la lui écrasait et la faisait vieille avant le temps. Elle demandait au monde, par un cri de désespoir, ce qu'il lui rendait en échange de l'amour qui l'avait aidée à vivre, et qu'elle avait perdu. Elle se demandait si, dans ses amours évanouis, si chastes et si purs, la pensée n'avait pas été plus criminelle que l'action. Elle se faisait coupable à plaisir, pour insulter au monde et pour se consoler de ne pas avoir eu avec celui qu'elle pleurait cette communication parfaite qui, en superposant les âmes l'une à l'autre, amoindrit la douleur de celle qui reste par la certitude d'avoir entièrement joui du bonheur, d'avoir su pleinement le donner, et de garder en soi une empreinte de celle qui n'est plus. Elle était mécontente comme une actrice qui a manqué son rôle, car cette douleur lui attaquait toutes les fibres, le cœur et la tête. Si la nature était froissée dans ses vœux les plus intimes, la vanité n'était pas moins blessée que la bonté qui porte la femme à se sacrifier. Puis, en soulevant toutes les questions, en remuant tous les ressorts des différentes existences que nous donnent les natures sociale, morale et physique, elle relâchait si bien les forces de l'âme, qu'au milieu des réflexions les plus contradictoires elle ne pouvait rien saisir. Aussi, parfois, quand le brouillard tombait, ouvrait-elle sa fenêtre, en y restant sans pensée, occupée à respirer machinalement l'odeur humide et terreuse épandue dans les airs, debout, immobile, idiote en apparence, car les bourdonnemens de sa douleur la rendaient également sourde aux harmonies de la nature et aux charmes de la pensée.

Un jour vers midi, moment où le soleil avait

éclairci le temps, sa femme de chambre entra sans ordre et lui dit : — Voici la quatrième fois que monsieur le curé vient pour voir madame la marquise, et il insiste aujourd'hui si résolument, que nous ne savons plus que lui répondre.

— Il veut sans doute quelqu'argent pour les pauvres de la commune ; prenez vingt-cinq louis, et portez-les lui de ma part.

— Madame, dit la femme de chambre en revenant un moment après, monsieur le curé refuse de prendre l'argent, et désire vous parler.

— Qu'il vienne donc ! répondit la marquise en laissant échapper un geste d'humeur qui pronostiquait une triste réception au prêtre dont elle voulut sans doute éviter les persécutions par une explication courte et franche.

La marquise avait perdu sa mère en bas âge, et son éducation fut naturellement influencée par le relâchement qui, pendant la révolution, dénoua les liens religieux en France. La piété est une vertu de femme que les femmes seules se transmettent bien, et la marquise était un enfant du dix-huitième siècle dont son père avait partagé les croyances philosophiques. Elle ne suivait aucune pratique religieuse ; pour elle, un prêtre était un fonctionnaire public dont elle n'avait jamais conçu l'utilité. Or, dans la situation où elle se trouvait, la voix de la religion ne pouvait qu'envenimer ses maux ; puis, elle ne croyait guères aux curés de village, ni à leurs lumières. Elle résolut donc de mettre le sien à sa place, sans aigreur, et de s'en débarrasser à la manière des riches, par un bienfait.

Le curé vint, et son aspect ne changea guère les idées de la marquise. C'était un gros petit homme, à ventre saillant, à figure rougeaude, mais vieille et ridée, qui affectait de sourire et qui souriait mal. Il avait un crâne chauve et transversalement sillonné de rides nombreuses qui retombait en quart de cercle sur son visage et le rapetissait. Quelques cheveux blancs garnissaient le bas de la tête au-dessus de la nuque et revenaient en avant vers les oreilles. Sa physionomie avait été celle d'un homme naturellement gai. Ses grosses lèvres, son nez légèrement retroussé, son menton qui disparaissait dans un double pli de rides, témoignaient d'un heureux caractère. La marquise ne vit d'abord que ces traits principaux ; mais, à la première parole que lui dit le prêtre, elle fut frappée par la douceur de cette voix ; elle le regarda plus attentivement et vit sous ses sourcils grisonnans des yeux qui avaient pleuré ; puis le contour de sa joue, vue de profil, donnait à sa tête une si auguste expression de douleur que la marquise aperçut un homme dans ce curé.

— Madame la marquise, les riches ne nous appartiennent que quand ils souffrent, et les souffrances d'une femme mariée, jeune, belle, riche, qui n'a perdu ni enfans ni parens, se devinent et sont causées par des blessures dont la religion peut seule adoucir les élancemens. Votre âme est en danger, madame. Je ne vous parle pas en ce moment de l'autre vie qui nous attend ! Non, je ne suis pas au confessionnal. Mais n'est-il pas de mon devoir de vous éclairer sur l'avenir de votre existence sociale ? Vous pardonnerez donc à un vieillard une importunité dont votre bonheur est l'objet.

— Le bonheur, monsieur, il n'en est plus pour moi. Je vous appartiendrai bientôt, comme vous le dites, mais pour toujours.

— Non, madame, vous ne mourrez pas de la douleur qui vous oppresse et se peint dans vos traits. Si vous aviez dû en mourir, vous ne seriez pas à Saint-Lange. Nous périssons moins par les effets d'un regret certain que par ceux des espérances trompées. J'ai connu de plus intolérables, de plus terribles douleurs qui n'ont pas donné la mort.

La marquise fit un signe d'incrédulité.

— Madame, je sais un homme dont le malheur fut si grand, que vos peines vous sembleraient légères si vous les compariez aux siennes.

Soit que sa longue solitude commençât à lui peser, soit qu'elle fût intéressée par la perspective de pouvoir épancher dans un cœur ami ses pensées douloureuses, elle regarda le curé d'un air interrogatif auquel il était impossible de se méprendre.

— Madame, reprit le prêtre, cet homme était un père qui, d'une famille autrefois nombreuse, n'avait plus que trois enfans. Il avait successivement perdu ses parens, puis une fille et une femme, toutes deux bien aimées. Il restait seul, au fond d'une province, dans un petit domaine où il avait été long-temps heureux. Ses trois fils étaient à l'armée, et chacun d'eux avait un grade proportionné à son temps de service. Dans les Cent-Jours, l'aîné passa dans la Garde, et devint colonel; le jeune était chef de bataillon dans l'artillerie, et le cadet avait le grade de chef d'escadron dans les dragons. Madame, ces trois enfans aimaient leur père autant qu'ils en étaient aimés. Si vous connaissiez bien l'insouciance des jeunes gens qui, emportés par leurs passions, n'ont jamais de temps à donner aux affections de la famille, vous comprendriez par un seul fait la vivacité de leur affection pour un pauvre vieillard isolé qui ne vivait plus que par eux et pour eux. Il ne se passait pas de semaine qu'il ne reçût une lettre de l'un de ses enfans. Mais aussi n'avait-il jamais été pour eux ni faible, ce qui diminue le respect des enfans, ni injustement sévère, ce qui les froisse, ni avare de sacrifices, ce qui les détache; non, il avait été plus qu'un père, il s'était fait leur frère, leur ami. Enfin, il alla leur dire adieu à Paris, lors de leur départ pour la Belgique; il voulait voir s'ils avaient de bons chevaux, si rien ne leur manquait. Les voilà partis! Le père revient chez lui. La guerre commence, il reçoit des lettres écrites de Fleurus, de Ligny, tout allait bien. La bataille de Waterloo se livre, vous en connaissez le résultat. La France fut mise en deuil d'un seul coup. Toutes les familles étaient dans la plus profonde anxiété. Lui, vous comprenez, madame, il attendait; il n'avait ni trêve, ni repos; il lisait les gazettes, il allait tous les jours à la poste lui-même.

Un soir, on lui annonce le domestique de son fils, le colonel. Il voit cet homme monté sur le cheval de son maître, il n'y eut pas de questions à faire : le colonel était mort, coupé en deux par un boulet. Vers la fin de la soirée, arrive à pied le domestique du plus jeune, le plus jeune était mort le lendemain de la bataille. Enfin, à minuit, un artilleur vint lui annoncer la mort du dernier enfant sur la tête duquel, en si peu de temps, ce pauvre père avait placé toute sa vie. Oui, madame, ils étaient tous tombés!

Après une pause, le prêtre ayant vaincu ses émotions, ajouta ces paroles d'une voix douce : — Et le père est resté vivant, madame. Il a compris que si Dieu le laissait sur la terre, il devait continuer d'y souffrir, et il y souffre ; mais il s'est jeté dans le sein de la religion. Que pouvait-il être ?

La marquise leva les yeux sur le visage de ce curé, devenu sublime de tristesse et de résignation, et attendit ce mot qui lui arracha des pleurs.

— Prêtre! madame, il était sacré par les larmes.

Le silence régna pendant un moment, et tous deux regardèrent par la fenêtre l'horizon brumeux, comme s'ils pouvaient y voir ceux qui n'étaient plus.

— Non pas prêtre dans une ville, mais simple curé, reprit-il.

— A Saint-Lange? dit-elle en s'essuyant les yeux.

— Oui, madame.

Jamais la majesté de la douleur ne s'était montrée plus grande, et ce *oui madame* lui tombait à même le cœur comme le poids d'une douleur infinie. Cette voix qui résonnait doucement à l'oreille, troublait les entrailles; car c'était bien la voix du malheur, cette voix pleine, grave, qui semble charrier de pénétrans fluides.

— Monsieur, dit presque respectueusement la marquise, et si je ne meurs pas, que deviendrai-je donc ?

— Madame, n'avez-vous pas un enfant ?

— Oui, dit-elle froidement.

Le curé jeta sur cette femme un regard semblable à celui que lance un médecin sur un malade en danger, et résolut de faire tous ses efforts pour la disputer au génie du mal qui étendait déjà la main sur elle.

— Vous le voyez, madame, nous devons vivre avec nos douleurs, et la religion seule nous offre des consolations vraies. Me permettrez-vous de revenir vous faire entendre la voix d'un homme qui sait sympathiser avec toutes les peines, et qui, je le crois, n'a rien de bien effrayant.

— Oui, monsieur, venez. Je vous remercie d'avoir pensé à moi.

— Hé bien, madame, à bientôt.

Cette visite détendit pour ainsi dire l'âme de la marquise dont les forces avaient été trop violemment excitées par le chagrin et par la solitude. Le prêtre lui laissa dans le cœur un parfum balsamique, et le salutaire retentissement des paroles religieuses. Puis elle éprouva cette espèce de satisfaction qui réjouit le prisonnier, quand après avoir reconnu la profondeur de sa solitude et la pesanteur de ses chaînes, il rencontre un voisin qui frappe à la muraille en lui faisant rendre un son par lequel s'expriment des pensées communes. Elle avait un confident inespéré. Mais elle retomba bientôt dans ses amères contemplations, et se dit, comme le prisonnier, qu'un compagnon de douleur n'allégerait ni ses liens, ni son avenir.

Le curé n'avait pas voulu trop effaroucher dans une première visite une douleur toute égoïste ; mais il espéra, grâce à son art, pouvoir faire faire des progrès à la religion dans une seconde entrevue. Le surlendemain, il vint en effet, et l'accueil de la marquise lui prouva que sa visite était attendue et désirée.

— Hé bien, madame la marquise, dit le vieillard, avez-vous un peu songé à la masse des souffrances humaines? Avez-vous élevé les yeux vers le ciel ? y avez-vous vu cette immensité de mondes qui, en diminuant notre importance, en écrasant nos vanités, amoindrissent nos douleurs...

— Non, monsieur, dit-elle, les lois sociales me pèsent trop sur le cœur et me le déchirent trop vivement pour que je puisse m'élever dans les cieux. Mais les lois ne sont peut-être pas aussi cruelles que ne le sont les usages du monde. Oh ! le monde !

— Nous devons, madame, obéir aux uns et aux autres, la loi est la parole, et les usages sont les actions de la société.

— Obéir à la société, reprit la marquise en laissant échapper un geste d'horreur. Hé, monsieur, tous nos maux viennent de là. Dieu n'a pas fait une seule loi de malheur ; mais en se réunissant, les hommes ont faussé son œuvre. Nous sommes, nous femmes, plus maltraitées par la civilisation que nous ne le serions par la nature. La nature nous impose des peines physiques que vous n'avez pas adoucies, et la civilisation a développé des sentimens que vous trompez incessamment ; la nature étouffe les êtres faibles ; vous les condamnez à vivre pour les livrer à un constant malheur. Le mariage, institution sur laquelle s'appuie aujourd'hui la société, nous en fait sentir, à nous seules, tout le poids : pour l'homme, la liberté ; pour la femme, des devoirs ; nous vous devons toute notre vie, vous ne nous devez de la vôtre que de rares instans ; enfin l'homme fait un choix, là où nous nous soumettons aveuglément. Oh ! monsieur, à vous je puis tout dire ! Hé bien, le mariage tel qu'il se pratique aujourd'hui me semble être une prostitution légale ? De là, sont nées mes souffrances ! Mais, moi seule parmi les malheureuses créatures si fatalement accouplées, je dois garder le silence ! moi seule, suis l'auteur du mal, j'ai voulu mon mariage !

Elle s'arrêta, versa des pleurs amers et resta silencieuse.

— Dans cette profonde misère, au milieu de cet océan de douleurs, reprit-elle, j'avais trouvé quelques sables où je posais les pieds, où je souffrais à mon aise. Un ouragan a tout emporté. Me voilà seule, sans appui, trop faible contre les orages.

— Nous ne sommes jamais faibles quand Dieu est avec nous! dit le prêtre. D'ailleurs si vous n'avez pas d'affections à satisfaire ici-bas, n'y avez-vous pas des devoirs à remplir.

— Toujours des devoirs! s'écria-t-elle avec une sorte d'impatience. Mais où sont, pour moi, les sentimens qui nous donnent la force de les accomplir. Monsieur, rien de rien, ou rien pour rien, est une des plus justes lois de la nature et morale et physique. Voudriez-vous que ces arbres produisissent leurs feuillages sans la sève qui les fait éclore? L'âme a sa sève aussi; chez moi, la sève est tarie dans sa source.

— Je ne vous parlerai pas des sentimens religieux qui engendrent la résignation, dit le curé; mais la maternité, madame, n'est-elle donc pas...

— Arrêtez, monsieur! dit la marquise. Avec vous, je serai vraie! Hélas, je ne puis l'être désormais avec personne; je suis condamnée à la fausseté; le monde exige de continuelles grimaces, et, sous peine d'opprobre, nous ordonne d'obéir à ses conventions. Il existe deux maternités, monsieur. J'ignorais jadis de telles distinctions; aujourd'hui, je les sais. Je ne suis mère qu'à moitié, mieux vaudrait ne pas l'être du tout. Hélène n'est pas de *lui*! Oh! ne frémissez pas! Saint-Lange est un abîme où se sont engloutis bien des sentimens faux, d'où se sont élancées de sinistres lueurs, où se sont écroulés les frêles édifices des lois anti-naturelles. J'ai un enfant, cela suffit, je suis mère, ainsi le veut la loi. Mais vous, monsieur, qui avez une âme si délicatement compatissante! peut-être comprendrez-vous les cris d'une pauvre femme qui n'a laissé pénétrer dans son cœur aucun sentiment factice! Dieu me jugera, mais je ne crois pas manquer à ses lois en cédant aux affections qu'il a mises dans mon âme; et voici ce que j'y ai trouvé. Un enfant, monsieur, n'est-il pas l'image de deux êtres, le fruit de deux sentimens librement confondus? S'il ne tient pas à toutes les fibres du corps, comme à toutes les tendresses du cœur; s'il ne rappelle pas de délicieuses amours, les temps, les lieux où ces deux êtres furent heureux, et leur langage plein de musiques humaines, et leurs suaves idées; cet enfant est une création manquée. Oui, pour eux, il doit être une ravissante miniature où se retrouvent les poèmes de leur double vie secrète; il doit leur offrir une source d'émotions fécondes, être à la fois tout leur passé, tout leur avenir. Ma pauvre petite Hélène est l'enfant de son père, l'enfant du devoir et du hasard. Elle ne rencontre en moi que l'instinct de la femme, la loi qui nous pousse irrésistiblement à protéger la créature née dans nos flancs. Je suis irréprochable, socialement parlant : ne lui ai-je pas sacrifié ma vie et mon bonheur? ses cris émeuvent mes entrailles; si elle tombait à l'eau, je m'y précipiterais pour l'aller reprendre. Mais elle n'est pas dans mon cœur. Ah, l'amour m'a fait rêver une maternité plus grande, plus complète! J'ai caressé dans un songe évanoui, l'enfant que les désirs ont conçu, avant qu'il ne fût engendré, enfin cette délicieuse fleur dont l'âme est la première terre. Je suis pour Hélène ce que, dans l'ordre naturel, une mère doit être pour sa progéniture. Quand elle n'aura plus besoin de moi, tout sera dit ; la cause éteinte, les effets cesseront. Si la femme a l'adorable privilége d'étendre sa maternité sur toute la vie de son enfant, n'est-ce pas aux rayonnemens de sa conception morale qu'il faut attribuer cette divine persistance du sentiment ? Quand l'enfant n'a pas eu l'âme de sa mère pour première enveloppe, la maternité cesse donc alors dans son cœur, comme elle cesse chez les animaux. Cela est vrai, je le sens : à mesure que ma pauvre petite grandit, mon cœur se resserre. Les sacrifices que je lui ai faits m'ont déjà détachée d'elle ; tandis que pour un autre enfant, mon cœur aurait été, je le sens, inépuisable ; pour lui, rien n'aurait été sacrifice, tout eût été plaisir. Ici, monsieur, la raison, la religion, tout en moi se trouve sans force contre mes sentimens. A-t-elle tort de vouloir mourir, la femme qui n'est ni mère, ni épouse ; et qui, pour son malheur, a entrevu l'amour dans ses beautés infinies, la maternité dans ses joies illimitées ? que peut-elle devenir ? Je vous dirai, moi, ce qu'elle éprouve ! Cent fois durant le jour, cent fois durant la nuit, un frisson ébranle ma tête, mon cœur et mon corps, quand quelque souvenir, trop faiblement combattu, m'apporte les images du bonheur ! je le suppose plus grand qu'il ne l'est en réalité ; ces cruelles fantaisies font pâlir mes sentimens, et je me dis : — Qu'aurait donc été ma vie? si.... Elle se cacha le visage dans ses mains, et fondit en larmes. — Voilà le fond de mon cœur! reprit-elle. Un enfant de lui m'aurait fait accepter les plus horribles malheurs! Le Dieu qui mourut chargé de toutes les fautes de la terre me pardonnera cette pensée mortelle pour moi ; mais, je le sais, le monde est implacable, mes paroles sont pour lui des blasphèmes, j'insulte à toutes ses lois! Ha, je voudrais faire la guerre à ce monde pour en renouveler les lois et les usages, pour les briser! Ne m'a-t-il pas blessée dans toutes mes idées, dans toutes mes fibres, dans tous mes sentimens, dans tous mes désirs, dans toutes mes espérances, dans l'avenir, dans le présent, dans le passé. Pour moi, le jour est plein de ténèbres, la pensée est un glaive, mon cœur est une plaie, mon enfant est une négation. Oui, quand Hélène me parle, je lui voudrais une autre voix ; quand elle me regarde, je lui voudrais d'autres yeux ! Elle est là pour m'attester tout ce qui devrait être et tout ce qui n'est pas. Elle m'est insupportable! Je lui souris, je tâche de la dédommager des sentimens que je lui vole. Je souffre! oh, monsieur, je souffre trop pour pouvoir vivre. Et je passerai pour être une femme vertueuse! Et je n'ai pas commis de fautes ! Et l'on m'honorera! J'ai combattu l'amour involontaire auquel je ne devais pas céder ; mais si j'ai gardé ma foi physique, ai-je conservé mon cœur?

Ceci, dit-elle en appuyant la main droite sur son sein, n'a jamais été qu'à une seule créature. Aussi, mon enfant ne s'y trompe-t-il pas? Il existe des regards, une voix, des gestes de mère dont la force pétrit l'âme des enfans, et ma pauvre petite ne sent pas mon bras frémir, ma voix trembler, mes yeux s'amollir, quand je la regarde, quand je lui parle ou quand je la prends. Elle me lance des regards accusateurs que je ne soutiens pas! Par fois je tremble de trouver en elle un tribunal où je serai condamnée sans être entendue! Fasse le ciel que la haine ne se mette pas un jour entre nous! Grand Dieu! Ouvrez-moi plutôt la tombe! laissez-moi finir à Saint-Lange! Je veux aller dans le monde où je retrouverai mon autre âme, où je serai tout-à-fait mère! Oh, pardon, monsieur, je suis folle! Ces paroles m'étouffaient, je les ai dites! Ha! vous pleurez aussi! vous ne me mépriserez pas! — Hélène! Hélène! ma fille, viens! s'écria-t-elle avec une sorte de désespoir en entendant son enfant qui revenait de sa promenade.

La petite vint en riant et en criant, elle apportait un papillon qu'elle avait pris; mais, en voyant sa mère en pleurs, elle se tut, se mit près d'elle et se laissa baiser au front.

— Elle sera bien belle, dit le prêtre.

— Elle est tout son père, répondit la marquise en embrassant sa fille, avec une chaleureuse expression, comme pour s'acquitter d'une dette ou pour effacer un remords.

— Vous avez chaud, maman!

— Va, laisse-nous, mon ange, répondit la marquise.

L'enfant s'en alla sans regret, sans regarder sa mère; elle paraissait heureuse de fuir un visage triste, et comprendre que les sentimens qui s'y exprimaient lui étaient contraires. Le sourire est l'apanage, la langue, l'expression de la maternité; et la marquise ne pouvait pas sourire. Elle rougit en regardant le prêtre, elle avait espéré se montrer mère; mais ni elle, ni son enfant n'avaient su mentir. En effet, les baisers d'une femme sincère ont un miel divin qui semble mettre dans cette caresse une âme, un feu subtil dont le cœur est pénétré, dont il est avide; et les baisers dénués de cette onction savoureuse sont âpres, secs. Le prêtre avait senti cette différence, il put sonder l'abîme qui se trouve entre la maternité de la chair et la maternité du cœur; il jeta sur cette femme un regard d'inquisiteur, et lui dit après une pause : — Vous avez raison, madame, il vaudrait mieux, pour vous, être morte...

— Ha! vous comprenez mes souffrances, je le vois, répondit-elle, puisque vous, prêtre chrétien, devinez et approuvez les funestes résolutions qu'elles m'ont inspirées. Oui, j'ai voulu me donner la mort; mais j'ai manqué du courage nécessaire pour accomplir mon dessein. Mon corps a été lâche, quand mon âme était forte; et quand ma main ne tremblait plus, mon âme vacillait! j'ignore le secret de ces combats et de ces alternatives. Je suis sans doute

bien tristement femme, sans persistance dans mes
vouloirs, forte seulement pour aimer. Je me méprise ! Le soir quand mes gens dormaient j'allais à
la pièce d'eau courageusement. Arrivée au bord,
ma frêle nature avait horreur de la destruction. Je
vous confesse mes faiblesses. Lorsque je me retrouvais au lit, j'avais honte de moi, je redevenais courageuse. Dans un de ces momens, j'ai pris du laudanum ; mais j'ai souffert et ne suis pas morte ! J'avais cru boire tout ce que contenait le flacon, et
je m'étais arrêtée à moitié.

— Vous êtes perdue, madame, dit le curé gravement, mais d'une voix pleine de larmes. Vous
rentrerez dans le monde et vous tromperez le monde ;
vous y chercherez, vous y trouverez ce que vous regardez comme une compensation à vos maux ; puis
vous porterez un jour la peine de vos plaisirs....

— Moi, s'écria-t-elle, j'irais livrer au premier
fourbe qui saura jouer la comédie d'une passion, les
dernières, les plus précieuses richesses de mon cœur,
et corrompre ma vie pour un moment de douteux
plaisir?... Non ! Mon âme sera consumée par une
flamme pure. Monsieur, tous les hommes ont les
sens de leur sexe ; mais celui qui en a l'âme et qui
satisfait ainsi à toutes les exigences de notre nature
dont la mélodieuse harmonie ne s'émeut jamais que
sous la pression des sentimens, celui-là ne se rencontre pas deux fois dans notre existence. Mon avenir est horrible, je le sais : la femme n'est rien sans
l'amour, la beauté n'est rien sans le plaisir ; mais le

monde ne réprouverait-il pas mon bonheur, s'il se présentait encore à moi? je dois à ma fille une mère honorée. Ah! je suis jetée dans un cercle de fer d'où je ne puis sortir sans ignominie. Les devoirs de famille, accomplis sans récompense, m'ennuieront; je maudirai la vie; mais ma fille aura du moins un beau semblant de mère. Je lui rendrai des trésors de vertu, pour remplacer les trésors d'affection dont je l'aurai frustrée. Je ne désire même pas vivre pour goûter les jouissances que donne aux mères le bonheur de leurs enfans. Je ne crois pas au bonheur. Quel sera le sort d'Hélène? le mien sans doute. Quels moyens ont les mères d'assurer à leurs filles que l'homme auquel elles les livrent sera un époux selon leur cœur. Vous honnissez de pauvres créatures qui se vendent pour quelques écus à un homme qui passe, la faim et le besoin absolvent ces unions éphémères; tandis que la société tolère, encourage l'union immédiate, bien autrement horrible, d'une jeune fille candide, et d'un homme qu'elle n'a pas vu trois mois durant; elle est vendue pour toute sa vie. Il est vrai que le prix est élevé! Si, en ne lui permettant aucune compensation à ses douleurs, vous l'honoriez; mais non, le monde calomnie les plus vertueuses d'entre nous! Telle est notre destinée, vue sous ses deux faces: une prostitution publique et la honte, une prostitution secrète et le malheur. Quant aux pauvres filles sans dot, elles deviennent folles, elles meurent; pour elles, aucune pitié! La beauté, les vertus ne sont pas des valeurs dans votre bazar humain, et vous nommez Société ce repaire d'égoïsme ! Mais exhérédez les femmes ! Au moins accomplirez-vous ainsi une loi de nature, en choisissant vos compagnes, en les éprouvant au gré des vœux du cœur.

— Madame, vos discours me prouvent que ni l'esprit de famille, ni l'esprit religieux ne vous touchent. Aussi, n'hésiterez-vous pas entre l'égoïsme social qui vous blesse, et l'égoïsme de la créature qui vous fera souhaiter des jouissances...

— La famille, monsieur, existe-t-elle ? Je nie la famille dans une société qui, à la mort du père ou de la mère, partage les biens et dit à chacun d'aller de son côté. La famille est une association temporaire et fortuite que dissout promptement la mort. Nos lois ont brisé les maisons, les héritages, la pérennité des exemples et des traditions. Je ne vois que décombres autour de moi.

— Madame, vous ne reviendrez à Dieu que quand sa main s'appesantira sur vous, et je souhaite que vous ayez assez de temps pour faire votre paix avec lui. Vous cherchez vos consolations en baissant les yeux sur la terre, au lieu de les lever vers les cieux. Le philosophisme et l'intérêt personnel ont attaqué votre cœur, vous êtes sourde à la voix de la religion comme le sont les enfans de ce siècle sans croyance ! Les plaisirs du monde n'engendrent que des souffrances, vous allez changer de douleurs, voilà tout.

— Je ferai mentir votre prophétie, dit-elle en

souriant avec amertume, je serai fidèle à celui qui mourut pour moi.

— La douleur, répondit-il, n'est viable que dans les âmes préparées par la religion.

Puis il baissa respectueusement les yeux pour ne pas laisser voir les doutes qui pouvaient se peindre dans son regard. L'énergie des plaintes échappée à la marquise l'avait contristé ; il reconnaissait le *moi* humain sous ses mille formes; il désespérait de ramollir ce cœur que le mal avait desséché au lieu de l'attendrir, et où le grain du Semeur céleste ne devait pas germer, puisque sa voix douce y était étouffée par la grande et terrible clameur de l'égoïsme. Néanmoins il déploya la constance de l'apôtre, et revint à plusieurs reprises, toujours ramené par l'espoir de tourner à Dieu cette âme si noble et si fière ; mais il perdit courage, le jour où il s'aperçut que la marquise n'aimait à causer avec lui que parce qu'elle trouvait de la douceur à parler de celui qui n'était plus. Il ne voulut pas ravaler son ministère en se faisant le complaisant d'une passion ; il cessa ses entretiens, et revint par degrés aux formules et aux lieux communs de la conversation.

Le printemps arriva. La marquise trouva des distractions à sa profonde tristesse, et s'occupa par désœuvrement de sa terre où elle se plut à ordonner quelques travaux. Au mois d'octobre, elle quitta son vieux château de Saint-Lange, où elle était redevenue fraîche et belle dans l'oisiveté d'une douleur qui, d'abord violente comme un disque lancé vigoureusement, avait fini par s'amortir dans la mélancolie, comme s'arrête le disque, après des oscillations graduellement plus faibles. La mélancolie se compose d'une suite de semblables oscillations morales dont la première touche au désespoir et la dernière au plaisir ; dans la jeunesse, elle est le crépuscule du matin ; dans la vieillesse, celui du soir.

Quand sa calèche passa par le village, la marquise reçut le salut du curé qui revenait de l'église à son presbytère ; mais, en y répondant, elle baissa les yeux et détourna la tête pour ne pas le revoir. Le prêtre avait trop raison contre cette pauvre Artémise d'Éphèse.

Paris, 15 août 1834.

LA FEMME DE TRENTE ANS.

Un jeune homme de haute espérance, et qui appartenait à l'une de ces maisons historiques dont les noms seront toujours, en dépit même des lois, intimement liés à la gloire de la France, se trouvait au bal chez la marquise Vitagliano. Cette dame, riche Italienne, fixée à Paris, lui avait donné quelques lettres de recommandation pour deux ou trois de ses amies à Naples. M. de Vandenesse, ainsi se nommait le jeune homme, venait l'en remercier et prendre congé.

Après avoir accompli plusieurs missions avec talent, Vandenesse avait été récemment attaché à l'un de nos ministres plénipotentiaires envoyés au congrès de Laybach, et voulait profiter de son voyage pour étudier l'Italie.

Cette fête était donc une espèce d'adieu qu'il faisait aux jouissances de Paris, à cette vie rapide, à ce tourbillon de pensées et de plaisirs dont il est de mode peut-être de médire, mais auquel il est si doux de s'abandonner.

Habitué depuis trois ans à saluer les capitales européennes, et à les déserter au gré des caprices de sa destinée diplomatique, Charles de Vandenesse avait cependant peu de chose à regretter en quittant Paris. Les femmes ne produisaient plus aucune impression sur lui, soit qu'il regardât une passion vraie comme tenant trop de place dans la vie d'un homme politique; soit que les mesquines occupations d'une galanterie superficielle lui parussent trop vides pour une âme forte. Nous avons tous de grandes prétentions à la force d'âme. En France, nul homme, fût-il médiocre, ne consent à passer pour simplement spirituel.

Ainsi, Charles, quoique jeune (à peine avait-il vingt-six ans), s'était déjà philosophiquement accoutumé à voir des idées, des résultats, des moyens, là où les hommes de son âge aperçoivent des sentimens, des plaisirs et des illusions. Il avait refoulé la chaleur et l'exaltation naturelle aux jeunes gens dans les profondeurs de son âme, nativement noble et grande. Il travaillait à se faire froid, calculateur; à mettre en manières, en formes aimables, en artifices de séduction, les richesses morales dont la nature l'avait doué; véritable tâche d'ambitieux; rôle triste, entrepris dans le but d'atteindre à ce que nous nommons aujourd'hui une *belle position*.

En ce moment, il jetait un dernier coup-d'œil sur les salons où l'on dansait. Avant de quitter le bal, il voulait sans doute en emporter l'image, comme un spectateur ne sort pas de sa loge à l'Opéra sans regarder le tableau final. Mais aussi, par une fantaisie facile à comprendre, M. de Vandenesse étudiait l'action toute française, toute changeante, l'éclat et les riantes figures de cette fête parisienne, en les rapprochant par la pensée des physionomies nouvelles, des scènes pittoresques qui l'attendaient à Naples, où il se proposait de passer quelques jours avant de se rendre à son poste.

Il semblait comparer la France, qui lui était si familière, à un pays dont il ne connaissait les mœurs et les sites que par des ouï-dires contradictoires, ou par des livres, mal faits pour la plupart. Alors, quelques réflexions assez poétiques, mais devenues aujourd'hui très-vulgaires, lui passèrent par la tête et répondirent, à son insu peut-être, aux vœux secrets de son cœur, plus exigeant que blasé, plus inoccupé que flétri.

— Voici, se disait-il, les femmes les plus élégantes, les plus riches, les plus titrées de Paris; ici, sont les célébrités du jour, renommées de tribunes, renommées aristocratiques et littéraires ; là, des artistes ; là, des hommes de pouvoir. Et cependant je ne vois que de petites intrigues, des amours morts-nés, des sourires qui ne disent rien, des dédains sans cause, des regards sans flamme, beaucoup d'esprit, mais prodigué sans but. Tous ces visages blancs et roses cherchent moins le plaisir que des distractions ; nulle émotion n'est vraie. Si vous voulez seulement des plumes bien posées, des gazes fraîches, de jolies toilettes, des femmes frêles ;

si pour vous la vie n'est qu'une surface à effleurer, voici votre monde. Contentez-vous de ces phrases insignifiantes, de ces ravissantes grimaces, et ne demandez pas un sentiment dans les cœurs. Pour moi, j'ai horreur de ces plates intrigues qui finiront par des mariages, des sous-préfectures, des recettes générales; ou, s'il s'agit d'amour, par des arrangemens secrets, tant l'on a honte même d'un semblant de passion. Je ne vois pas un seul de ces visages éloquens qui vous annonce une âme abandonnée à une idée comme à un remords. Ici, le regret ou le malheur se cachent sous des plaisanteries. Je n'aperçois aucune de ces femmes avec lesquelles j'aimerais à lutter, et qui vous entraînent dans un abîme. Où trouver de l'énergie à Paris? Un poignard est une curiosité que l'on y suspend à un clou doré, que l'on pare d'une jolie gaîne. Femmes, idées, sentimens, tout se ressemble, et il n'y existe plus de passions, parce que les individualités ont disparu. Les rangs, les esprits, les fortunes ont été nivelés, et nous avons tous pris l'habit noir comme pour nous mettre en deuil de la France morte. Nous n'aimons pas nos égaux. Entre deux amans, il faut des différences à effacer, des distances à combler. Ce charme de l'amour s'est évanoui en 1789! Notre ennui, nos mœurs fades sont le résultat du système politique. Au moins, en Italie, tout y est tranché; les femmes y sont encore des animaux malfaisans, des sirènes dangereuses, sans raison, sans logique autre que celle de leurs goûts, de leurs appétits, et dont il faut se défier comme on se défie des tigres.....

Madame Vitagliano vint interrompre ce monologue dont les mille pensées contradictoires, inachevées, confuses, sont intraduisibles. Le mérite d'une rêverie est tout entier dans son vague ; n'est-elle pas une sorte de vapeur intellectuelle ?

— Je veux, lui dit-elle en le prenant par le bras, vous présenter à une femme qui a le plus grand désir de vous connaître d'après ce qu'elle entend dire de vous.

Puis, elle le conduisit dans un salon voisin, où elle lui montra, par un geste, un sourire et un regard véritablement italiens, une femme assise au coin de la cheminée.

— Qui est-elle ? demanda vivement M. de Vandenesse.

— Une femme dont vous vous êtes, certes, entretenu, plus d'une fois pour la louer ou pour en médire, une femme qui vit dans la solitude, un vrai mystère.

— Si vous avez jamais été clémente dans votre vie, de grâce, dites-moi son nom.

— La marquise de Vieumesnil.

— Je vais aller prendre des leçons auprès d'elle ; car elle a su faire d'un mari bien médiocre un pair de France ; d'un homme nul, une capacité politique. Mais, dites-moi, croyez-vous que lord Melville soit mort pour elle, comme quelques femmes l'ont prétendu ?

— Peut-être. Depuis cette aventure, fausse ou

vraie, la pauvre femme est bien changée. Elle n'a pas encore été dans le monde. C'est quelque chose à Paris qu'une constance de trois ans. Si vous la voyez ici...

Madame Vitagliano s'arrêta ; mais elle ajouta d'un air fin : — J'oublie que je dois me taire. Allez causer avec elle.

Charles resta pendant un moment immobile, le dos légèrement appuyé sur le chambranle de la porte, et tout occupé à examiner une femme devenue célèbre sans que personne pût rendre compte des motifs sur lesquels se fondait sa renommée.

Le monde offre beaucoup de ces anomalies curieuses. La réputation de madame de Vieumesnil n'était pas, certes, plus extraordinaire que celle de certains hommes toujours en travail d'une œuvre inconnue : statisticiens tenus pour profonds sur la foi de calculs qu'ils se gardent bien de publier ; politiques qui vivent sur un article de journal ; auteurs ou artistes dont l'œuvre reste toujours en portefeuille ; gens savans avec ceux qui ne connaissent rien à la science, comme Sganarelle est latiniste avec ceux qui ne savent pas le latin ; hommes auxquels on accorde une capacité convenue sur un point, soit la direction des arts, soit une mission importante. Cet admirable mot : *c'est une spécialité*, semble avoir été créé pour ces espèces d'acéphales politiques ou littéraires.

Charles demeura plus long-temps en contemplation qu'il ne le voulait, et fut mécontent d'être si fortement préoccupé par une femme ; mais aussi, la présence de cette femme réfutait les pensées qu'un instant auparavant le jeune diplomate avait conçues à l'aspect du bal.

Madame de Vieumesnil était une femme de trente ans, belle, quoique frêle de formes, et d'une excessive délicatesse. Son plus grand charme venait d'une physionomie dont le calme trahissait une étonnante profondeur dans l'âme. Son œil plein d'éclat, mais qui semblait voilé par une pensée constante, accusait une vie fiévreuse et la résignation la plus étendue. Ses paupières, presque toujours chastement baissées vers la terre, se relevaient rarement. Si elle jetait des regards autour d'elle, c'était par un mouvement triste ; et vous eussiez dit qu'elle réservait le feu de ses yeux pour d'occultes contemplations. Aussi, tout homme supérieur se sentait-il curieusement attiré vers cette femme douce et silencieuse. Si l'esprit cherchait à deviner les mystères de la perpétuelle réaction qui se faisait en elle, du présent vers le passé, du monde à sa solitude, l'âme n'était pas moins intéressée à s'initier aux secrets d'un cœur en quelque sorte orgueilleux de ses souffrances.

En elle, rien d'ailleurs ne démentait les idées qu'elle inspirait tout d'abord. Comme presque toutes les femmes qui ont de très longs cheveux, elle était pâle, et parfaitement blanche. Sa peau, d'une finesse prodigieuse, symptôme rarement trompeur, annonçait une vraie sensibilité, justifiée par la nature de ses traits qui avaient ce fini merveilleux que les peintres chinois répandent sur leurs figures fantastiques. Son col était un peu long peut-être ; mais ces sortes de cous sont les plus gracieux, et donnent aux têtes de femme de vagues affinités avec les magnétiques ondulations du serpent. S'il n'existait pas un seul des mille indices par lesquels les caractères les plus dissimulés se révèlent à l'observateur, il lui suffirait d'examiner attentivement les gestes de la tête et les torsions du cou, si variées, si expressives, pour juger une femme.

La mise était, chez madame de Vieumesnil, en harmonie avec la pensée qui dominait sa personne. Les nattes de sa chevelure largement tressée formaient au-dessus de sa tête une haute couronne à laquelle ne se mêlait aucun ornement, car elle semblait avoir dit adieu pour toujours aux recherches de la toilette. Aussi ne surprenait-on jamais en elle ces petits calculs de coquetterie qui gâtent beaucoup de femmes. Seulement, quelque modeste que fût son corsage, il ne cachait pas entièrement l'élégance de sa taille. Puis, le luxe de sa longue robe consistait dans une coupe extrêmement distinguée ; et, s'il est permis de chercher des idées dans l'arrangement d'une étoffe, on pourrait dire que les plis nombreux et simples de sa robe lui communiquaient une grande noblesse. Néanmoins, peut-être trahissait-elle les indélébiles faiblesses de la femme par les soins minutieux qu'elle prenait de sa main et de son pied ; mais si elle les montrait avec quelque plaisir, il eût été difficile à la plus malicieuse rivale de trouver ses gestes affectés, tant ils paraissaient involontaires, ou dus à d'enfantines habitudes. Ce reste de coquetterie se faisait même excuser par une gracieuse nonchalance.

Cette masse de traits, cet ensemble de petites choses qui font une femme laide ou jolie, attrayante ou désagréable, ne peuvent être qu'indiqués ; surtout lorsque, comme chez madame de Vieumesnil, l'âme est le lien de tous les détails, et leur imprime une délicieuse unité. Aussi son maintien s'accordait-il parfaitement avec le caractère de sa figure et de sa mise. A un certain âge seulement, certaines femmes choisies savent seules donner un langage à leur attitude. Est-ce le chagrin, est-ce le bonheur qui prête à la femme de trente ans, à la femme heureuse ou malheureuse, le secret de cette contenance éloquente ? ce sera toujours une vivante énigme que chacun interprète au gré de ses désirs, de ses espérances, ou de son système.

La manière dont madame de Vieumesnil tenait ses deux coudes appuyés sur les bras de son fauteuil, et joignait les extrémités des doigts de chaque main en ayant l'air de jouer ; la courbure de son cou ; le laisser-aller de son corps fatigué mais souple, qui paraissait élégamment brisé dans le fauteuil ; l'abandon de ses jambes, l'insouciance de sa pose, ses mouvemens fluides ; tout révélait une femme sans intérêt dans la vie, qui n'a point connu les plaisirs de l'amour, mais qui les a rêvés, et se courbe sous les fardeaux dont l'accable sa mémoire ; une femme qui, depuis long-temps, a désespéré de l'avenir ou d'elle-même, une femme inoccupée, qui prend le vide pour le néant.

Charles de Vandenesse admira ce magnifique tableau, mais comme le produit d'un *faire* plus habile que ne l'est celui des femmes ordinaires. Il connaissait le marquis de Vieumesnil. Alors, au premier regard jeté sur sa femme, qu'il n'avait pas encore vue, le jeune diplomate reconnut des disproportions, des incompatibilités, pour employer le mot légal, trop fortes entre ces deux personnes, pour qu'il fût possible à la marquise d'aimer son mari. Cependant madame de Vieumesnil tenait une conduite irréprochable, et sa vertu donnait encore un plus haut prix à tous les mystères qu'un observateur pouvait pressentir en elle.

Lorsque son premier mouvement de surprise fut passé, Vandenesse chercha la meilleure manière d'aborder madame de Vieumesnil ; et, par une ruse toute diplomatique, il se proposa de l'embarrasser pour savoir comment elle accueillerait une sottise.

— Madame, dit-il en s'asseyant près d'elle, une heureuse indiscrétion m'a fait savoir que j'ai, je ne sais à quel titre, le bonheur d'être distingué par vous. Je vous dois d'autant plus de remerciemens que je n'ai jamais été l'objet d'une semblable faveur. Aussi, serez-vous comptable d'un de mes défauts. Désormais, je ne veux plus être modeste...

— Vous aurez tort, monsieur, dit-elle en riant,

il faut laisser la vanité à ceux qui n'ont pas autre chose.

Une conversation s'établit alors entre la marquise et le jeune homme, qui, suivant l'usage, abordèrent en un moment une multitude de sujets : la peinture, la musique, la littérature, la politique, les hommes, les événemens et les choses. Puis ils arrivèrent par une pente insensible au sujet éternel des causeries françaises et étrangères, à l'amour, aux sentimens et aux femmes.

— Nous sommes esclaves.

— Vous êtes reines.

Les phrases plus ou moins spirituelles dites par Charles et la marquise pouvaient se réduire à cette simple expression de tous les discours présens et à venir tenus sur cette matière ; et ces deux phrases voudront toujours dire, dans un temps donné : — Aimez-moi. — Je vous aimerai.

— Madame, s'écria doucement Charles de Vandenesse, vous me faites bien vivement regretter de quitter Paris. Je ne retrouverai certes pas en Italie des heures aussi spirituelles que l'a été celle-ci.

— Vous rencontrerez peut-être le bonheur, monsieur, et il vaut mieux que toutes les pensées brillantes, vraies ou fausses, qui se disent chaque soir à Paris.

Avant de saluer madame de Vieumesnil, Charles obtint la permission d'aller lui faire ses adieux. Il s'estima très-heureux d'avoir donné à sa requête les formes de la sincérité, lorsque le soir, en se couchant, et le lendemain, pendant toute la journée, il lui fut impossible de chasser le souvenir de cette femme.

Tantôt il se demandait pourquoi la marquise l'avait distingué ; quelles pouvaient être ses intentions en demandant à le voir ; et il fit d'intarissables commentaires. Tantôt il croyait trouver les motifs de cette curiosité ; alors, il s'enivrait d'espérance, ou se refroidissait, suivant les interprétations par lesquelles il s'expliquait ce souhait poli, si vulgaire à Paris. Tantôt c'était tout, tantôt ce n'était rien. Enfin, il voulut résister au penchant qui l'entraînait vers madame de Vieumesnil ; mais il alla chez elle.

Il y a certes des pensées auxquelles nous obéissons sans les connaître. Elles sont en nous à notre insu. Quoique cette réflexion puisse paraître plus paradoxale que vraie, chaque personne de bonne foi en trouvera mille preuves dans sa vie. En se rendant chez la marquise, Charles obéissait à l'un de ces textes préexistans dont notre expérience et les conquêtes de notre esprit ne sont, plus tard, que les développemens sensibles.

Une femme de trente ans a d'irrésistibles attraits pour un jeune homme, et rien de plus naturel, de plus fortement tissu, de mieux préétabli que les attachemens profonds dont le monde offre tant d'exemples entre une femme comme la marquise et un jeune homme tel que Vandenesse.

En effet, une jeune fille a trop d'illusions, trop

d'inexpérience, et le sexe est trop complice de son amour pour qu'un jeune homme puisse en être flatté ; tandis qu'une femme connaît toute l'étendue des sacrifices à faire. Là, où l'une est entraînée par la curiosité, par des séductions étrangères à celles de l'amour, l'autre obéit à un sentiment consciencieux. L'une cède, l'autre choisit. Ce choix n'est-il pas déjà une immense flatterie? Armée d'un savoir presque toujours chèrement payé par des malheurs, en se donnant, la femme expérimentée semble donner plus qu'elle-même ; tandis que la jeune fille, ignorante et crédule, ne sachant rien, ne peut rien comparer, rien apprécier ; elle accepte l'amour et l'étudie. L'une nous instruit, nous conseille à un âge où l'on aime à se laisser guider, où l'obéissance est un plaisir ; l'autre veut tout apprendre, et se montre naïve, là où l'autre est tendre. Celle-là ne vous présente qu'un seul triomphe ; celle-ci vous oblige à des combats perpétuels. La première n'a que des larmes et des plaisirs, la seconde a des voluptés et des remords. Pour qu'une jeune fille soit la maîtresse, elle doit être trop corrompue, et alors on l'abandonne avec horreur ; tandis qu'une femme a mille moyens de conserver tout à la fois son pouvoir et sa dignité. L'une, trop soumise, vous offre les tristes sécurités du repos ; l'autre perd trop pour ne pas demander à l'amour ses mille métamorphoses. L'une se déshonore toute seule ; l'autre tue à votre profit une famille entière. La jeune fille n'a qu'une coquetterie, et croit avoir tout dit quand elle a quitté son vêtement ; mais la femme en a d'innombrables et se cache sous mille voiles ; enfin elle caresse toutes les vanités, et la novice n'en flatte qu'une. Il s'émeut d'ailleurs des indécisions, des terreurs, des craintes, des troubles et des orages chez la femme de trente ans, qui ne se rencontrent jamais dans l'amour d'une jeune fille. Arrivée à cet âge, la femme demande à un jeune homme de lui restituer l'estime qu'elle lui a sacrifiée ; elle ne vit que pour lui, s'occupe de son avenir, lui veut une belle vie, la lui ordonne glorieuse ; elle obéit, elle prie et commande, s'abaisse et s'élève, et sait consoler en mille occasions, où la jeune fille ne sait que gémir. Enfin, outre tous les avantages de sa position, la femme de trente ans peut se faire jeune fille, jouer tous les rôles, être pudique, et s'embellir même d'un malheur. Entre elles deux, se trouve l'incommensurable différence du prévu à l'imprévu, de la force à la faiblesse. La femme de trente ans satisfait tout, et la jeune fille, sous peine de ne pas être, doit ne rien satisfaire.

Ces idées se développent au cœur d'un jeune homme, et composent chez lui la plus forte des passions, car elle réunit les sentimens factices créés par les mœurs, aux sentimens réels de la nature.

La démarche la plus capitale et la plus décisive dans la vie d'une femme est précisément celle qu'elle regarde toujours comme la plus insignifiante. Une femme mariée ne s'appartient plus ; elle est la reine et l'esclave du foyer domestique. La sainteté des femmes est inconciliable avec les devoirs et les libertés du monde : émanciper les femmes, c'est les corrompre. En accordant à un étranger le droit d'entrer dans le sanctuaire du ménage, n'est-ce pas se mettre à sa merci? Qu'une femme l'y attire, n'est-ce pas une faute; ou, pour être exact, le commencement d'une faute. Il faut accepter cette théorie dans toute sa rigueur, ou absoudre les passions. Jusqu'à présent, en France, la société a su prendre un *mezzo termine*, elle se moque des malheurs; et, comme les Spartiates qui ne punissaient que la maladresse, elle semble admettre le vol. Mais peut=être ce système est-il très-sage. Le mépris général constitue le plus affreux de tous les châtimens, en ce qu'il atteint la femme au cœur. Elles tiennent et doivent toutes tenir à être honorées, car sans l'estime elles n'existent plus. Aussi est-ce le premier sentiment qu'elles demandent à l'amour. La plus corrompue d'entre elles exige, même avant tout, une absolution pour le passé, en vendant son avenir, et tâche de faire comprendre à son amant qu'elle échange contre d'irrésistibles félicités les honneurs que le monde lui refusera. Il n'est pas de femme qui, en recevant chez elle, pour la première fois, un jeune homme, et en se trouvant seule avec lui, ne conçoive quelques-unes de ces réflexions; surtout, si, comme Charles de Vaudenesse, il est bien fait ou spirituel. Pareillement, peu de jeunes gens manquent de fonder quelques vœux secrets sur une des mille idées qui justifient leur amour inné pour les femmes belles, spirituelles et malheureuses comme l'était madame de Vieumesnil.

Aussi, la marquise, en entendant annoncer M. de Vandenesse, fut-elle troublée, et lui presque honteux, malgré l'assurance qui, chez les diplomates, est en quelque sorte de costume. Mais madame de Vieumesnil prit bientôt un air affectueux, dont les femmes savent se faire un rempart contre les interprétations de la vanité. Cette contenance exclut toute arrière-pensée, et fait pour ainsi dire la part au sentiment en le tempérant par les formes de la politesse. Alors les femmes se tiennent aussi longtemps qu'elles le veulent dans cette position équivoque, comme dans un carrefour, qui mène également au respect, à l'indifférence, à l'étonnement ou à la passion.

A trente ans seulement, une femme peut connaître les ressources de cette situation. Elle y sait rire, plaisanter, s'attendrir, sans se compromettre. Alors, elle possède le tact nécessaire pour attaquer chez un homme toutes les cordes sensibles, et pour étudier les sons qu'elle en tire. Son silence est aussi dangereux que sa parole. Vous ne devinez jamais si, à cet âge, elle est franche ou fausse, si elle se moque ou si elle est de bonne foi dans ses aveux. Après vous avoir donné le droit de lutter avec elle, tout à coup, par un mot, par un regard, par un de ces gestes dont elles ont éprouvé la puissance, elles ferment le combat, vous abandonnent, et restent, maîtresses de votre secret, libres de vous immoler par une plaisanterie, libres de s'occuper de vous, également protégées par leur faiblesse et par votre force.

Quoique madame de Vieumesnil se plaçât, pendant cette première visite, sur ce terrain neutre, elle sut y conserver une haute dignité de femme. Ses douleurs secrètes planèrent toujours sur sa gaieté factice comme un léger nuage qui dérobe imparfaitement le soleil. Vandenesse sortit, après avoir éprouvé, dans cette conversation, des délices inconnues ; mais il demeura convaincu que la marquise était de ces femmes dont la conquête coûte trop cher pour qu'on puisse entreprendre de les aimer.

— Ce serait, dit-il en s'en allant, du sentiment à perte de vue, une correspondance à fatiguer même un sous-chef ambitieux ! Cependant, si je voulais bien...

Ce fatal : — *si je voulais !* a constamment perdu les entêtés. En France, l'amour-propre mène à la passion. Charles revint chez madame de Vieumesnil, et crut s'apercevoir qu'elle prenait plaisir à sa conversation. Alors, au lieu de se livrer avec naïveté au bonheur d'aimer, il voulut jouer un double rôle. Il essaya de paraître passionné, puis d'analyser froidement la marche de cette intrigue ; d'être amant et diplomate ; mais il était généreux et jeune, cet examen devait le conduire à un amour sans bornes ; car, artificieuse ou naturelle, la marquise était toujours plus forte que lui.

Chaque fois qu'il sortait de chez madame de Vieumesnil, Charles persistait dans sa méfiance, et soumettait les situations progressives par lesquelles passait son âme à une sévère analyse qui tuait ses propres émotions.

— Aujourd'hui, se disait-il à la troisième visite, elle m'a fait comprendre qu'elle était très-malheureuse, et seule dans la vie; que, sans sa fille, elle désirerait ardemment la mort. Elle a été d'une résignation parfaite. Or, je ne suis ni son frère, ni son confesseur, pourquoi m'a-t-elle confié ses chagrins? Elle m'aime.

Deux jours après, en s'en allant, il apostrophait les mœurs modernes.

— L'amour prend la couleur de chaque siècle. En 1822, il est doctrinaire. Au lieu de se prouver, comme jadis, par des faits, on le discute, on le disserte, on le met en discours de tribune. Les femmes en sont réduites à trois moyens. D'abord, elles mettent en question notre passion, nous refusent le pouvoir d'aimer autant qu'elles aiment. Coquetterie! véritable défi que madame de Vieumesnil m'a porté ce soir. Puis, elles se font très-malheureuses pour exciter notre générosité, notre amour-propre : un jeune homme n'est-il pas flatté de consoler une grande infortune? Enfin, elles ont la manie de la virginité! Madame de Vieumesnil a dû penser que je la croyais toute neuve. Ma bonne foi peut devenir une excellente spéculation.

Mais un jour, après avoir épuisé ses pensées de défiance, il se demanda si la marquise était sincère;

si tant de souffrances pouvaient être jouées ; pourquoi feindre de la résignation? Elle vivait dans une solitude profonde, et dévorait en silence des chagrins qu'elle laissait à peine deviner par l'accent plus ou moins contraint d'une interjection. Dès ce moment, Charles prit un vif intérêt à madame de Vieumesnil. Cependant, en venant à un rendez-vous habituel qui leur était devenu nécessaire l'un à l'autre, heure réservée par un mutuel instinct, Vandenesse trouvait encore sa maîtresse plus habile que vraie, et son dernier mot était : — Décidément, cette femme est très-adroite.

Il entra, vit la marquise dans son attitude favorite, attitude pleine de mélancolie. Elle leva les yeux sur lui sans faire un mouvement, et lui jeta un de ces regards pleins qui ressemblent à un sourire. Elle exprimait une confiance, une amitié vraies, mais point d'amour. Charles s'assit, et ne put rien dire. Il était ému par une de ces sensations pour lesquelles il manque un langage.

— Qu'avez-vous? lui dit-elle d'un son de voix attendrie.

— Rien. Si, reprit-il, je songe à une chose qui ne vous a point encore occupée.

— Qu'est-ce?

— Mais... le congrès est fini.

— Eh bien, dit-elle, vous deviez donc aller au congrès?

Une réponse directe était la plus éloquente et la plus délicate des déclarations, mais Charles ne la fit pas. La physionomie de madame de Vieumesnil attestait une candeur d'amitié qui détruisait tous les calculs de la vanité, toutes les espérances de l'amour, toutes les défiances du diplomate. Elle ignorait, ou paraissait ignorer complètement qu'elle fût aimée ; et, lorsque Charles, tout confus, se replia sur lui-même, il fut forcé de s'avouer qu'il n'avait rien fait, ni rien dit qui autorisât cette femme à le penser.

Il la trouva, pendant cette soirée, ce qu'elle était toujours : simple et affectueuse, vraie dans sa douleur, heureuse d'avoir un ami, fière de rencontrer une âme qui sût entendre la sienne, et n'allait pas au-delà. Elle ne supposait pas qu'une femme pût se laisser deux fois séduire ; mais elle avait connu l'amour, et le gardait encore saignant, au fond de son cœur. Elle n'imaginait pas que le bonheur pût apporter deux fois à une femme ses enivremens ; car elle ne croyait pas seulement à l'esprit, mais à l'âme ; et, pour elle, l'amour n'était pas une séduction, il comportait toutes les séductions nobles.

En ce moment, Charles redevint jeune homme, il fut subjugué par l'éclat d'un si grand caractère, et voulut être initié dans tous les secrets de cette existence flétrie par le hasard plus que par une faute.

Madame de Vieumesnil ne lui jeta qu'un regard en l'entendant demander compte du surcroît de chagrin qui communiquait à sa beauté toutes les harmonies de la tristesse, mais ce regard profond fut comme le sceau d'un contrat solennel.

— Ne me faites plus de questions semblables, dit-elle. Il y a trois ans, à pareil jour, celui qui m'aimait, le seul homme au bonheur duquel j'eusse sacrifié jusqu'à ma propre estime, est mort; et mort pour me sauver l'honneur. Cet amour a cessé jeune, pur, plein d'illusions. Avant de me livrer à une passion vers laquelle une fatalité sans exemple me poussa, j'avais été séduite par ce qui perd tant de jeunes filles, par un homme nul, mais de formes agréables. Le mariage effeuilla mes espérances une à une. Aujourd'hui, j'ai perdu le bonheur légitime, et ce bonheur que l'on nomme criminel, sans avoir connu le bonheur. Il ne me reste rien. Si je n'ai pas su mourir, je dois être au moins fidèle à mes souvenirs.

A ces mots, elle ne pleura pas, elle baissa les yeux et se tordit légèrement les doigts qu'elle avait croisés par son geste habituel. Cela fut dit simplement, mais l'accent de sa voix était l'accent d'un désespoir aussi profond que paraissait l'être son amour, et ne laissait aucune espérance à Charles.

Cette affreuse existence traduite en trois phrases et commentée par une torsion de main; cette forte douleur dans une femme frêle; cet abîme dans une jolie tête; enfin les mélancolies, les larmes d'un deuil de trois ans, fascinèrent Vandenesse. Il resta silencieux et petit devant cette grande et noble femme. Il n'en voyait plus les beautés matérielles si exquises, si achevées; mais l'âme si éminemment sensible. Il rencontrait enfin cet être idéal si fantastiquement rêvé, si vigoureusement appelé par tous ceux qui mettent la vie dans une passion, la cherchent avec ardeur, et souvent meurent sans avoir pu jouir de tous ses trésors rêvés.

En entendant ce langage, et devant cette beauté sublime, il trouva ses idées étroites. Dans l'impuissance où il était de mesurer ses paroles à la hauteur de cette scène tout à la fois si simple et si élevée, il répondit par des lieux communs sur la destinée des femmes.

— Madame, il faut savoir oublier ses douleurs, ou se creuser une tombe, dit-il.

Mais la raison est toujours mesquine auprès du sentiment : l'une est naturellement bornée comme tout ce qui est positif, et l'autre est infini. Raisonner, là où il faut sentir, est le propre des âmes sans portée.

Vandenesse garda donc le silence, contempla long-temps madame de Vieumesnil et sortit. En proie à des idées nouvelles qui lui grandissaient la femme, il ressemblait à un peintre qui, après avoir pris pour types les vulgaires modèles de son atelier, rencontrerait tout à coup la Mnémosyne du Musée, la plus belle et la moins appréciée des statues antiques.

Charles fut profondément épris. Il aima madame de Vieumesnil avec cette bonne foi de la jeunesse, avec cette ferveur qui communique aux premières passions une grâce ineffable, une candeur dont l'homme ne retrouve plus que des vestiges, quand, plus tard, il aime encore : délicieuses passions, presque toujours délicieusement savourées par les femmes qui les font naître, parce qu'à ce bel âge de trente ans, sommité poétique de la vie des femmes, elles peuvent en embrasser tout le cours et voir aussi bien dans le passé que dans l'avenir. Alors, elles connaissent tout le prix de l'amour, et en jouissent avec la crainte de le perdre; alors, leur âme est encore belle de la jeunesse qui les abandonne, et leur passion va se renforçant toujours d'un avenir qui les effraie.

— J'aime, se disait cette fois Vandenesse en quittant madame de Vieumesnil, et, pour mon malheur, je trouve une femme attachée à des souvenirs. La lutte est difficile contre un mort qui n'est plus là, qui ne peut pas faire de sottises, ne déplaît jamais, et dont on ne voit que les belles qualités. N'est-ce pas vouloir détrôner la perfection que d'essayer à tuer les charmes de la mémoire et les espérances qui survivent à un amant perdu, précisément parce qu'il n'a réveillé que des désirs, tout ce que l'amour a de plus beau, de plus séduisant.

Cette triste réflexion, due au découragement et à la crainte de ne pas réussir par lesquels commencent toutes les passions vraies, fut le dernier calcul de sa diplomatie expirante. Dès lors, il n'eut plus d'arrière-pensées, devint le jouet de son amour, et se perdit dans les riens de ce bonheur inexplicable qui se repaît d'un mot, d'un silence, d'un vague espoir. Il voulut aimer platoniquement, vint tous les jours respirer l'air que respirait madame de Vieumesnil, s'incrusta presque dans sa maison, et l'accompagna partout avec la tyrannie d'une passion qui mêle son égoïsme au dévoûment le plus absolu.

L'amour a son instinct, il sait trouver le chemin du cœur comme le plus faible insecte marche à sa fleur avec une irrésistible volonté qui ne s'épouvante de rien. Aussi, quand un sentiment est vrai, sa destinée n'est-elle pas douteuse. N'y a-t-il pas de quoi jeter une femme dans toutes les angoisses de la terreur, si elle vient à penser que sa vie dépend du plus ou du moins de vérité, de force, de persistance que son amant mettra dans ses désirs.

Or, il est impossible à une femme, à une épouse, à une mère de se préserver contre l'amour d'un jeune homme. La seule chose qui soit en sa puissance, est de ne pas continuer à le voir, au moment où elle devine ce secret du cœur qu'une femme devine toujours. Mais ce parti lui semble trop décisif, pour qu'elle puisse le prendre à un âge où le mariage pèse, ennuie et lasse, où l'affection conjugale est plus que tiède, si déjà même son mari ne l'a pas abandonnée. Laides, les femmes sont flattées par un amour qui les fait belles ; jeunes et charmantes, la séduction doit être à la hauteur de leurs séductions, elle est immense ; vertueuses, un sentiment terrestrement sublime les porte à trouver je ne sais quelle absolution dans la grandeur même des sacrifices qu'elles font à leur amant, et de la gloire dans cette lutte difficile. Tout est piége. Aussi nulle leçon n'est-elle trop forte pour de si fortes tentations.

La réclusion ordonnée autrefois à la femme en Grèce, en Orient, et qui devient de mode en Angleterre, est la seule sauvegarde de la morale domestique; mais sous l'empire de ce système, les agrémens du monde périssent ; et ni la société, ni la politesse, ni l'élégance des mœurs ne sont possibles. Les nations devront choisir.

Ainsi, quelques mois après sa première rencontre avec M. de Vandenesse, madame de Vieumesnil trouva sa vie étroitement liée à la sienne. Elle s'étonna sans trop de confusion, et presque avec un certain plaisir, d'en partager les goûts et les pensées. Avait-elle pris les idées de Vandenesse, ou Vandenesse avait-il épousé ses moindres caprices? Elle n'examina rien. Déjà saisie par le courant de la passion, cette adorable femme se dit avec la fausse bonne foi de la peur : — Oh! non! je serai fidèle à celui qui mourut pour moi.

Pascal a dit : Douter de Dieu, c'est y croire. De même, une femme ne se débat que quand elle est prise. Le jour où madame de Vieumesnil s'avoua qu'elle était aimée, il lui arriva de flotter entre mille sentimens contraires. Les superstitions de l'expérience parlèrent leur langage. Serait-elle heureuse? Pourrait-elle trouver le bonheur en dehors des lois, dont la société fait, à tort ou à raison, sa morale? Jusqu'alors la vie ne lui avait versé que de l'amertume? Y avait-il un heureux dénouement possible, aux liens qui unissent deux êtres séparés par les convenances sociales? Mais aussi le bonheur se paie-t-il jamais trop cher. Et ce bonheur si ardemment voulu, si naturel, peut-être le rencontrerait-elle enfin! La curiosité plaide toujours la cause des amans. Enfin! Au milieu de cette discussion secrète, Vandenesse arriva. Sa présence fit évanouir le fantôme métaphysique de la raison.

Si telles sont les transformations successives par lesquelles passe un sentiment même rapide chez un jeune homme et chez une femme de trente ans, il est un moment où les nuances se fondent, où les raisonnemens s'abolissent en un seul; cette dernière réflexion se confond dans un désir, le corrobore; et plus la résistance a été longue, plus puissante est la voix de l'amour. Ici donc s'arrête cette leçon ou plutôt cette étude faite sur l'*écorché*, s'il est permis d'emprunter à la peinture une de ses expressions les plus pittoresques; car cette histoire explique les dangers et le mécanisme de l'amour plus qu'elle ne le peint. Mais, dès ce moment, chaque jour ajouta des couleurs à ce squelette, le revêtit des grâces de la jeunesse, en raviva les chairs, en vivifia les mouvemens, lui rendit l'éclat, la beauté, les séductions du sentiment et les attraits de la vie.

Charles trouva madame de Vieumesnil pensive, et lorsqu'il lui eut dit d'un ton pénétré que les douces magies du cœur rendirent persuasif : — Qu'avez-vous?... Elle se garda bien de répondre. Cette délicieuse demande accusait une parfaite entente d'âme; et, avec l'instinct merveilleux de la femme, la marquise comprit que des plaintes, ou l'expression de son malheur intime, seraient en quelque sorte des avances. Or, si déjà chacune de ses paroles avait une signification entendue par tous deux, dans quel abîme n'allait-elle pas mettre les pieds? Elle lut en elle-même par un regard lucide et clair, se tut, et son silence fut imité par Vandenesse.

— Je suis souffrante, dit-elle enfin effrayée de la haute portée d'un moment où le langage des yeux suppléa complètement à l'impuissance du discours.

— Madame, répondit Charles d'une voix affectueuse, mais violemment émue; âme et corps, tout se tient. Si vous étiez heureuse, vous seriez jeune et fraîche; pourquoi refusez-vous de demander à l'amour tout ce dont l'amour vous a privée? Vous croyez la vie terminée au moment où, pour vous, elle commence. Confiez-vous aux soins d'un ami. Il est si doux d'être aimé.

— Je suis déjà vieille, dit-elle; rien ne m'excuserait donc de ne pas continuer à souffrir comme par le passé. D'ailleurs, il faut aimer, dites-vous? Hé bien! je ne le dois, ni ne le puis. Hors vous, dont l'amitié jette quelques douceurs sur ma vie, personne ne me plaît, personne ne saurait effacer mes souvenirs. J'accepte un ami, je fuirais un amant.

Ces paroles, empreintes d'une horrible coquetterie, étaient le dernier effort de la sagesse. — S'il se décourage, eh bien, je resterai seule et fidèle. Cette pensée vint au cœur de madame de Vieumesnil, et fut pour elle ce qu'est la branche de saule trop faible que saisit un nageur avant d'être emporté par le courant.

En entendant cet arrêt, Vandenesse laissa échapper un tressaillement involontaire qui fut plus puissant sur le cœur de la marquise que ne l'avaient été toutes ses assiduités passées. Ce qui touche le plus les femmes, n'est-ce pas de rencontrer en nous des délicatesses gracieuses, des sentimens exquis, autant que le sont les leurs ; car chez elles, la grâce et la délicatesse sont les indices du *vrai*. Le geste de Charles révélait un frémissement inouï. Madame de Vieumesnil connut la force de l'affection de Vandenesse, à la force de sa douleur.

Le jeune homme dit froidement :

— Vous avez peut-être raison. Nouvel amour, chagrins nouveaux...

Puis, il changea de conversation, et s'entretint de choses indifférentes ; mais il était visiblement ému, regardait madame de Vieumesnil avec une attention concentrée, comme s'il l'eût vue pour la dernière fois. Enfin il la quitta, en lui disant avec émotion : — Adieu, madame.

— Au revoir, dit-elle avec cette coquetterie fine dont toutes les femmes d'élite ont le secret.

Il ne répondit pas.

Quand Vandenesse ne fut plus là, que sa chaise vide parla pour lui, madame de Vieumesnil eut mille regrets, et se trouva des torts. La passion fait un progrès énorme chez une femme, au moment où elle croit avoir agi peu généreusement, ou avoir blessé quelque âme noble. Jamais il ne faut se défier des sentimens mauvais en amour, ils sont très-salutaires; les femmes ne succombent que sous le coup d'une vertu. *L'enfer est pavé de bonnes intentions*, n'est pas un paradoxe de prédicateur.

Vandenesse resta pendant quelques jours sans venir. Pendant chaque soirée, à l'heure du rendez-vous habituel, la marquise l'attendit avec une impatience pleine de remords. Écrire, c'était un aveu; d'ailleurs, son instinct lui disait qu'il reviendrait. Le sixième jour il fut annoncé; jamais elle n'entendit ce nom avec plus de plaisir. Sa joie l'effraya.

— Vous m'avez bien punie, lui dit-elle.

Vandenesse la regarda d'un air hébété.

— Punie, répéta-t-il. Et de quoi?

Charles comprenait bien madame de Vieumesnil; mais il voulait se venger des souffrances auxquelles il avait été en proie, du moment où elle les soupçonnait.

— Pourquoi n'êtes-vous pas venue me voir? demanda-t-elle en souriant.

— Vous n'avez donc vu personne, dit-il pour ne pas faire une réponse directe.

— M. de Ronquerolles et M. de Marsay sont restés ici, l'un hier, l'autre ce matin, près de deux heures.

Autre souffrance! Douleur incompréhensible pour ceux qui n'aiment pas avec ce despotisme envahisseur et féroce dont le moindre effet est une jalousie monstrueuse, un perpétuel désir de dérober l'être aimé à toute influence étrangère à l'amour.

— Quoi! se dit en lui-même Vandenesse, elle a reçu, elle a vu des êtres contens, elle leur a parlé, tandis que je restais solitaire, malheureux!

Il ensevelit son chagrin, et jeta son amour au fond de son cœur, comme un cercueil à la mer. Ses pensées étaient de celles que l'on n'exprime pas, elles ont la rapidité de ces acides qui tuent en s'évaporant. Cependant son front se couvrit de nuages, et madame de Vieumesnil obéit à l'instinct de la femme en partageant cette tristesse sans la concevoir. Elle n'était pas complice du mal qu'elle faisait, et Vandenesse s'en aperçut. Il parla de sa situation et de sa jalousie, comme si c'eût été l'une de ces hypothèses que les amans se plaisent à discuter. Madame de Vieumesnil comprit tout, et fut alors si vivement touchée qu'elle ne put retenir ses larmes.

Dès ce moment, ils entrèrent dans les cieux de l'amour. Le ciel et l'enfer sont deux grands poèmes qui formulent les deux seuls points sur lesquels tourne notre existence : la joie ou la douleur. Le ciel n'est-il pas, ne sera-t-il pas toujours une image de l'infini de nos sentimens dont l'art ne peint que de faibles détails, parce que le bonheur est un; et l'enfer ne représente-t-il pas les tortures infinies de nos douleurs dont nous pouvons faire œuvre de poésie, parce qu'elles sont toutes dissemblables.

Un soir, les deux amans étaient seuls, assis l'un près de l'autre, en silence, et occupés à contempler une des plus belles phases du firmament, un de ces cieux purs dans lesquels les derniers rayons du soleil jettent de faibles teintes d'or et de pourpre. En ce moment de la journée, les lentes dégradations de la lumière semblent réveiller les sentimens doux ; nos passions vibrent mollement, et nous savourons les troubles de je ne sais quelle violence, au milieu du calme. La nature, en nous montrant le bonheur par de vagues images, nous invite à en jouir quand il est près de nous ; ou nous le fait regretter quand il a fui. Dans ces instans fertiles en enchantemens, sous le dais de cette lueur dont les tendres harmonies s'unissent à des séductions intimes, il est difficile de résister aux vœux du cœur ; ils ont alors tant de magie ; alors, le chagrin s'émousse, la joie enivre, et la douleur accable. Les pompes du soir sont le signal des aveux et les encouragent. Le silence devient plus dangereux que la parole, en communiquant au regard toute la puissance de l'infini des cieux qu'il reflète... Si l'on parle, le moindre mot possède une irrésistible puissance. N'y a-t-il pas alors de la lumière dans la voix, de la pourpre dans le regard. Le ciel n'est-il pas comme en nous, ou ne nous semble-t-il pas être dans le ciel.

Cependant Vandenesse et Juliette, car depuis quelques jours madame de Vieumesnil se laissait appeler ainsi familièrement par celui qu'elle se plaisait à nommer Charles, donc tous deux parlaient ; mais le sujet primitif de leur conversation était bien loin d'eux ; et, s'ils ne savaient plus le sens de leurs paroles, ils écoutaient avec délices les pensées secrètes qu'elles couvraient. La main de la marquise était dans celle de Vandenesse, elle la lui abandonnait sans croire que ce fût une faveur.

Ils se penchèrent ensemble pour voir un de ces majestueux paysages pleins de neiges, de glaciers, d'ombres grises qui teignent les flancs de montagnes fantastiques ; un de ces tableaux remplis de brusques oppositions entre les flammes rouges et les tons noirs qui décorent les cieux avec une inimitable et fugace poésie ; magnifiques langes dans lesquels renaît le soleil, beaux linceuls où il expire. En ce moment, les cheveux de Juliette effleurèrent les joues de Vandenesse ; elle sentit ce contact léger, elle en frissonna violemment, et lui plus encore ; car tous deux étaient graduellement arrivés à une de ces crises inexplicables où les sens acquièrent une perception si fine par leur calme profond, que le plus faible choc fait verser des larmes et déborder la tristesse, si le cœur est perdu dans ses mélancolies ; ou lui donne d'ineffables plaisirs, s'il est perdu dans les vertiges de l'amour.

Alors Juliette pressa presque involontairement la main de son ami. Cette pression persuasive donna du courage à la timidité de l'amant. Le ciel, l'heure, tout se fondit dans une émotion, celle d'une première caresse, du chaste et modeste baiser que madame de Vieumesnil laissa prendre sur sa joue. Plus faible était la faveur, plus puissante, plus dangereuse elle fut. Pour leur malheur à tous deux, il n'y avait ni semblans, ni fausseté. Ce fut l'entente de deux belles âmes, séparées par tout ce qui est loi, réunies par tout ce qui est séductions dans la nature.

En ce moment M. de Vieumesnil entra.

— Le ministère est changé, dit-il. Votre oncle fait partie du nouveau cabinet, ainsi vous avez de bien belles chances pour être ambassadeur, Vandenesse.

Charles et madame de Vieumesnil se regardèrent en rougissant. Cette pudeur mutuelle était encore un lien. Ils avaient la même pensée, le même remords, lien terrible et tout aussi fort entre deux brigands qui viennent d'assassiner un homme, qu'entre deux amans coupables d'un baiser.

Il fallait une réponse au marquis.

— Je ne veux plus quitter Paris, dit Charles de Vandenesse.

— Nous savons pourquoi, répliqua Vieumesnil, en affectant la finesse d'un homme qui découvre un secret. Vous ne voulez pas abandonner votre oncle, pour vous faire déclarer l'héritier de sa pairie.

Madame de Vieumesnil s'enfuit dans sa chambre, en se disant un effroyable mot sur son mari : — Il est par trop bête !

Avril 1832.

LE DOIGT DE DIEU.

LA BIÈVRE.

Entre la barrière d'Italie et celle de la Santé, sur le boulevard intérieur qui mène au Jardin des Plantes, existe une perspective digne de ravir l'artiste ou le voyageur le plus blasé sur les jouissances de la vue.

Si vous atteignez une légère éminence, à partir de laquelle le boulevard, ombragé par de grands arbres touffus, tourne avec la grâce d'une allée forestière toute verte et silencieuse, vous voyez devant vous, à vos pieds, une vallée profonde, peuplée de fabriques à demi villageoises, clairsemée de verdure, arrosée par les eaux brunes de la Bièvre ou des Gobelins.

Sur le versant opposé, quelques milliers de toits, pressés comme les têtes d'une foule, recèlent les misères du faubourg Saint-Marceau. La magnifique coupole du Panthéon, le dôme terne et mélancolique du Val-de-Grâce, dominent orgueilleusement toute une ville en amphithéâtre dont les gradins sont bizarrement dessinés par des rues tortueuses. De là, les proportions des deux monumens semblent gigantesques, elles écrasent et ces demeures frêles et les plus hauts peupliers du vallon.

A gauche, l'Observatoire, à travers les fenêtres et les galeries duquel le jour passe en produisant d'inexplicables fantaisies, apparaît comme un spectre noir et décharné. Puis, dans le lointain, l'élégante lanterne des Invalides flamboie entre les masses bleuâtres du Luxembourg et les tours grises de Saint-Sulpice. Vues de là, ces lignes architecturales sont mêlées à des feuillages, à des ombres, sont soumises aux caprices d'un ciel qui change incessamment de couleur, de lumière ou d'aspect. Loin de vous, les édifices meublent les airs ; autour de vous, serpentent des arbres ondoyans, des sentiers campagnards.

Sur la droite, par une large découpure de ce singulier paysage, vous apercevez la longue nappe blanche du canal Saint-Martin, encadré de pierres rougeâtres, paré de ses tilleuls, bordé par les constructions vraiment romaines des greniers d'abondance.

Là, sur le dernier plan, les vaporeuses collines de Belleville, chargées de maisons et de moulins, confondent leurs accidens avec ceux des nuages. Cependant il existe une ville, que vous ne voyez pas, entre la rangée de toits qui borde le vallon et cet horizon aussi vague qu'un souvenir d'enfance ; immense cité, perdue, comme dans un précipice, entre les cimes de la Pitié et le faîte du cimetière de l'Est, entre la souffrance et la mort. Elle fait entendre un bruissement sourd, semblable à celui de l'Océan qui gronde derrière une falaise comme pour dire : — Je suis là.

Si le soleil jette ses flots de lumière sur cette face de Paris ; s'il en épure, s'il en fluidifie les lignes ; s'il y allume quelques vitres, s'il en égaie les tuiles, embrase les croix dorées, blanchit les murs et transforme l'atmosphère en un voile de gaze ; s'il crée de riches contrastes avec les ombres fantastiques ; si le ciel est d'azur, la terre frémissante, et si les cloches parlent, alors, de là, vous admirerez une de ces féeries éloquentes que l'imagination n'oublie jamais, dont vous serez idolâtre, affolé comme d'un merveilleux aspect de Naples, de Stamboul ou des Florides. Nulle harmonie ne manque à ce concert. Là, murmurent le bruit du monde et la poétique paix de la solitude, la voix d'un million d'êtres et la voix de Dieu ; là gît une capitale couchée sous les paisibles cyprès du Père-Lachaise.

Par une matinée de printemps, au moment où le soleil faisait briller toutes les beautés de ce paysage, je les admirais, appuyé sur un gros orme qui livrait au vent ses fleurs jaunes. Puis à l'aspect de ces riches et sublimes tableaux, je pensais amèrement au mépris que nous professons, jusque dans nos livres, pour notre pays d'aujourd'hui. Je maudissais ces pauvres riches qui, dégoûtés de notre belle France, vont acheter, à prix d'or, le droit de dédaigner leur patrie en visitant au galop, en examinant à travers un lorgnon les sites de cette Italie devenue si vulgaire. Je contemplais avec amour le Paris moderne, je rêvais, lorsque tout-à-coup le bruit d'un baiser troubla ma solitude et fit enfuir la Philosophie.

Dans la contre-allée qui couronne la pente rapide au bas de laquelle frissonnent les eaux, et en regardant au-delà du pont des Gobelins, je découvris une femme qui me parut encore assez jeune, mise avec la simplicité la plus élégante, et dont la physionomie douce semblait refléter le gai bonheur du paysage. Un beau jeune homme posait à terre le plus joli petit garçon qu'il fût possible de voir, en sorte que je n'ai jamais su si le baiser avait retenti sur les joues de la mère ou sur celles de l'enfant.

Une même pensée, tendre et vive, éclatait dans les yeux, dans les gestes, dans le sourire des deux jeunes gens. Ils entrelacèrent leurs bras avec une si joyeuse promptitude et se rapprochèrent avec une si merveilleuse entente de mouvement, que, tout à eux-mêmes, ils ne s'aperçurent point de ma présence. Mais un autre enfant, mécontent, boudeur, et qui leur tournait le dos, me jeta des regards empreints d'une expression saisissante. Laissant son frère courir seul, tantôt en arrière, tantôt en avant de sa mère et du jeune homme, cet enfant, vêtu comme l'autre, aussi gracieux, mais plus doux de formes, resta muet, immobile, et dans l'attitude d'un serpent engourdi. C'était une petite fille.

La promenade de la jolie femme et de son compagnon avait je ne sais quoi de machinal. Se contentant, par distraction peut-être, de parcourir le faible espace qui se trouvait entre le petit pont et une voiture arrêtée au détour du boulevard, ils recommençaient constamment leur courte carrière, en s'arrêtant, se regardant, riant, au gré des caprices d'une conversation tour à tour animée, languissante, folle ou grave.

Caché par le gros orme, j'admirais cette scène délicieuse dont j'aurais sans doute respecté les mystères si je n'avais surpris, sur le visage de la petite fille rêveuse et taciturne, les traces d'une pensée plus profonde que ne le comportait son âge. Quand sa mère et le jeune homme se retournaient après être venues près d'elle, souvent elle penchait sournoisement la tête, et lançait sur eux comme sur son frère un regard furtif vraiment extraordinaire. Mais rien ne saurait rendre la perçante finesse, la malicieuse naïveté, la sauvage attention qui animait ce visage enfantin aux yeux légèrement cernés, quand la jolie femme ou son compagnon caressaient les boucles blondes, pressaient gentiment le cou frais, la blanche collerette du petit garçon, au moment où, par enfantillage, il essayait de marcher avec eux.

Il y avait certes une passion d'homme sur la physionomie grêle de cette petite fille bizarre. Elle souffrait ou pensait. Or, qui prophétise plus sûrement la mort chez ces créatures en fleur, est-ce la souffrance logée au corps, ou la pensée hâtive dévorant leurs âmes à peine germées? Une mère sait cela peut-être.

Pour moi, je ne connais maintenant rien de plus horrible qu'une pensée de vieillard sur un front d'enfant, le blasphème aux lèvres d'une vierge est moins monstrueux encore.

Aussi l'attitude presque stupide de cette fille déjà pensive, la rareté de ses gestes, tout m'intéressat-il. Je l'examinai curieusement. Par une fantaisie naturelle aux observateurs, je la comparais à son frère, en cherchant à surprendre les rapports et les différences qui se trouvaient entre eux.

La première avait des cheveux bruns, des yeux noirs et une puissance précoce qui formaient une riche opposition avec la blonde chevelure, les yeux vert de mer et la gracieuse faiblesse du plus jeune. L'aînée pouvait avoir environ sept à huit ans; l'autre six à peine. Ils étaient habillés de la même manière. Cependant, en les regardant avec attention, je remarquai dans les collerettes de leurs chemises une différence assez frivole, mais qui, plus tard, me révéla tout un roman dans le passé, tout un drame dans l'avenir. Et c'était bien peu de chose. Un simple ourlet ornait la collerette de la petite fille brune; tandis que de jolies broderies ornaient celle du cadet, et trahissaient un secret de cœur, une prédilection tacite que les enfans lisent dans l'âme de leurs mères, comme si l'esprit de Dieu était en eux.

Insouciant et gai, le blond ressemblait à une petite fille, tant sa peau blanche avait de fraîcheur, ses mouvemens de grâce, sa physionomie de douceur; tandis que l'aînée, malgré sa force, malgré la beauté de ses traits et l'éclat de son teint, ressemblait à un petit garçon maladif. Ses yeux vifs, dénués de cette humide vapeur qui donne tant de charme aux regards des enfans, semblaient avoir été, comme ceux des courtisans, séchés par un feu intérieur. Enfin sa blancheur avait je ne sais quelle nuance mate, olivâtre, symptôme d'un vigoureux caractère.

A deux reprises, son jeune frère était venu lui offrir, avec une grâce touchante, avec un joli regard, avec une mine expressive dont Charlet eût été ravi, le petit cor de chasse dans lequel il soufflait par instans; mais chaque fois elle n'avait répondu que par un farouche regard à cette phrase : — Tiens, Hélène, le veux-tu? dit d'une voix caressante.

Et sombre, et terrible sous sa mine insouciante en apparence, elle tressaillait et rougissait même assez vivement lorsque son frère approchait ; mais le cadet ne paraissait pas s'apercevoir de l'humeur noire de sa sœur, et son insouciance, mêlée d'intérêt, achevait de faire contraster le véritable caractère de l'enfance avec la science soucieuse de l'homme, inscrite déjà sur la figure de la petite fille, et qui déjà l'obscurcissait de ses sombres nuages.

— Maman, Hélène ne veut pas jouer, s'écria le petit, qui saisit pour se plaindre un moment où sa mère et le jeune homme étaient restés silencieux sur le pont des Gobelins.

— Laisse-la, Charles. Tu sais bien qu'elle est toujours grognon.

Ces paroles, prononcées au hasard par la mère, qui ensuite se retourna brusquement avec le jeune homme, arrachèrent des larmes à Hélène. Elle les dévora silencieusement, lança sur son frère un de ces regards profonds qui me semblaient inexplicables, et contempla d'abord, avec une sinistre intelligence, le talus sur le faîte duquel il était, puis la rivière de Bièvre, le pont, le paysage et moi.

Je craignis d'être aperçu par le couple joyeux dont j'aurais sans doute troublé l'entretien, je me retirai doucement, et j'allai me réfugier derrière une haie de sureau dont le feuillage me déroba complètement à tous les regards.

Je m'assis tranquillement sur le haut du talus, en regardant en silence et tour à tour, soit les beautés changeantes du site, soit la petite fille sauvage qu'il m'était encore possible d'entrevoir à travers les interstices de la haie et le pied des sureaux sur lesquels ma tête reposait, presqu'au niveau du boulevard. En ne me voyant plus, Hélène parut inquiète, ses yeux noirs me cherchèrent dans le lointain de l'allée, derrière les arbres, avec une indéfinissable curiosité. Qu'étais-je donc pour elle?

En ce moment, les rires naïfs de Charles retentirent dans le silence, comme un chant d'oiseau. Le beau jeune homme, blond comme lui, le faisait danser dans ses bras, et l'embrassait en lui prodiguant ces petits mots sans suite et détournés de leur sens véritable, que nous adressons amicalement aux enfans. La mère souriait à ces jeux, et, de temps à autre, disait, sans doute à voix basse, des paroles sorties du cœur; car son compagnon s'arrêtait, tout heureux, et la regardait d'un œil bleu plein de feu, plein d'idolâtrie.

Leurs voix, mêlées à celle de l'enfant, avaient je ne sais quoi de caressant. Ils étaient charmans tous trois. Cette scène délicieuse, au milieu de ce magnifique paysage, y répandait une incroyable suavité. Une femme, belle, blanche, rieuse; un enfant d'amour; un homme ravissant de jeunesse; un ciel pur, enfin toutes les harmonies de la nature s'accordaient pour réjouir l'âme. Je me surpris à sourire, comme si ce bonheur était le mien. Le beau jeune homme entendit sonner neuf heures. Alors, après avoir tendrement embrassé sa compagne, devenue sérieuse et presque triste, il revint vers son tilbury, qui s'avançait lentement conduit par un vieux domestique. Le babil de l'enfant chéri se mêla aux derniers baisers que lui donna le jeune homme. Puis, quand celui-ci fut monté dans sa voiture, que la femme immobile écouta le tilbury rouler, en suivant la trace marquée par la poussière nuageuse, dans la verte allée du boulevard, Charles accourut à sa sœur, près du pont, et j'entendis qu'il lui disait d'une voix argentine. — Pourquoi donc que tu n'es pas venue dire adieu à mon bon ami?

En voyant son frère sur le penchant du talus, Hélène lui lança le plus horrible regard qui jamais ait allumé les yeux d'un enfant, et le poussa par un mouvement de rage. Charles glissa sur le versant rapide, y rencontra des racines qui le rejetèrent violemment sur les pierres coupantes du mur ; il s'y fracassa le front ; puis, tout sanglant, alla tomber dans les eaux boueuses de la rivière. L'onde s'écarta en mille jets bruns sous sa jolie tête blonde. J'entendis les cris aigus du pauvre petit ; mais bientôt ses accens se perdirent étouffés dans la vase, où il disparut en rendant un son lourd, comme celui d'une pierre qui s'engouffre. L'éclair n'est pas plus prompt que ne le fut cette chute. Je me levai soudain, et descendis par un sentier. Alors Hélène, stupéfaite, poussa des cris perçans : — Maman ! maman !

La mère était là, près de moi. Elle avait volé comme un oiseau. Mais ni les yeux de la mère, ni les miens, ne pouvaient reconnaître la place précise où l'enfant était enseveli. L'eau noire bouillonnait sur un espace immense. Le lit de la Bièvre a, dans cet endroit, dix pieds de boue. L'enfant devait y mourir, car il était impossible de le secourir. A cette heure, un dimanche, tout était en repos. La Bièvre n'a ni bateaux, ni pêcheurs ; je ne vis ni perches pour sonder le ruisseau puant, ni personne dans le lointain.

Pourquoi donc aurais-je parlé de ce sinistre accident, ou dit le secret de ce malheur ? Hélène avait peut-être vengé son père. Sa jalousie était sans doute le glaive de Dieu. Cependant je frissonnai en contemplant la mère ! Quel épouvantable interrogatoire, son mari, son juge éternel, n'allait-il pas lui faire subir? Elle traînait avec elle un témoin incorruptible. L'enfance a le front transparent, le teint diaphane; et le mensonge est, chez elle, comme une lumière qui lui rougit même le regard.

La malheureuse ne pensait pas encore au supplice qui l'attendait au logis. Elle regardait la Bièvre.

Mars 1831.

LA VALLÉE DU TORRENT.

Un soir, après dîner, chez un diplomate en deuil de son père et qui avait une succession à régler, se trouvait un notaire. Ce notaire n'était pas le petit notaire de Sterne, mais un gros et gras notaire de Paris, un de ces hommes estimables qui font une sottise avec mesure, mettent lourdement le pied sur une plaie inconnue, et après demandent pourquoi l'on se plaint; puis si, par hasard, ils apprennent le pourquoi de leur bêtise assassine, ils disent : — Ma foi, je n'en savais rien! Enfin, c'était un notaire honnêtement niais, qui ne voyait que des *actes* dans la vie.

Le jeune diplomate avait près de lui l'une des plus jolies femmes de Paris, une femme dont le mari s'était en allé poliment avant la fin du dîner, pour conduire ses deux enfans au spectacle, sur les boulevards, à l'Ambigu-Comique ou à la Gaîté. Quoique les mélodrames surexcitent les sentimens, ils passent à Paris pour être à la portée de l'enfance, et sans danger, parce que l'innocence y triomphe toujours. Le bon père était parti sans attendre le dessert, tant sa fille et son fils l'avaient tourmenté pour arriver au spectacle avant le lever du rideau.

Le notaire, l'imperturbable notaire, incapable de se demander pourquoi madame la marquise envoyait ses enfans et son mari sans elle au spectacle, était, depuis le dîner, comme vissé sur sa chaise. D'abord, une discussion avait fait traîner le dessert en longueur; puis, les gens tardèrent à servir le café. Chacun des petits incidens qui dévoraient un temps sans doute précieux, arrachaient des mouvemens d'impatience à la jolie femme, que l'on aurait pu comparer à un cheval de race piaffant avant la course; mais le notaire ne se connaissait ni en chevaux ni en femmes; et il trouvait tout bonnement la marquise, une vive et sémillante femme. Enchanté d'être dans la compagnie d'une femme à la mode et d'un homme célèbre par son esprit, ce notaire faisait de l'esprit, il prenait, pour une approbation, le faux sourire de la marquise qu'il impatientait considérablement, e allait son train.

Déjà le diplomate, de concert avec sa compagne, s'était permis de garder à plusieurs reprises le silence, là où le notaire attendait une réponse élogieuse; mais, pendant ces repos significatifs, ce diable d'homme regardait le feu en cherchant des anecdotes; puis il avait eu recours à sa montre; enfin, la jolie femme s'était recoiffée de son chapeau pour sortir, et ne sortait pas. Le notaire ne voyait et n'entendait rien, il était ravi de lui-même, sûr de plaire et d'intéresser assez la marquise pour la clouer là.

— J'aurai bien certainement cette femme-là pour cliente, se disait-il.

La marquise se tenait debout, mettait ses gants, se tordait les doigts et regardait alternativement le comte qui partageait son impatience, ou le notaire qui plombait chaque trait d'esprit dont il était coupable. A chaque pause que faisait ce digne homme, le joli couple respirait en se disant par un signe : — Enfin, il va donc s'en aller !...

C'était un cauchemar moral qui devait finir par irriter les deux personnes passionnées sur lesquelles le notaire agissait comme un serpent sur des oiseaux, et les obliger à quelque brusquerie.

Au beau milieu du récit des ignobles moyens par lesquels un homme d'affaires alors en faveur avait fait jadis sa fortune, et dont le spirituel notaire détaillait scrupuleusement l'infamie, le diplomate entendit sonner neuf heures à la pendule, il vit que son notaire était bien décidément un imbécille, qu'il fallait tout uniment congédier, et il l'arrêta résolument par un geste.

— Vous voulez les pincettes, M. le comte, dit le notaire en les présentant à son client.

— Non, monsieur, je suis forcé de vous renvoyer, madame veut aller rejoindre ses enfans, et je vais avoir l'honneur de l'accompagner.

— Déjà neuf heures! Le temps passe comme l'ombre dans la compagnie des gens aimables, dit le notaire qui parlait tout seul depuis une heure.

Il chercha son chapeau, puis il vint se planter devant la cheminée, retint difficilement un hoquet, et dit à son client, sans voir les regards foudroyans que lui lançait la marquise :

— Résumons-nous, M. le comte : les affaires passent avant tout. Demain donc, nous lancerons une assignation à M. le vicomte votre frère pour le mettre en demeure; nous procéderons à l'inventaire; et après, ma foi...

Le notaire avait si mal compris les intentions de son client, qu'il en prenait l'affaire en sens inverse des instructions que celui-ci venait de lui donner. Or, l'incident était trop délicat pour que le comte ne rectifiât pas involontairement les idées du balourd notaire, et il s'ensuivit une discussion qui prit un certain temps.

— Écoutez, dit enfin le diplomate sur un signe que lui fit la jeune femme, vous me cassez la tête, revenez demain à neuf heures avec mon avoué.

— Mais j'aurai l'honneur de vous faire observer, monsieur le comte, que nous ne sommes pas certains de rencontrer demain monsieur Maingaud, et que si la mise en demeure n'est pas lancée avant midi, le délai expire, et...

En ce moment, une voiture entra dans la cour, et au bruit qu'elle fit, la pauvre femme se retourna vivement pour cacher des pleurs qui lui vinrent aux yeux. Alors le comte sonna pour faire dire qu'il était sorti ; mais le mari, revenu comme à l'improviste de la Gaîté, précéda le valet de chambre ; et parut en tenant d'une main sa fille dont les yeux étaient rouges, et de l'autre son petit garçon tout grimaud et fâché.

— Que vous est-il donc arrivé ? demanda la femme à son mari.

— Je vous dirai cela plus tard, répondit le marquis en se dirigeant vers un boudoir voisin dont la porte était ouverte, et où il aperçut les journaux.

La marquise impatientée se jeta désespérément sur un canapé.

Le notaire se crut obligé de faire le gentil avec les enfans et prit un ton mignard pour dire au petit garçon : — Hé bien, mon mignon, que donnait-on à la comédie ?

— *La Vallée du Torrent*, répondit Gustave en grognant.

— Foi d'homme d'honneur, dit le notaire, les auteurs de nos jours sont à moitié fous ! *La Vallée du torrent !* Pourquoi pas *le Torrent de la vallée ?* il est possible qu'une vallée n'ait pas de torrent, et en disant *le torrent de la vallée*, les auteurs auraient accusé quelque chose de net. Mais laissons cela. Maintenant comment peut-il se rencontrer un drame dans un torrent et dans une vallée ? Enfin, aujourd'hui le principal attrait de ces sortes de spectacles gît dans les décorations, et ce titre en indique de fort belles. Vous êtes-vous bien amusé, mon petit compère, ajouta-t-il en s'asseyant devant l'enfant ?

Au moment où le notaire demanda quel drame pouvait se rencontrer au fond d'un torrent, la fille de la marquise se retourna lentement et pleura ; mais la mère était si violemment contrariée qu'elle n'aperçut pas le mouvement de sa fille.

— Oh oui, monsieur, je m'amusais bien, répondit l'enfant. Il y avait dans la pièce un petit garçon bien gentil qu'était seul au monde, et son père n'était pas son papa ; voilà quand il arrive en haut du pont qui est sur le torrent, qu'on le jette dans l'eau ; alors Hélène s'est mise à pleurer, à sanglotter, toute la salle a crié après nous, et mon père nous a bien vite, bien vite emmenés...

Le comte et la marquise restèrent tous deux stupéfaits, et comme saisis par un mal qui leur ôtait la force de penser et d'agir.

— Gustave, taisez-vous donc, cria le mari ; je vous ai défendu de parler sur ce qui s'est passé au spectacle, et vous oubliez déjà mes recommandations.

— Que votre seigneurie l'excuse, monsieur le marquis, dit le notaire, j'ai eu le tort de l'interroger ; mais j'ignorais la gravité de...

— Il devait ne pas répondre, dit le père en regardant son fils avec froideur.

La cause du brusque retour des enfans et de leur père parut alors être bien connue du diplomate et de la marquise. La mère regarda sa fille, la vit en pleurs, et se leva pour aller à elle ; mais alors, son visage se contracta violemment et offrit les signes d'une sévérité que rien ne tempérait.

— Assez, Hélène, lui dit-elle, allez sécher vos larmes dans le boudoir.

— Qu'a-t-elle donc fait, cette pauvre petite, dit le notaire, qui voulut calmer à la fois la colère de la mère et les pleurs de la fille; elle est si jolie que ce doit être la plus sage créature du monde, et je suis bien sûr qu'elle ne vous donne que des jouissances.

Hélène regarda sa mère en tremblant, essuya ses larmes, tâcha de se composer un visage calme, et s'enfuit dans le boudoir.

— Et, certes, disait le notaire en continuant toujours, madame, vous êtes trop bonne mère pour ne pas aimer également tous vos enfans. Vous êtes d'ailleurs trop vertueuse pour avoir de ces tristes préférences dont nous sommes à portée de juger les funestes effets. La société nous passe par les mains, à nous autres. Aussi en voyons-nous les passions sous leur forme la plus hideuse, *l'intérêt*. Ici, une mère veut déshériter les enfans de son mari au profit des enfans qu'elle leur préfère; tandis que, de son côté, le mari veut quelquefois réserver sa fortune à l'enfant qui a mérité la haine de la mère; alors, ce sont des combats, des craintes, des actes, des contre-lettres, des ventes simulées, des *fidéi-commis;* enfin, un gachis pitoyable, ma parole d'honneur, pitoyable! Là, des pères passent leur vie à déshériter leurs enfans en volant le bien de leurs femmes!...

Oui, *volant* est le mot! Nous parlions de drame, ah! je vous assure que si nous pouvions dire le secret de certaines donations, nos auteurs pourraient en faire de terribles tragédies bourgeoises. Je ne sais pas de quel pouvoir usent les femmes pour faire ce qu'elles veulent; car malgré les apparences et leur faiblesse, ce sont toujours elles qui l'emportent. Ah, par exemple, elles ne m'attrapent pas, moi. Je devine toujours la raison de ces prédilections que dans le monde on qualifie poliment d'indéfinissables; mais les maris ne la devinent jamais, c'est une justice à leur rendre. Il y a des grâces d'ét...

Hélène, que son père avait ramenée du boudoir dans le salon, écoutait attentivement le notaire, et le comprenait si bien qu'elle jeta sur sa mère un coup-d'œil craintif en pressentant avec tout l'instinct du jeune âge que cette circonstance allait redoubler la sévérité. La marquise pâlit en montrant au comte par un geste de terreur son mari qui regardait les fleurs du tapis d'un air pensif.

En ce moment, malgré son savoir vivre, le diplomate ne se contint plus et lança sur le notaire un regard foudroyant.

— Venez par ici, monsieur, lui dit-il en se dirigeant vivement vers la pièce qui précédait le salon.

Le notaire l'y suivit en tremblant et sans achever sa phrase.

— Monsieur, lui dit alors avec une rage concentrée le jeune comte qui ferma violemment la porte du salon où il laissait la femme et le mari, depuis le dîner vous n'avez fait ici que des sottises et dit que des bêtises. Pour Dieu! allez-vous-en, car vous finiriez par causer les plus grands malheurs. Puisque vous êtes un excellent notaire, restez dans votre étude; et si, par hasard, vous allez dans le monde, tâchez d'y être plus circonspect...

Puis il rentra dans le salon, en quittant le notaire sans le saluer. Celui-ci resta pendant un moment tout ébaubi, perclus, sans savoir où il en était. Quand les bourdonnemens qui lui tintaient aux oreilles cessèrent, il crut entendre des gémissemens, des allées et venues dans le salon, puis les sonnettes furent violemment tirées. Il eut peur de revoir le comte, et retrouva l'usage de ses jambes pour déguerpir et gagner l'escalier; mais, à la porte des appartemens, il se heurta dans les valets qui s'empressaient de venir prendre les ordres de leur maître.

— Voilà comme sont tous ces grands seigneurs, se dit-il enfin quand il fut dans la rue à la recherche d'un cabriolet, ils vous engagent à parler, vous y invitent par des complimens; vous croyez les amuser; point du tout, ils vous font des impertinences, vous mettent à distance, et vous jettent même à la porte sans se gêner. Enfin, j'étais fort spirituel, je n'ai rien dit qui ne fût sensé, posé, convenable. Ma foi, il me recommande d'avoir plus de circonspection, je n'en manque pas. Que diable, je suis notaire, et membre de ma chambre! Bah! c'est une boutade d'ambassadeur, il n'y a rien de sacré pour ces gens-là. Demain, il m'expliquera comment je n'ai fait chez lui que des bêtises et dit que des sottises. Je lui demanderai raison, c'est-à-dire je lui en demanderai la raison, car, au total, j'ai tort, peut-être... Ma foi, je suis bien bon de me casser la tête...

Le notaire revint chez lui, et soumit l'énigme à sa notaresse en lui racontant de point en point les événemens de la soirée.

— Mon cher Crottat, son excellence a eu parfaitement raison en te disant que tu n'avais fait que des sottises et dit que des bêtises.

— Pourquoi?

— Mon cher, je te le dirais que cela ne t'empêcherait pas de recommencer ailleurs demain. Seulement, je te recommande encore de ne jamais parler que d'affaires en société.

— Si tu ne veux pas me le dire, je le demanderai demain à...

— Mon Dieu, les gens les plus niais s'étudient à cacher ces choses-là, et tu crois qu'un ambassadeur ira te les dire. Mais, Crottat, je ne t'ai jamais vu si dénué de sens.

— Merci, ma chère.

Paris, 25 mai 1854.

LES DEUX RENCONTRES.

LA FASCINATION.

Un ancien officier d'ordonnance de Napoléon, M. de Verdun, qui, sous la restauration, avait été appelé à une haute fortune, était venu passer les beaux jours à Versailles, où il habitait une maison de campagne située entre l'église et la barrière de Montreuil, sur le chemin qui conduit à l'avenue de Saint-Cloud. Son service à la cour ne lui permettait plus de séjourner à sa terre.

Élevé jadis pour servir d'asile aux passagères amours de quelque grand seigneur, ce pavillon avait de très-vastes dépendances. Les jardins au milieu desquels il était placé, l'éloignaient également, à droite et à gauche des premières maisons de Montreuil, et des chaumières construites aux environs de la barrière; ainsi, sans être par trop isolés, les maîtres de cette propriété jouissaient à deux pas d'une ville, de tous les plaisirs de la solitude. Par une étrange contradiction, la façade et la porte d'entrée de la maison donnaient immédiatement sur le chemin qui, peut-être autrefois était peu fréquenté. Cette hypothèse paraît vraisemblable si l'on vient à songer qu'il aboutit au délicieux pavillon bâti par Louis XV pour mademoiselle de Romans, et qu'avant d'y arriver les curieux reconnaissent, çà et là, plus d'un *casino* dont l'intérieur et le décor trahissent les spirituelles débauches de nos aïeux, qui, dans la licence dont on les accuse, cherchaient néanmoins l'ombre et le mystère.

Par une soirée d'hiver, le général Verdun, sa femme et ses enfans, se trouvèrent seuls dans cette maison déserte. Leurs gens avaient obtenu la permission d'aller célébrer à Versailles la noce de l'un d'entre eux ; et, présumant que la solennité de Noël, jointe à cette circonstance, leur offrirait une valable excuse auprès de leurs maîtres, ils ne faisaient pas scrupule de consacrer à la fête un peu plus de temps que ne leur en avait octroyé l'ordonnance domestique. Cependant, comme M. de Verdun était connu pour un homme qui n'avait jamais manqué d'accomplir sa parole avec une inflexible probité, les réfractaires ne dansèrent pas sans quelques remords quand le moment du retour fut expiré. Onze heures venaient de sonner, et pas un domestique n'était arrivé.

Le profond silence qui régnait sur la campagne permettait d'entendre, par intervalles, la bise sifflant à travers les branches noires des arbres, mugissant autour de la maison, ou s'engouffrant dans les longs corridors. La gelée avait si bien purifié l'air, durci la terre et saisi les pavés, que tout avait cette sonorité sèche dont les phénomènes nous surprennent toujours. La lourde démarche d'un buveur attardé, ou le bruit d'un fiacre retournant à Paris, retentissaient plus vivement et se faisaient écouter plus loin que de coutume. Les feuilles mortes, mises en danse par quelques tourbillons soudains, frissonnaient sur les pierres de la cour de manière à donner une voix à la nuit, quand elle voulait devenir muette. C'était enfin une de ces âpres soirées qui arrachent à notre égoïsme une plainte stérile en faveur du pauvre ou du voyageur, et nous rendent le coin du feu si voluptueux.

En ce moment, la famille Verdun, réunie au salon, ne s'inquiétait ni de l'absence des domestiques, ni des gens sans foyer, ni de la poésie dont étincelle une veillée d'hiver. Sans philosopher hors de propos, et confiants en la protection d'un vieux soldat, femmes et enfans se livraient aux ineffables délices dont est féconde une vie intérieure quand les sentimens n'y sont pas gênés, quand l'affection et la franchise animent les discours, les regards et les jeux.

Le général était assis, ou, pour mieux dire, enseveli dans une haute et spacieuse bergère, au coin de la cheminée, où brillait un feu nourri qui répandait cette chaleur piquante, symptôme d'un froid excessif au dehors. Appuyée sur le dos du siége, et légèrement inclinée, la tête de ce bon père restait dans une pose dont l'indolence peignait un calme parfait, un doux épanouissement de joie intime. Ses bras, à moitié endormis, mollement jetés hors de la bergère, achevaient d'exprimer une pensée de bonheur. Il contemplait le plus petit de ses enfans, un garçon à peine âgé de cinq ans, qui, demi-nu, se refusait à se laisser déshabiller par sa mère. Le bambin fuyait la chemise ou le bonnet de nuit dont madame de Verdun le menaçait parfois; il gardait sa collerette brodée, riait à sa mère quand elle l'appelait, en s'apercevant qu'elle riait elle-même de cette rébellion enfantine. Alors il se remettait à jouer avec sa sœur, aussi naïve, mais plus malicieuse et qui parlait déjà plus distinctement que lui, dont les vagues paroles et les idées confuses étaient à peine intelligibles pour ses parens. La petite Moïna, son aînée de deux ans, provoquait par des agaceries déjà féminines d'interminables rires qui partaient comme des fusées, et semblaient ne pas avoir de causes; mais à les voir, tous deux, se roulant devant le feu, montrant, sans honte, leurs jolis corps potelés, leurs formes blanches et délicates, confondant les boucles de leurs chevelures noire et blonde, heurtant leurs visages roses où la joie traçait des fossettes ingénues, certes un père et surtout une mère comprenaient ces petites âmes, pour eux déjà caractérisées, pour eux déjà passionnées. Ces deux anges faisaient pâlir, par les vives couleurs de leurs yeux humides, de leurs joues brillantes, de leur teint blanc, les fleurs du tapis moelleux, ce théâtre de leurs ébats, sur lequel ils tombaient, se renversaient, se combattaient, se roulaient sans danger.

Assise sur une causeuse à l'autre coin de la cheminée, en face de son mari, la mère était entourée de vêtemens épars, et restait, un soulier rouge à la main, dans une attitude pleine de laisser-aller. Son indécise sévérité mourait dans un doux sourire gravé sur ses lèvres. Agée d'environ quarante ans, elle conservait encore une beauté due à la rare perfection des lignes de son visage, auquel la chaleur, la lumière et le bonheur prêtaient en ce moment un éclat surnaturel. Souvent elle cessait de regarder ses enfans pour reporter ses yeux caressans sur la grave et puissante figure de son mari; et, parfois, en se rencontrant, les yeux des deux époux échangeaient de muettes jouissances et de profondes réflexions.

Le général avait un visage fortement basané. Son front large et pur était sillonné par quelques mèches de cheveux grisonnans. Les mâles éclairs de ses yeux bleus, la bravoure inscrite dans les rides de ses joues flétries annonçaient qu'il avait acheté par de rudes et glorieux travaux le ruban rouge négligemment passé dans la boutonnière de son habit. En ce moment, les innocentes joies exprimées par ses deux enfans se reflétaient sur sa physionomie vigoureuse et ferme où perçaient une bonhomie, une candeur indicibles. Ce vieux capitaine était redevenu petit sans beaucoup d'efforts. N'y a-t-il pas toujours un peu d'amour pour l'enfance chez les soldats qui ont expérimenté le monde et la vie, qui ont appris à reconnaître les misères de la force et les priviléges de la faiblesse?

Plus loin, devant une table ronde, éclairée par des lampes astrales dont les vives lumières luttaient avec les lueurs pâles des bougies placées sur la cheminée, était un jeune garçon de treize ans, occupé à lire un gros livre dont il tournait rapidement les pages. Les cris de son frère ou de sa sœur ne lui causaient aucune distraction, et sa figure accusait toute la curiosité de la jeunesse. Cette profonde préoccupation était justifiée par les attachantes merveilles des *Mille et une Nuits* et par un uniforme de lycéen. Il restait immobile, dans une attitude méditative, un coude sur la table, et la tête appuyée sur l'une de ses mains, dont les doigts blancs tranchaient au milieu d'une chevelure brune. La clarté tombant d'aplomb sur son visage, et le reste du corps étant dans l'obscurité, il ressemblait ainsi à ces portraits noirs où Raphaël s'est représenté lui-même, attentif, penché, songeant à l'avenir.

Entre cette table et madame de Verdun, une grande et belle jeune fille travaillait assise devant un métier à tapisserie, sur lequel se penchait et d'où s'éloignait alternativement sa tête, dont les cheveux d'ébène artistement lissés réfléchissaient la lumière. A elle seule, Hélène formait un ravissant spectacle. Sa beauté se distinguait par un rare caractère de force et d'élégance. Quoique relevée de manière à dessiner des traits vifs autour de la tête, la chevelure était si abondante que, rebelle aux dents du peigne, elle se frisait énergiquement à la naissance du cou. Ses sourcils, très-fournis et régulièrement plantés, tranchaient avec la blancheur de son front pur. Elle avait même sur la lèvre supérieure quelques signes de courage qui figuraient une légère teinte de bistre sous un nez grec dont les contours étaient d'une exquise perfection. Mais la captivante rondeur des formes, la candide expression des autres traits, la transparence d'une carnation délicate, la voluptueuse mollesse des lèvres, le fini de l'ovale décrit par le visage, et surtout la sainteté de son regard vierge, imprimaient à cette beauté vigoureuse la suavité féminine, la modestie enchanteresse que nous demandons à ces anges de paix et d'amour. Seulement il n'y avait rien de frêle dans cette jeune fille, et son cœur devait être aussi doux, son âme aussi forte, que ses proportions étaient magnifiques et sa figure attrayante. Elle imitait le silence de son frère le lycéen, et paraissait en proie à l'une de ces fatales méditations de jeune fille, souvent impénétrables à l'observation d'un père ou même à la sagacité des mères, en sorte qu'il était impossible de savoir s'il fallait attribuer au jeu de la lumière ou à des peines secrètes les ombres capricieuses qui passaient sur son visage comme des nuées sur un ciel pur.

Les deux aînés étaient en ce moment complètement oubliés par M. et madame de Verdun. Cependant, plusieurs fois, le coup-d'œil interrogateur du général avait embrassé la scène muette qui, sur le second plan, offrait une gracieuse réalisation des espérances écrites dans les tumultes enfantins placés sur le devant de ce tableau domestique. En expliquant la vie humaine par d'insensibles gradations, ces figures composaient une sorte de poème vivant. Le luxe des accessoires qui décoraient le salon, la diversité des attitudes, les oppositions formées par les vêtemens tous divers de couleurs, les contrastes créés par les expressions de ces visages fortement accidentés, grâce aux tons imprimés par les différens âges et aux contours mis en saillie par les lumières, répandaient sur ces pages humaines toutes les richesses demandées à la sculpture, aux peintres, aux écrivains. Enfin, le silence et l'hiver, la solitude et la nuit, prêtaient leur majesté à cette sublime et naïve composition, délicieux effet de nature. La vie conjugale est pleine de ces heures sacrées dont le charme indéfinissable est dû peut-être à quelque souvenance d'un monde meilleur. Des rayons célestes jaillissent, sans doute, sur ces sortes de scènes, destinées à payer à l'homme une partie de ses chagrins, à lui faire accepter l'existence. Il semble que l'univers soit là, devant nous, sous une forme enchanteresse, qu'il déroule ses grandes idées d'ordre, plaide pour les lois sociales, et dénonce l'avenir.

Cependant, malgré le regard d'attendrissement jeté par Hélène sur Abel et Moïna quand éclatait une de leurs joies; malgré le bonheur peint sur sa lucide figure lorsqu'elle contemplait furtivement son père, un sentiment de profonde mélancolie était empreint dans ses gestes, dans son attitude, et surtout dans ses yeux voilés par de longues paupières.

Ses blanches et puissantes mains, à travers lesquelles la lumière passait, en leur communiquant une rougeur diaphane et presque fluide, eh bien! ses mains tremblaient. Une seule fois, sans se défier mutuellement, ses yeux et ceux de madame de Verdun se heurtèrent; alors, ces deux femmes se comprirent par un regard terne et froid, respectueux chez Hélène, sombre et menaçant chez la mère. Hélène baissa promptement sa vue sur le métier, tira l'aiguille avec prestesse, et de long-temps ne releva sa tête, qui semblait lui être devenue trop lourde à porter.

La mère était-elle trop sévère pour sa fille, et jugeait-elle cette sévérité nécessaire? Était-elle jalouse de la beauté d'Hélène, avec qui elle pouvait rivaliser encore, mais en déployant tous les prestiges de la toilette? Ou la fille avait-elle surpris, comme toutes les filles quand elles deviennent clairvoyantes, des secrets que cette femme, en apparence si religieusement fidèle à ses devoirs, croyait avoir ensevelis dans son cœur aussi profondément que dans une tombe? Quoi qu'il en fût, depuis quelque temps, Hélène était devenue plus pieuse et plus recueillie qu'aux jours où, folâtre, elle demandait à aller au bal; et jamais elle n'avait été si caressante pour son père, surtout quand madame de Verdun n'était pas témoin de ses cajoleries de jeune fille. Néanmoins, s'il existait du refroidissement dans l'affection d'Hélène pour sa mère, il était si finement exprimé que le colonel ne devait pas s'en apercevoir, quelque jaloux qu'il pût être de l'union qui régnait dans sa famille et dont il se faisait gloire. Nul homme n'aurait eu l'œil assez perspicace pour sonder la profondeur de ces deux cœurs féminins : l'un jeune et généreux, l'autre sensible et fier; le premier, trésor d'indulgence, le second plein de finesse et d'amour. Si la mère contristait sa fille par un adroit despotisme de femme, il n'était sensible qu'aux yeux de la victime. Au reste, l'évènement seulement fit naître ces conjectures toutes insolubles. Jusqu'à cette nuit, aucune lumière accusatrice ne s'était échappée de ces deux âmes; mais entre elles et Dieu il s'élevait certainement quelque sinistre mystère.

— Allons, Abel, s'écria madame de Verdun, en saisissant un moment où, silencieux et fatigués, Moïna et son frère restaient immobiles; allons, venez, mon fils, il faut vous coucher...

Et lui lançant un regard impérieux, elle le prit vivement sur ses genoux.

— Comment, dit le général, il est dix heures et demie, et pas un de nos domestiques n'est rentré! Ah, les compères!

— Gustave, ajouta-t-il, en se tournant vers son fils, s'il vous reste peu de pages à lire, achevez votre conte; sinon, en route. Il faut dormir, mon enfant. Demain nous avons cinq lieues à faire, et comme nous devons être à huit heures au lycée, ne badinons pas avec la consigne....

Sans donner la moindre marque de regret, Gustave ferma le livre à l'instant même, avec une obéissance tout à la fois intelligente et passive, qui révélait l'empire exercé par le colonel dans sa maison. Il se fit un moment de silence pendant lequel M. de Verdun s'empara de Moïna qui se débattait contre le sommeil, et la posa doucement sur lui. Alors la petite laissa rouler sa tête chancelante sur la poitrine du père et s'y endormit tout-à-fait, enveloppée dans les rouleaux dorés de sa jolie chevelure.

En cet instant, des pas rapides retentirent dans la rue, sur la terre, et soudain trois coups, frappés à la porte, réveillèrent les échos de la maison. Ces coups prolongés eurent un accent aussi facile à comprendre que le cri d'un homme en danger de mourir. Le chien de garde aboya d'un ton de fureur. Hélène, Gustave, le général et sa femme tressaillirent vivement ; mais Abel, que sa mère achevait de coiffer, et Moïna ne s'éveillèrent pas.

— Il est pressé, celui-là, s'écria le militaire, en déposant sa fille sur la bergère.

Il sortit brusquement du salon, sans avoir entendu la prière de sa femme.

— Mon ami, n'y va pas...

M. de Verdun passa dans sa chambre à coucher, y prit une paire de pistolets, alluma sa lanterne sourde, s'élança vers l'escalier, descendit avec la rapidité de l'éclair, et se trouva bientôt à la porte de la maison.

— Qui est là, demanda-t-il.

— Ouvrez, répondit une voix presque suffoquée par des respirations haletantes.

— Êtes-vous ami.

— Oui, ami.

— Êtes-vous seul.

— Oui, mais ouvrez. *Ils* viennent, *ils* viennent!

Un homme se glissa sous le porche avec la fantastique vélocité d'une ombre aussitôt que le général eut entrebâillé la porte; et, sans qu'il pût s'y opposer, l'inconnu l'obligea de la lâcher en la repoussant par un vigoureux coup de pied, et s'y appuya résolument comme pour empêcher de la rouvrir.

Alors M. de Verdun leva soudain son pistolet et sa lanterne sur la poitrine de l'étranger, afin de le tenir en respect, et vit un homme de moyenne taille, enveloppé dans une pelisse fourrée, vêtement de vieillard, ample et traînant, qui semblait ne pas avoir été fait pour lui. Soit prudence ou hasard, le fugitif avait le front entièrement couvert par un chapeau qui lui tombait sur les yeux.

— Monsieur, dit-il au général, abaissez le canon de votre pistolet. Je ne prétends pas rester chez vous sans votre consentement; mais si je sors, la mort m'attend à la barrière. Et quelle mort! Vous en répondriez à Dieu. Je vous demande l'hospitalité pour deux heures... Songez-y bien, monsieur! tout suppliant que je sois, je dois commander avec le despotisme de la nécessité. Je veux l'hospitalité de l'Arabie. Que je vous sois sacré. Sinon, ouvrez... j'irai mourir. Il me faut le secret, un asile, et de l'eau. Oh! de l'eau, répéta-t-il d'une voix qui râlait.

— Qui êtes-vous, demanda le général surpris

de la volubilité fiévreuse avec laquelle parlait l'inconnu.

— Ah! qui je suis. Eh bien! ouvrez, que je m'éloigne, répondit l'homme avec l'accent d'une infernale ironie.

Malgré l'adresse avec laquelle M. de Verdun promenait les rayons de sa lanterne, il ne pouvait voir que le bas de ce visage, et rien n'y plaidait en faveur d'une hospitalité si singulièrement réclamée : les joues étaient tremblantes, livides, les traits horriblement contractés ; et, dans l'ombre projetée par le bord du chapeau, les yeux se dessinaient comme deux lueurs qui firent presque pâlir la faible lumière de la bougie. Cependant il fallait une réponse.

— Monsieur, dit le général, votre langage est certainement celui d'un homme de bonne compagnie ; mais à ma place, vous...

— Vous disposez de ma vie, s'écria l'étranger d'un son de voix terrible en interrompant son hôte.

— Deux heures, dit M. de Verdun irrésolu.

— Deux heures, répéta l'homme.

Mais tout-à-coup, il repoussa son chapeau par un geste de désespoir, se découvrit le front et lança, comme s'il voulait faire une dernière tentative, un regard dont la vive clarté pénétra l'âme du colonel. Ce jet d'intelligence et de volonté ressemblait à un éclair, et fut écrasant comme la foudre. N'y a-t-il pas des momens où les hommes sont investis d'un pouvoir inexplicable ?

— Allez, qui que vous puissiez être, reprit gravement le maître du logis, qui crut obéir à l'un de ces mouvemens instinctifs dont l'homme ne sait pas toujours se rendre compte, vous serez en sûreté sous mon toit.

— Dieu vous le rende, ajouta l'inconnu, laissant échapper un profond soupir.

— Êtes-vous armé, demanda le général.

Pour toute réponse, l'étranger, lui donnant à peine le temps de jeter un coup-d'œil sur sa pelisse, l'ouvrit et la replia lestement. Il était sans armes apparentes et dans le costume d'un jeune homme qui sort du bal.

Tout rapide que fut l'examen du soupçonneux militaire, il en vit assez pour s'écrier : — Où diable avez-vous pu vous éclablousser ainsi par un temps si sec !

— Encore des questions, répondit-il avec un air de hauteur.

— Suivez-moi, reprit M. de Verdun.

Ils devinrent silencieux, comme deux joueurs qui se défient l'un de l'autre. Le général commença même à concevoir de sinistres pressentimens. L'inconnu lui pesait déjà sur le cœur comme un cauchemar ; mais, dominé par la foi du serment, il le conduisit à travers les corridors, les escaliers de sa maison, et le fit entrer dans une grande chambre située au second étage, précisément au-dessus du salon. Cette pièce inhabitée servait de séchoir en hiver, ne communiquait à aucun appartement, et n'avait d'autre décoration, sur ses quatre murs jaunis, qu'un méchant miroir laissé sur la cheminée par le précédent propriétaire, et une grande glace qui s'étant trouvée sans emploi lors de l'emménagement de M. de Verdun, fut provisoirement mise en face de la cheminée. Le plancher de cette vaste mansarde n'avait jamais été balayé, l'air y était glacial, et deux vieilles chaises dépaillées en composaient tout le mobilier.

Après avoir posé sa lanterne sur l'appui de la cheminée, le général dit à l'inconnu : — Votre sécurité veut que cette misérable mansarde vous serve d'asile. Et, comme vous avez ma parole pour le secret, vous me permettrez de vous y enfermer.

L'homme baissa la tête en signe d'adhésion.

— Je n'ai demandé qu'un asile, le secret, et de l'eau, ajouta-t-il.

— Je vais vous en apporter, répondit M. de Verdun, qui ferma la porte avec soin, et descendit à tâtons dans le salon, pour y venir prendre un flambeau, afin d'aller chercher lui-même une carafe dans l'office.

— Hé bien, monsieur, qu'y a-t-il, demanda vivement madame de Verdun à son mari.

— Rien, ma chère, répondit-il d'un air froid.

— Mais nous avons cependant bien écouté, vous venez de conduire quelqu'un là-haut...

— Gustave, Hélène, reprit le général en regardant ses enfans, qui levèrent la tête vers lui, songez que l'honneur de votre père repose sur votre discrétion. Vous devez n'avoir rien entendu.

Le lycéen et la jeune fille répondirent par un mouvement de tête significatif. Madame de Verdun demeura tout interdite et piquée intérieurement de la manière dont son mari s'y prenait pour lui imposer silence. Le général alla prendre une carafe, un verre, et remonta dans la chambre où était son prisonnier. Il le trouva debout, appuyé contre le mur, près de la cheminée, la tête nue, il avait jeté son chapeau sur une des deux chaises. L'étranger ne s'attendait sans doute pas à se voir si vivement éclairé. Son front se plissa, et sa figure devint soucieuse quand ses yeux rencontrèrent les yeux perçans du général; mais il s'adoucit, et prit une physionomie gracieuse pour remercier son protecteur. Lorsque ce dernier eut placé le verre et la carafe sur l'appui de la cheminée, l'inconnu, après lui avoir encore jeté son regard flamboyant, rompit le silence.

— Monsieur, dit-il d'une voix douce qui n'eut plus de convulsions gutturales comme précédemment, mais qui néanmoins accusait encore un tremblement intérieur, je vais vous paraître bizarre. Excusez mes caprices, ils sont nécessaires. Si vous restez là, je vous prierai de ne pas me regarder quand je boirai.

Contrarié de toujours obéir à un homme qui lui déplaisait, le général se retourna brusquement. L'étranger tira de sa poche un mouchoir blanc, s'en enveloppa la main droite; puis il saisit la carafe, et but d'un trait l'eau qu'elle contenait. Sans penser à enfreindre son serment tacite, M. de Verdun regarda machinalement dans la glace; mais alors, la correspondance des deux miroirs permettant à ses yeux de parfaitement embrasser l'inconnu, il vit le mouchoir se rougir soudain par le contact des mains qui étaient pleines de sang.

— Ah! vous m'avez regardé, s'écria l'homme, quand après avoir bu et s'être enveloppé dans son manteau, il examina le général d'un air soupçonneux; alors je suis perdu. *Ils* viennent, les voici!

— Je n'entends rien, dit M. de Verdun.

— Vous n'êtes pas intéressé comme je le suis à écouter dans l'espace.

— Vous vous êtes donc battu en duel, pour être ainsi couvert de sang, demanda le général, assez ému en distinguant la couleur des larges taches dont les vêtemens de son hôte étaient imbibés.

— Oui, un duel, vous l'avez dit, répéta l'étranger, en laissant errer sur ses lèvres un sourire amer.

En ce moment, le son des pas de plusieurs chevaux au grand galop retentit dans le lointain; mais ce bruit était faible comme les premières lueurs du matin. L'oreille exercée du général reconnut la marche des chevaux disciplinés par le régime de l'escadron. Alors il jeta sur son prisonnier un regard de nature à dissiper les doutes qu'il avait pu lui suggérer par son indiscrétion involontaire, remporta la lumière et revint au salon. A peine posait-il la clef de la chambre haute sur la cheminée, que le bruit produit par la cavalerie grossit et s'approcha du pavillon avec une rapidité qui le fit tressaillir. En effet, les chevaux s'arrêtèrent à la porte de la maison. Après avoir échangé quelques paroles avec ses camarades, un cavalier descendit, frappa rudement, et obligea le général d'aller ouvrir. Ce dernier ne fut pas maître d'une émotion secrète à l'aspect de six gendarmes dont les chapeaux bordés d'argent brillaient à la clarté de la lune.

— Monseigneur, lui dit un brigadier, n'avez-vous pas entendu tout-à-l'heure un homme courant vers la barrière ?

— Vers la barrière ? Non.

— Vous n'avez ouvert votre porte à personne ?

— Ai-je donc l'habitude d'ouvrir moi-même ma porte...

— Mais, pardon, mon général, en ce moment, il me semble que...

— Ah! ça, s'écria M. de Verdun avec un accent de colère, allez-vous me plaisanter ? Avez-vous le droit...

— Rien, rien, monseigneur, reprit doucement le brigadier. Vous excuserez notre zèle. Nous savons bien qu'un pair de France ne s'expose pas à recevoir un assassin à cette heure de la nuit ; mais le désir d'avoir quelques renseignemens...

— Un assassin! s'écria le général. Et qui donc a été...

— M. le marquis de Mauny vient d'être haché en je ne sais combien de morceaux, reprit le gendarme. Mais l'assassin est vivement poursuivi. Nous sommes certains qu'il est dans les environs, et nous allons le traquer. Excusez, mon général.

Le gendarme parlait en remontant à cheval, en sorte qu'il ne lui fut heureusement pas possible de voir la figure du général. Le cauteleux officier de la police judiciaire, habitué à tout supposer, aurait peut-être conçu des soupçons à l'aspect de cette physionomie ouverte où se peignaient si fidèlement les mouvemens de l'âme.

— Sait-on le nom du meurtrier, demanda le général.

— Non, répondit le cavalier. Il a laissé le secrétaire plein d'or et de billets de banque, sans y toucher.

— C'est une vengeance, dit M. de Verdun.

— Ah! bah, sur un vieillard! Non, non, ce gaillard-là n'aura pas eu le temps de faire son coup.

Et le gendarme rejoignit ses compagnons, qui galopaient déjà dans le lointain.

M. de Verdun resta pendant un moment en proie à des perplexités faciles à comprendre. Bientôt il entendit ses domestiques qui revenaient en se disputant avec une sorte de chaleur, et dont les voix retentissaient dans le carrefour de Montreuil. Quand ils arrivèrent, sa colère, à laquelle il fallait un prétexte pour s'exhaler du cœur où elle bouillonnait, tomba sur eux avec l'éclat de la foudre. Sa voix fit trembler les échos de la maison. Puis il s'apaisa tout-à-coup, lorsque le plus hardi, le plus adroit d'entre eux, son valet de chambre, excusa leur retard en lui disant qu'il avaient été arrêtés à l'entrée de Montreuil par des gendarmes et des agens de police en quête d'un assassin. Le général se tut soudain. Puis, rappelé par ce mot aux devoirs de sa singulière position, il ordonna sèchement à tous ses gens d'aller se coucher aussitôt ; et, les laissant étonnés de la facilité avec laquelle il admettait le mensonge du valet de chambre, il gagna l'escalier pour retourner au salon.

Mais, pendant que ces événemens se passaient dans la cour, un incident assez léger en apparence avait changé la situation des autres personnages qui figurent dans cette histoire. A peine M. de Verdun était-il sorti, que sa femme, jetant alternativement les yeux sur la clef de la mansarde et sur Hélène, finit par dire à voix basse en se penchant vers sa fille : — Hélène, votre père a laissé la clef sur la cheminée.

La jeune fille étonnée leva la tête, et regarda timidement sa mère, dont les yeux pétillaient de curiosité.

— Eh bien, maman, répondit-elle d'une voix troublée.

— Je voudrais bien savoir ce qui se passe là-haut. S'il y a une personne, elle n'a pas encore bougé. Vas-y donc...

— Moi ! dit la jeune fille avec une sorte d'effroi.

— As-tu peur ?

— Non, madame. Mais je crois avoir distingué le pas d'un homme.

— Si je pouvais y aller moi-même, je ne vous aurais pas prié de monter, Hélène, reprit sa mère avec un ton de dignité froide. Si votre père rentrait et ne me trouvait pas, il me chercherait peut-être, tandis qu'il ne s'apercevra pas de votre absence.

— Madame, répondit Hélène, si vous me le commandez, j'irai ; mais je perdrai l'estime de mon père...

— Comment ! dit madame de Verdun avec un accent d'ironie. Mais puisque vous prenez au sérieux ce qui n'était qu'une plaisanterie, maintenant je vous ordonne d'aller voir qui est là-haut. Voici la clef, ma fille ! Votre père, en vous recommandant le silence sur ce qui se passe en ce moment chez lui, ne vous a point interdit de monter à cette chambre. Allez, et sachez qu'une mère ne doit jamais être jugée par sa fille...

Après avoir prononcé ces dernières paroles avec toute la sévérité d'une mère offensée, madame de Verdun prit la clef et la remit à Hélène, qui se leva sans dire un mot, et quitta le salon.

— Ma mère saura toujours bien obtenir son pardon, mais moi je serai perdue dans l'esprit de mon père. Veut-elle donc me priver de la tendresse qu'il a pour moi, me chasser de sa maison ?

Ces idées fermentèrent soudain dans son imagination pendant qu'elle marchait sans lumière le long du corridor, au fond duquel était la porte de la chambre mystérieuse. Quand elle y arriva, le désordre de ses pensées eut quelque chose de fatal. Cette espèce de méditation confuse servit à faire déborder mille sentimens contenus jusque-là dans son cœur. Ne croyant peut-être déjà plus à un heureux avenir, elle acheva, dans ce moment affreux, de désespérer de sa vie. Elle trembla convulsivement en approchant la clef de la serrure, et son émotion devint même si forte, qu'elle s'arrêta pendant un instant pour mettre la main sur son cœur, comme si elle avait le pouvoir d'en calmer les battemens profonds et sonores... Enfin elle ouvrit la porte.

Le cri des gonds avait sans doute vainement frappé l'oreille du meurtrier. Quoique son ouïe fût si fine, il resta presque collé sur le mur, immobile et comme perdu dans ses pensées. Le cercle de lumière projeté par la lanterne l'éclairait faiblement, et il ressemblait, dans cette zone de clair-obscur, à ces sombres statues de chevaliers, toujours debout à l'encoignure de quelque tombe noire sous les chapelles gothiques. Des gouttes de sueur froide sillonnaient son front jaune et large. Une audace incroyable brillait sur ce visage fortement contracté. Ses yeux de feu, fixes et secs, semblaient contempler un combat dans l'obscurité qui était devant lui. Des pensées tumultueuses passaient rapidement sur cette face, dont l'expression ferme et précise indiquait une âme supérieure. Son corps, son attitude, ses proportions s'accordaient avec son génie sauvage. Cet homme était toute force et toute puissance, et il envisageait les ténèbres comme une visible image de son avenir.

Habitué à voir les figures énergiques des géans

qui se pressaient autour de Napoléon, et préoccupé par une curiosité morale, le général n'avait pas fait attention aux singularités physiques de cet homme extraordinaire ; mais, sujette comme toutes les femmes aux impressions extérieures, Hélène fut saisie par le mélange de lumière et d'ombre, de grandiose et de passion, par un poétique chaos qui donnait à l'inconnu l'apparence de Lucifer se relevant de sa chute. Tout-à-coup la tempête peinte sur ce visage s'apaisa comme par magie ; et l'indéfinissable empire dont l'étranger était, à son insu peut-être, le principe et l'effet, se répandit autour de lui avec la progressive rapidité d'une inondation. Un torrent de pensées découla de son front au moment où ses traits reprirent leurs formes naturelles. Alors, *charmée*, soit par l'étrangeté de cette entrevue, soit par le mystère dans lequel elle pénétrait, la jeune fille put admirer une physionomie douce et pleine d'intérêt.

Elle resta pendant quelque temps dans un prestigieux silence et en proie à des troubles jusqu'alors inconnus à sa jeune âme. Mais bientôt, soit qu'Hélène eût laissé échapper une exclamation, eût fait un mouvement ; soit que l'assassin, revenant du monde idéal au monde réel, entendît une autre respiration que la sienne, il tourna la tête vers la fille de son hôte, et aperçut indistinctement dans l'ombre la figure sublime et les formes majestueuses d'une créature qu'il dut prendre pour un ange, à la voir immobile et vague comme une apparition.

— Monsieur, dit-elle d'une voix palpitante.

Le meurtrier tressaillit.

— Une femme! s'écria-t-il doucement. Est-ce possible? Éloignez-vous, reprit-il. Je ne reconnais à personne le droit de me plaindre, de m'absoudre ou de me condamner. Je dois vivre seul. Allez, mon enfant, ajouta-t-il avec un geste de souverain, je reconnaîtrais mal le service que me rend le maître de cette maison, si je laissais une seule des personnes qui l'habitent respirer le même air que moi. Il faut me soumettre aux lois du monde.

Cette dernière phrase fut prononcée à voix basse. En achevant d'embrasser par sa profonde intuition les misères que réveilla cette idée mélancolique, il jeta sur Hélène un regard de serpent et remua dans le cœur de cette singulière jeune fille un monde de pensées encore endormi chez elle. Ce fut comme une lumière qui lui aurait éclairé des pays inconnus. Son âme fut terrassée, subjuguée sans qu'elle trouvât la force de se défendre contre le pouvoir magnétique de ce regard, quelque involontairement lancé qu'il fût.

Honteuse et tremblante, elle sortit et ne revint au salon qu'un instant avant le retour de son père, en sorte qu'elle ne put rien dire à sa mère.

Le général, tout préoccupé, se promena silencieusement, les bras croisés, allant d'un pas uniforme, des fenêtres qui donnaient sur la rue aux fenêtres du jardin. Sa femme gardait Abel endormi. Moïna, posée sur la bergère comme un oiseau dans son nid, sommeillait insouciante. Gustave continuait sa lecture. Sa sœur aînée tenait une pelotte de soie dans une main, dans l'autre, une aiguille, et contemplait le feu...

Le profond silence qui régnait au salon, au-dehors et dans la maison, n'était interrompu que par les pas traînans des domestiques, qui allèrent se coucher un à un; par quelques rires étouffés, dernier écho de leur joie et de la fête nuptiale; puis encore par les portes de leurs chambres respectives, au moment où ils les ouvrirent en se parlant les uns aux autres, et quand ils les fermèrent. Quelques bruits sourds retentirent encore auprès des lits. Une chaise tomba. La toux d'un vieux cocher résonna faiblement et se tut. Mais bientôt la sombre majesté qui éclate dans la nature endormie à minuit domina partout. Les étoiles seules brillaient. Le froid avait saisi la terre. Pas un être ne parla, ne remua. Seulement le feu bruissait, comme pour faire comprendre la profondeur du silence. L'horloge de Montreuil sonna minuit.

— Comment, Gustave, dit le général en voyant son fils encore assis à la table verte et lisant toujours, comment, tu es là!

En ce moment des pas extrêmement légers retentirent faiblement dans l'étage supérieur. M. de Verdun et sa fille certains d'avoir enfermé l'assassin de M. de Mauny, attribuèrent ces mouvemens à une des femmes, et ne furent pas étonnés d'entendre ouvrir les portes de la pièce qui précédait le salon.

Tout-à-coup le meurtrier apparut au milieu d'eux.

La stupeur dans laquelle M. de Verdun était plongé, la vive curiosité de la mère, et l'étonnement de la fille, lui ayant permis d'avancer presque au milieu du salon, il dit au général, d'une voix singulièrement calme et mélodieuse : — Monsieur, les deux heures vont expirer.

— Vous ici! s'écria le général. Par quelle puissance?

Et, d'un regard terrible, il interrogea sa femme et ses enfans.

Hélène devint rouge comme le feu.

— Vous, reprit le militaire d'un ton pénétré, vous au milieu de nous. Un assassin couvert de sang ici. Vous souillez ce tableau! Sortez, sortez, ajouta-t-il avec un accent de fureur.

Au mot d'assassin, madame de Verdun jeta un cri perçant. Sa fille pâlit. Gustave regarda l'inconnu d'un air moitié curieux, moitié surpris. L'étranger resta immobile et froid. Un sourire de dédain se peignit dans ses traits et sur ses larges lèvres rouges, puis il dit lentement : — Vous reconnaissez bien mal la noblesse de mes procédés envers vous. Je n'ai pas voulu toucher de mes mains le verre dans lequel vous m'avez donné de l'eau pour apaiser ma soif. Je n'ai pas même pensé à laver mes mains sanglantes sous votre toit; et j'en sors n'y ayant laissé de *mon crime* (à ces mots ses lèvres se comprimèrent) que l'idée, en essayant de passer ici sans laisser de trace. Enfin je n'ai pas même permis à votre fille de...

— Ma fille, s'écria le général en jetant sur Hélène un coup-d'œil d'horreur. Ah! malheureux, sors, ou je te livre... ou je te tue...

— Les deux heures ne sont pas expirées. Vous ne pouvez ni me tuer, ni me livrer, sans perdre votre propre estime, et — la mienne.

A ce dernier mot, le militaire stupéfait essaya de contempler le criminel; mais il fut obligé de baisser les yeux, en se sentant hors d'état de soutenir l'insupportable éclat d'un regard qui, pour la seconde fois, lui désorganisait l'âme. Il craignit de mollir encore, en reconnaissant que sa volonté s'affaiblissait déjà.

— Assassiner un vieillard, vous n'avez donc jamais vu de famille, dit-il alors en lui montrant par un geste paternel sa femme et ses enfans.

— Oui, un vieillard, répéta l'inconnu dont le front se contracta légèrement.

— L'avoir coupé en morceaux.

— Je l'ai coupé en morceaux, reprit l'assassin avec calme.

— Fuyez, s'écria le général, sans oser regarder son hôte. Notre pacte est rompu. Je ne vous tuerai pas. Non! je ne me ferai jamais le pourvoyeur de l'échafaud. Mais sortez, vous nous faites horreur.

— Je le sais, répondit le criminel avec résignation. Il n'y a pas de terre en France où je puisse poser mes pieds avec sécurité; mais si la justice savait, comme Dieu, juger les spécialités, si elle daignait s'enquérir qui de l'assassin ou de la victime est le monstre, je resterais fièrement parmi les hommes. Adieu, monsieur. Malgré l'amertume que vous avez jetée dans votre hospitalité, j'en garderai le souvenir. J'aurai encore dans l'âme un sentiment de reconnaissance pour un homme dans le monde, cet homme est vous... Mais je vous aurais voulu plus généreux.

Il alla vers la porte.

En ce moment la jeune fille se pencha vers sa mère, et lui dit un mot à l'oreille.

— Ah !... Ce cri échappé à madame de Verdun fit tressaillir le général, comme s'il eût vu Moïna morte. Hélène était debout, et le meurtrier s'était instinctivement retourné, montrant sur sa figure une sorte d'inquiétude pour cette famille.

— Qu'avez-vous, ma chère, demanda M. de Verdun.

— Hélène veut le suivre, dit-elle.

Le meurtrier rougit.

— Puisque ma mère traduit si mal une exclamation presque involontaire, répondit Hélène à voix basse, je réaliserai ses vœux.

Après avoir jeté un regard de fierté presque sauvage autour d'elle, la jeune fille baissa les yeux, et resta dans une admirable attitude de modestie.

— Hélène, dit le général, vous avez été là-haut dans la chambre où j'avais mis...

— Oui, mon père.

— Hélène, demanda-t-il d'une voix altérée par un tremblement convulsif, est-ce la première fois que vous ayez vu cet homme.

— Oui, mon père.

— Alors il n'est pas naturel que vous ayez le dessein de...

— Si cela n'est pas naturel, au moins cela est vrai, mon père.

— Ah ! ma fille, dit madame de Verdun à voix basse, mais de manière à ce que son mari l'entendît, Hélène, vous mentez à tous les principes d'honneur, de modestie, de vertu, que j'ai tâché de développer dans votre cœur. Si vous n'avez été que mensonge jusqu'à cette heure fatale, alors vous n'êtes point regrettable... Est-ce la perfection morale de cet inconnu qui vous tente ?... Serait-ce l'espèce de puissance nécessaire aux gens qui commettent un crime ?... Je vous estime trop pour supposer...

— Oh ! supposez tout, madame, répondit Hélène d'un ton froid.

Mais, malgré la force de caractère dont elle faisait preuve en ce moment, le feu de ses yeux absorba difficilement les larmes qui roulèrent dans ses yeux. L'étranger devina le langage de la mère par les pleurs de la jeune fille, et lança son coup-d'œil d'aigle sur madame de Verdun, qui fut obligée, par un irrésistible pouvoir, de regarder le terrible séducteur. Quand les yeux de cette faible femme rencontrèrent les yeux clairs et luisans de cet homme, elle éprouva dans l'âme un frisson semblable à la commotion physique dont nous sommes saisis à l'aspect d'un reptile, ou lorsque nous touchons à une bouteille de Leyde.

— Mon ami, cria-t-elle à son mari, c'est le démon. Il devine tout...

Le général se leva pour saisir un cordon de sonnette.

— Il vous perd, dit Hélène au meurtrier.

L'inconnu sourit, fit un pas, arrêta le bras de M. de Verdun, le força de supporter un regard qui versait la stupeur, et le dépouilla de son énergie.

— Je vais vous payer votre hospitalité, dit-il, et nous serons quittes. Je vous épargnerai un déshonneur en me livrant moi-même. Après tout, que ferais-je maintenant de la vie?

— Vous pouvez vous repentir, répondit Hélène en lui adressant une de ces espérances qui ne brillent que dans les yeux d'une vierge.

— Je ne me repentirai jamais, dit le meurtrier d'une voix sonore et en levant fièrement la tête.

— Ses mains sont teintes de sang, dit le père à sa fille.

— Je les essuierai, répondit-elle.

— Mais, reprit le général, sans se hasarder à lui montrer l'inconnu, savez-vous s'il veut de vous, seulement.

Alors le meurtrier s'avança vers Hélène, dont la beauté, quelque chaste et recueillie qu'elle fût, était comme éclairée par une lumière intérieure dont les reflets coloraient et mettaient, pour ainsi dire, en relief les moindres traits et les lignes les plus délicates ; puis, après avoir jeté sur cette ravissante créature un doux regard dont elle ne soutint pas la flamme scintillante, il dit, en trahissant une vive émotion : — N'est-ce pas vous aimer pour vous-même, et m'acquitter des deux heures d'existence que m'a vendues votre père, que de me refuser à votre dévouement.

— Et vous aussi, vous me repoussez, s'écria Hélène avec un accent qui déchira les cœurs. Adieu donc à tous, je vais aller mourir !

— Qu'est-ce que cela signifie ? lui dirent ensemble son père et sa mère.

Elle resta silencieuse et baissa les yeux, après avoir interrogé madame de Verdun par un coup-d'œil éloquent. Depuis le moment où M. et madame de Verdun avaient essayé de combattre, par la parole ou par l'action, l'étrange privilége que l'inconnu s'arrogeait en restant au milieu d'eux, et que ce dernier leur avait lancé l'étourdissante lumière qui jaillissait de ses yeux, les deux époux étaient soumis à une torpeur inexplicable, et leur raison engourdie les aidait mal à repousser la puissance surnaturelle sous laquelle ils succombaient. Pour eux, l'air était devenu lourd et ils respiraient difficilement, sans pouvoir accuser celui qui les opprimait ainsi, quoiqu'une voix intérieure ne leur laissât pas ignorer que cet homme magique était le principe de leur impuissance. Gustave lui-mêm restait immobile et stupéfait. Au milieu de cette agonie morale, le général devina que ses efforts devaient avoir pour objet d'influencer la raison chancelante de sa fille; il la saisit par la taille, et la transporta dans l'embrâsure d'une croisée, loin du meurtrier.

— Mon enfant chéri, lui dit-il à voix basse, si quelque amour aussi étrange était né tout à coup dans ton cœur, ta vie pleine d'innocence, ton âme pure et pieuse m'ont donné trop de preuves d'une force de caractère que tu tiens peut-être de moi, pour ne pas te supposer l'énergie nécessaire à dompter un mouvement de folie. Ta conduite cache donc un mystère... Eh bien, mon cœur est un cœur plein d'indulgence, tu peux tout lui confier. Quand même tu le déchirerais, je saurais, mon enfant, taire mes souffrances et garder à ta confession un silence fidèle. Voyons, es-tu jalouse de notre affection pour tes frères ou ta jeune sœur? As-tu dans l'âme un chagrin d'amour? Es-tu malheureuse ici? Parle! explique-moi les raisons qui te poussent à laisser ta famille, à l'abandonner, à la priver de son plus grand charme, à quitter ta mère, tes frères, ta petite sœur.

— Mon père, répondit-elle, je ne suis ni jalouse ni amoureuse de personne, pas même de votre ami, le diplomate, M. de...

Madame de Verdun pâlit, et sa fille qui l'observait, s'arrêta.

— Ne dois-je pas, tôt ou tard, aller vivre sous la protection d'un homme.

— Cela est vrai.

— Savons-nous jamais, dit-elle en continuant, à quel être nous lions nos destinées? Moi, je crois en cet homme.

— Enfant, dit le général en élevant la voix, tu ne songes pas à toutes les souffrances qui vont t'assaillir.

— Je pense aux siennes...

— Quelle vie, dit le père.

— Une vie de femme, répondit la fille en murmurant.

— Vous êtes bien savante, s'écria madame de Verdun, qui retrouva la parole.

— Madame, ce sont les demandes qui me dictent les réponses; mais, si vous le désirez, je parlerai plus clairement.

— Dites tout, ma fille, je suis mère et je subirai tous vos reproches, si vous en avez à me faire, plutôt que de vous voir suivre un homme que tout le monde fuit avec horreur.

— Vous voyez bien, madame, que sans moi il serait seul...

— Assez, madame, s'écria le général, nous n'avons plus qu'une fille.

Et il regarda Moïna, qui dormait toujours.

— Je vous enfermerai dans un couvent, ajouta-t-il en se tournant vers Hélène.

— Soit! mon père, répondit-elle avec un calme

désespérant, j'y mourrai. Vous n'êtes comptable de ma vie et de *son* âme qu'à Dieu...

Un profond silence succéda soudain à ces paroles. Les spectateurs de cette scène, où tout froissait les sentimens vulgaires de la vie sociale, n'osaient se regarder. Tout à coup M. de Verdun aperçut ses pistolets, en saisit un, l'arma lestement et le dirigea sur l'étranger. Au bruit que fit la batterie, cet homme se retourna, jeta son regard calme et perçant sur le général dont le bras, détendu par une invincible mollesse, retomba lourdement, et le pistolet coula sur le tapis...

— Ma fille, dit alors le père abattu par cette lutte effroyable, vous êtes libre. Embrassez votre mère, si elle y consent. Quant à moi, je ne veux plus ni vous voir ni vous entendre...

— Hélène, dit la mère à la jeune fille, pensez donc que vous serez dans la misère.

Une espèce de râle, parti de la large poitrine du meurtrier, attira les regards sur lui. Une expression dédaigneuse était peinte sur sa figure. Ses yeux lançaient des millions.

— L'hospitalité que je vous ai donnée me coûte cher, s'écria le général en se levant. Vous n'avez tué, tout à l'heure, qu'un vieillard; ici vous assassinez toute une famille. Quoi qu'il arrive, il y aura du malheur dans cette maison.

— Et si votre fille est heureuse, demanda le meurtrier en regardant fixement le militaire.

— Si elle est heureuse avec vous, répondit le

père en faisant un incroyable effort, je ne la regretterai pas.

Hélène s'agenouilla timidement devant son père, et lui dit d'une voix caressante :

— O mon père, je vous aime et vous vénère, que vous me prodiguiez les trésors de votre bonté, ou les rigueurs de la disgrâce... Mais, je vous en supplie, que vos dernières paroles ne soient pas des paroles de colère.

Le général n'osa pas contempler sa fille. En ce moment l'étranger s'avança, et jetant sur Hélène un sourire où il y avait à la fois quelque chose d'infernal et de céleste :

— Vous qu'un assassin n'épouvante pas, ange de miséricorde, dit-il, venez, puisque vous persistez à me confier votre destinée !

— Inconcevable, s'écria le père.

Madame de Verdun lança sur sa fille un regard extraordinaire, et lui ouvrit ses bras. Hélène s'y précipita en pleurant.

— Adieu, dit-elle, adieu, ma mère !

Hélène fit hardiment un signe à l'étranger qui tressaillit; et, après avoir baisé la main de son père, embrassé précipitamment mais sans plaisir, Moïna, Gustave et le petit Abel, elle disparut avec le meurtrier.

— Par où vont-ils, s'écria le général en écoutant les pas des deux fugitifs. — Madame, reprit-il en s'adressant à sa femme, je crois rêver : cette aventure me cache un mystère. Vous devez le savoir.

Madame de Verdun frissonna.

— Depuis quelque temps, répondit-elle, votre fille était devenue extraordinairement romanesque et singulièrement exaltée. Malgré mes soins à combattre cette tendance de son caractère...

— Cela n'est pas clair...

Mais, s'imaginant entendre, dans le jardin, les pas de sa fille et de l'étranger, le général s'interrompit pour ouvrir précipitamment la croisée.

— Hélène, cria-t-il.

Cette voix se perdit dans la nuit comme une vaine prophétie. En prononçant ce nom, auquel rien ne répondait plus dans le monde, M. de Verdun rompit, comme par enchantement, le charme auquel une puissance diabolique l'avait soumis. Alors une sorte d'esprit lui passa sur la face. Il vit clairement la scène qui venait de se passer, maudit sa faiblesse, qu'il ne comprenait pas, un frisson chaud alla de son cœur à sa tête, à ses pieds, il redevint lui-même, terrible, affamé de vengeance, et poussa un effroyable cri.

— Au secours!... au secours!...

Il courut aux cordons des sonnettes, les agita de manière à les briser, après avoir fait retentir des tintemens étranges. Tous ses gens s'éveillèrent en sursaut. Pour lui, criant toujours, il ouvrit les fenêtres de la rue, appela les gendarmes, trouva ses pistolets, les tira pour accélérer la marche des cavaliers, le lever de ses gens et la venue des voisins. Alors les chiens reconnurent la voix de leur maître et aboyèrent, les chevaux hennirent et piaffèrent. Ce fut un tumulte affreux au milieu de cette nuit calme. En descendant par les escaliers pour courir après sa fille, le général vit ses gens épouvantés qui arrivaient de toutes parts.

— Ma fille! Hélène! Hélène est enlevée! Allez dans le jardin! Gardez la rue! Ouvrez à la gendarmerie! A l'assassin!

Aussitôt il brisa, par un effort de rage, la chaîne qui retenait le gros chien de garde.

—Trouve Hélène! Cherche donc Hélène! lui dit-il.

Le chien bondit comme un lion, aboya furieusement et s'élança dans le jardin si rapidement, que le général ne put le suivre. En ce moment, le galop des chevaux retentit dans la rue, et M. de Verdun s'empressa d'ouvrir lui-même.

— Brigadier, s'écria-t-il, allez couper la retraite à l'assassin de M. de Mauny. Ils s'en vont par mes jardins. Vite, cernez les chemins de la butte de Picardie, je vais faire une battue dans toutes les terres, les parcs, les maisons.

— Vous autres, dit-il à ses gens, veillez sur la rue et tenez la ligne depuis la barrière jusqu'à Versailles. En avant, tous!

Il se saisit d'un fusil que lui présenta son valet de chambre, et s'élança dans les jardins en criant au chien : — Cherche, *Marengo!* D'affreux aboiemens lui répondirent dans le lointain, et il se dirigea dans la direction d'où les râlemens du chien semblaient venir.

A sept heures du matin, les recherches de la gendarmerie, du général, de ses gens et des voisins avaient été inutiles. Marengo n'était pas revenu. Harassé de fatigue, et déjà vieilli par le chagrin, M. de Verdun rentra dans son salon, désert pour lui, quoique ses trois autres enfans y fussent.

— Vous avez été bien froide pour votre fille, dit-il en regardant sa femme.

— Voilà donc ce qui nous reste d'elle, ajouta-t-il en montrant le métier où il voyait une fleur commencée. Elle était là, tout-à-l'heure, et maintenant, perdue, perdue!

Il pleura, se cacha la tête dans ses mains, et resta un moment silencieux, n'osant plus contempler ce salon qui naguère lui offrait le tableau le plus suave du bonheur domestique. Les lueurs de l'aurore luttaient avec les lampes expirantes; les bougies brûlaient leurs festons de papier, tout s'accordait avec le désespoir de ce père.

— Il faudra détruire ceci, dit-il après un moment de silence et en montrant le métier. Je ne pourrais plus rien voir de ce qui nous la rappelle....

LE CAPITAINE PARISIEN.

La terrible nuit de Noël, pendant laquelle M. et madame de Verdun avaient eu le malheur de perdre leur fille aînée sans avoir pu s'opposer à l'étrange domination exercée par son ravisseur involontaire, fut comme un avis que leur donna la fortune. De ce moment, leur vie, heureuse jusqu'alors, se remplit d'amertume. La faillite d'un agent de change ruina M. de Verdun. Il engagea les biens de sa femme dans une spéculation dont les bénéfices devaient restituer à sa famille l'aisance première dont elle jouissait; mais cette entreprise acheva de le ruiner. Alors, poussé par son désespoir à tout tenter, M. de Verdun s'expatria. Sept ans s'étaient écoulés depuis son départ. Sa famille, réfugiée à Bergerac, avait rarement reçu de ses nouvelles; mais, depuis peu de jours, elle l'attendait.

Par une belle matinée du mois de juillet, quelques négocians français, impatiens de revenir dans leur patrie avec les richesses qu'ils avaient acquises au prix de longs travaux et de périlleux voyages entrepris soit au Mexique, soit dans la Colombie, se trouvaient, à quelques lieues de Bordeaux, sur un brick espagnol.

Un homme, vieilli par les fatigues ou par le chagrin plus que ne le comportaient ses années, était appuyé sur le bastingage, et paraissait insensible au spectacle qui s'offrait aux regards des passagers groupés sur le tillac. Échappés au danger de la navigation et conviés par la beauté du jour, tous étaient montés sur le pont comme pour saluer leur terre natale. La plupart d'entre eux voulaient absolument voir, dans le lointain, les phares, les édifices de la Gascogne, la tour de Cordouan mêlés aux créations fantastiques de quelques nuages blancs qui s'élevaient à l'horizon.

Sans la frange argentée qui badinait devant le brick, et sans le long sillon rapidement effacé qu'il traçait derrière lui, les voyageurs auraient pu se croire immobiles au milieu de l'Océan atlantique, tant la mer y était calme. Le ciel avait une pureté ravissante. La teinte foncée de sa voûte arrivait, par d'insensibles dégradations, à se confondre avec la couleur des eaux bleuâtres, en marquant le point de sa réunion par une ligne dont la clarté scintillait aussi vivement que celle des étoiles. Le soleil faisait étinceler des millions de facettes dans l'immense étendue de la mer, en sorte que les vastes plaines de l'eau étaient plus lumineuses peut-être que les campagnes du firmament. Le brick avait toutes ses voiles gonflées par un vent d'une merveilleuse douceur, et ces nappes aussi blanches que la neige, ces pavillons jaunes flottans, ce dédale de cordages se dessinaient avec une précision rigoureuse sur le fond brillant de l'air, du ciel et de l'Océan, sans recevoir d'autres teintes que celle des ombres projetées par les toiles vaporeuses. Un beau jour, un vent frais, la vue de la patrie, une mer tranquille, un bruissement mélancolique, un joli brick solitaire, glissant sur l'Océan comme une femme qui vole à un rendez-vous, c'était un tableau plein d'harmonies, une scène d'où l'âme humaine pouvait embrasser d'immuables espaces, en partant d'un point où tout était mouvement. Il y avait une étonnante opposition de solitude et de vie, de silence et de bruit, sans qu'on pût savoir où étaient le bruit et la vie, le néant et le silence; aussi, pas une voix humaine ne rompait-elle ce charme céleste. Le capitaine espagnol, ses matelots, les Français restaient assis ou debout, tous plongés dans une extase religieuse pleine de souvenirs. Il y avait de la paresse dans l'air et des pensées dans l'horizon. Les figures épanouies accusaient un oubli complet des maux passés, et ces hommes se balançaient sur ce doux navire comme dans un songe d'or.

Cependant, de temps en temps, le vieux passager, appuyé sur le bastingage, regardait l'horizon avec une sorte d'inquiétude. Il y avait une défiance du sort écrite dans tous ses traits, et il semblait craindre de ne jamais toucher assez vite la terre de France. Cet homme était M. de Verdun. La fortune n'avait pas été sourde aux cris et aux efforts de son désespoir ; et, après cinq ans de tentatives, de travaux pénibles, il s'était vu possesseur d'une fortune considérable. Or, dans son impatience de revoir son pays et d'apporter le bonheur à sa famille, il avait suivi l'exemple de quelques négocians français de la Havane en s'embarquant avec eux sur un vaisseau espagnol en charge pour Bordeaux. Néanmoins, son imagination, lassée de prévoir le mal, lui traçait les images les plus délicieuses de son bonheur passé. En voyant de loin la ligne brune décrite par la terre, il croyait contempler sa femme et ses enfans. Il était, à sa place, au foyer, et s'y sentait pressé, caressé. Il se figurait Moïna belle, grandie, imposante comme une jeune fille. Quand ce tableau fantastique eut pris une sorte de réalité, des larmes roulèrent dans ses yeux ; alors, comme pour cacher son trouble, il regarda l'horizon humide opposé à la ligne brumeuse qui annonçait la terre.

— C'est lui, dit-il, il nous suit.

— Qu'est-ce ? s'écria le capitaine espagnol.

— Un vaisseau, reprit à voix basse le général.

— Je l'ai déjà vu hier, répondit le capitaine Gomez.

Il contempla le Français comme pour l'interroger.

— Il nous a toujours donné la chasse, dit le capitaine à l'oreille de M. de Verdun.

— Et je ne sais pas pourquoi il ne nous a jamais rejoints, reprit le vieux militaire. Il est meilleur voilier que votre damné *Saint-Ferdinand*.

— Il aura eu des avaries, une voie d'eau.

— Il nous gagne, s'écria le Français.

— C'est un corsaire, lui dit à l'oreille le capitaine. Nous sommes encore à six lieues de terre, et le vent faiblit.

— Il ne marche pas, il vole, comme s'il savait que dans deux heures sa proie lui aura échappé. Quelle hardiesse!

— Lui? s'écria le capitaine. Ah! il ne s'appelle pas *l'Othello* sans raison. Il a dernièrement coulé bas une frégate espagnole, et n'a cependant pas trente canons! Je n'avais peur que de lui; car je n'ignorais pas qu'il croisait dans les Antilles...

— Ah! ah! reprit-il après une pause pendant laquelle il regarda les voiles de son vaisseau, le vent s'élève, nous arriverons. Il le faut, *le Parisien* serait impitoyable.

— Lui aussi arrive! répondit M. de Verdun.

L'*Othello* n'était plus guère qu'à trois lieues. Quoique l'équipage n'eût pas entendu la conversation de M. de Verdun et du capitaine Gomez, l'apparition de cette voile avait amené la plupart des matelots et des passagers vers l'endroit où étaient les deux interlocuteurs, mais presque tous, prenant le brick pour un bâtiment de commerce, le voyaient venir avec intérêt, quand tout-à-coup un matelot s'écria dans un langage énergique :

— Par Saint Jacques, nous sommes flambés! Voici le capitaine *Parisien*.

A ce nom terrible, l'épouvante se répandit dans

le brick, et ce fut une confusion dont rien ne saurait donner une idée. Le capitaine espagnol imprima par sa parole une énergie momentanée à ses matelots ; et, dans ce danger, voulant gagner la terre à quelque prix que ce fût, il essaya de faire mettre promptement toutes ses bonnettes hautes et basses, tribord et bâbord, pour présenter au vent l'entière surface de toile dont ses vergues étaient garnies. Mais ce ne fut pas sans de grandes difficultés que les manœuvres s'accomplirent ; et, naturellement, elles manquèrent de cet ensemble admirable qui séduit tant dans un vaisseau de guerre. Quoique *l'Othello* volât comme une hirondelle, grâce à l'orientement de ses voiles, il gagnait cependant si peu en apparence que les malheureux Français se firent une douce illusion. Tout-à-coup, au moment où, après des efforts inouïs, *le Saint-Ferdinand* prenait un nouvel essor par suite des habiles manœuvres auxquelles Gomez avait aidé lui-même du geste et de la voix ; par un faux coup de barre, volontaire sans doute, le timonier mit le brick en travers. Alors les voiles, frappées de côté par le vent, *fazéièrent* si brusquement qu'il vint à *masquer* en grand ; les boute-hors se rompirent, et il fut complètement *démané*. Une rage inexprimable rendit le capitaine plus blanc que ses voiles. D'un seul bond, il sauta sur le timonier, et l'atteignit si furieusement de son poignard, qu'il le manqua ; mais il le précipita dans la mer ; puis il saisit la barre, et tâcha de remédier au désordre épouvantable qui révolutionnait son brave et courageux navire. Des larmes de désespoir roulaient dans ses yeux; car nous éprouvons plus de chagrins d'une trahison qui trompe un résultat dû à notre talent, que d'une mort imminente. Mais plus le capitaine jura, et moins la besogne se fit. Alors il tira lui-même le canon d'alarme, espérant être entendu de la côte. En ce moment le corsaire, qui arrivait avec une vitesse désespérante, répondit par un coup de canon dont le boulet vint expirer à dix toises du *Saint-Ferdinand*.

— Tonnerre! s'écria le général, comme c'est pointé! Ils ont de cruelles caronades.

— Oh! celui-là, voyez-vous, quand il parle, il faut se taire, répondit un matelot. *Le Parisien* ne craindrait pas un vaisseau anglais.

— Tout est dit, s'écria dans un accent de désespoir le capitaine, qui, ayant braqué sa longue-vue, ne distingua rien du côté de la terre... Nous sommes encore plus loin de la France que je ne le croyais.

— Pourquoi vous désoler? reprit le général. Tous vos passagers sont Français, ils ont frété votre bâtiment. Ce corsaire est un Parisien, dites-vous, hé bien! hissez pavillon blanc, et...

— Et il nous coulera, répondit le capitaine. N'est-il pas, suivant les circonstances, tout ce qu'il faut être quand il veut s'emparer d'une riche proie: Algérien, Grec, Mexicain, Colombien, etc.

— Ah, si c'est un pirate!

— Pirate, dit le matelot d'un air farouche. Ah! il est toujours en règle, ou sait s'y mettre.

— Alors, s'écria le général en levant les yeux au ciel, résignons-nous. Et il eut encore assez de force pour retenir ses larmes.

Comme il achevait ces mots, un second coup de canon, mieux adressé, envoya dans la coque du *Saint-Ferdinand* un boulet qui s'y logea.

— Mettez en panne, dit le capitaine d'un air triste.

Et le matelot qui avait défendu l'honnêteté du *Parisien*, aida fort intelligemment à cette manœuvre désespérée. L'équipage attendit pendant une mortelle demi-heure, en proie à la consternation la plus profonde. Le *Saint-Ferdinand* portait en piastres quatre millions, qui composaient la fortune de cinq passagers, et celle de M. de Verdun était de huit cent mille francs. Enfin *l'Othello*, qui se trouvait alors à dix portées de fusil, montra distinctement les gueules menaçantes de douze canons prêts à faire feu. Il semblait emporté par un vent que soufflait le diable exprès pour lui ; mais l'œil d'un marin habile devinait facilement le secret de cette vitesse. Il suffisait de contempler pendant un moment l'élancement du brick, sa forme allongée, son étroitesse, la hauteur de sa mâture, la coupe de sa toile, l'admirable légèreté de son gréement, et l'aisance avec laquelle son monde de matelots, unis comme un seul homme, ménageaient le parfait orientement de la surface blanche présentée par ses voiles. Tout annonçait une incroyable sécurité de puissance dans cette svelte créature de bois, aussi rapide, aussi intelligente que l'est un coursier ou quelque oiseau de proie. L'équipage du corsaire était silencieux et prêt, en cas de résistance, à dévorer le pauvre bâtiment marchand, qui, heureusement pour lui, se tint coi, semblable à un écolier pris en faute par son maître.

— Nous avons des canons! s'écria le général en serrant la main du capitaine espagnol.

Ce dernier lança au vieux militaire un regard plein de courage et de désespoir, en lui disant : — Et des hommes?

M. de Verdun regarda l'équipage du *Saint-Ferdinand*, et frissonna. Les quatre négocians étaient pâles, tremblans; tandis que les matelots groupés autour d'un des leurs, semblaient se concerter pour prendre parti sur *l'Othello*. Ils regardaient le corsaire avec une curiosité cupide. Le contre-maître, le capitaine et M. de Verdun échangeaient seuls, en s'examinant de l'œil, des pensées généreuses.

— Ah! capitaine Gomez, j'ai dit naguère adieu à mon pays et à ma famille, le cœur mort d'amertume, faudra-t-il encore les quitter au moment où j'apporte la joie et le bonheur à mes enfans.

Le général se tourna pour jeter à la mer une larme de rage, et y aperçut le timonier nageant vers le corsaire.

— Cette fois, répondit le capitaine, vous lui direz sans doute adieu pour toujours.

Le Français épouvanta l'Espagnol par le coup d'œil stupide qu'il lui adressa. En ce moment, les deux vaisseaux étaient presque bord à bord; et à l'aspect de l'équipage ennemi, M. de Verdun crut à la fatale prophétie de Gomez. Trois hommes se tenaient autour de chaque pièce. A voir leur posture athlétique, leurs traits anguleux, leurs bras nus et nerveux, on les eût pris pour des statues de bronze. La mort les aurait tués sans les renverser. Les matelots, bien armés, actifs, lestes et vigoureux, restaient immobiles. Toutes ces figures énergiques étaient fortement basanées par le soleil, durcies par les travaux. Leurs yeux brillaient comme autant de pointes de feu, et annonçaient des intelligences énergiques, des joies infernales. Le profond silence régnant sur ce tillac, noir d'hommes et de chapeaux, accusait l'implacable discipline sous laquelle une puissante volonté courbait ces démons humains. Le chef était au pied du grand mât, debout, les bras croisés, sans armes, seulement une hache se trouvait à ses pieds. Il avait sur la tête, pour se garantir du soleil, un chapeau de feutre à grands bords, dont l'ombre lui cachait le visage. Semblables à des chiens couchés devant leur maître, canonniers, soldats et matelots tournaient alternativement les yeux sur leur capitaine et sur le navire marchand. Quand les deux bricks se touchèrent, la secousse tira le corsaire de sa rêverie, et il dit deux mots à l'oreille d'un jeune officier qui se tenait à deux pas de lui.

— Les grappins d'abordage, cria le lieutenant.

Et *le Saint-Ferdinand* fut accroché par *l'Othello* avec une promptitude miraculeuse. Suivant les ordres donnés à voix basse par le corsaire, et répétés par le lieutenant, les hommes désignés pour chaque service allèrent, comme des séminaristes marchant à la messe, sur le tillac de la prise, lier les mains aux matelots, aux passagers, et s'emparer des trésors. En un moment les tonnes pleines de piastres, les vivres et l'équipage du *Saint-Ferdinand* furent transportés sur le pont de *l'Othello*. Le général se croyait sous la puissance d'un songe, quand il se trouva les mains liées et jeté sur un ballot comme s'il eût été lui-même une marchandise. Une conférence avait lieu entre le corsaire, son lieutenant et l'un des matelots qui paraissait remplir les fonctions de contre-maître. La discussion dura peu. Quand elle fut terminée, le matelot siffla ses hommes. Sur un ordre qu'il leur donna, ils sautèrent tous sur *le Saint-Ferdinand*, grimpèrent dans les cordages, et se mirent à le dépouiller de ses vergues, de ses voiles, de ses agrès, avec autant de prestesse qu'un soldat déshabille, sur le champ de bataille, un camarade mort dont il convoitait les souliers et la capote.

— Nous sommes perdus, dit froidement à M. de Verdun le capitaine espagnol, qui avait épié de l'œil les gestes des trois chefs pendant la délibération, et les mouvemens des matelots qui procédaient au pillage régulier de son brick.

— Comment, demanda froidement le général.

— Que voulez-vous qu'ils fassent de nous? répondit l'Espagnol. Ils viennent sans doute de reconnaître qu'ils vendraient difficilement *le Saint-Ferdinand* dans les ports de France ou d'Espagne, ils vont le couler pour ne pas s'en embarrasser. Quant à nous, croyez-vous qu'ils puissent se charger de notre nourriture lorsqu'ils ne savent dans quel port relâcher.

A peine le capitaine avait-il achevé ces paroles que le général entendit une horrible clameur, suivie du bruit sourd causé par la chute de plusieurs corps tombant à la mer. Il se retourna, et ne vit plus que les quatre négocians. Huit canonniers à figures farouches avaient encore les bras en l'air au moment où le militaire les regardait avec terreur.

— Quand je vous le disais, lui dit froidement le capitaine espagnol.

M. de Verdun se leva brusquement. La mer avait déjà repris son calme; il ne put même pas voir la place où ses malheureux compagnons venaient d'être engloutis. Ils roulaient en ce moment, pieds et poings liés, sous les vagues, si déjà les poissons ne les avaient dévorés. A quelques pas de lui, le perfide timonier et le matelot du *Saint-Ferdinand* qui vantait naguère la puissance du capitaine Parisien, fraternisaient avec les corsaires, et leur indiquaient du doigt ceux des marins du brick qu'ils avaient reconnus dignes d'être incorporés à l'équipage de *l'Othello;* quant aux autres, deux mousses leur attachaient les pieds, malgré d'affreux juremens. Le choix terminé, les huit canonniers s'emparèrent des condamnés et les lancèrent sans cérémonie à la mer.

Les corsaires regardaient avec une curiosité malicieuse les différentes manières dont ces hommes tombaient, leurs grimaces, leur dernière torture ; mais leurs visages ne trahissaient ni moquerie, ni étonnement, ni pitié. C'était, pour eux, un événement tout simple, auquel ils semblaient accoutumés. Les plus âgés contemplaient de préférence, avec un sourire sombre et arrêté, les tonneaux pleins de piastres déposés au pied du grand mât. Le général Verdun et le capitaine Gomez, assis sur un ballot, se consultaient en silence par un regard presque terne. Ils se trouvèrent bientôt les seuls qui survécussent à l'équipage du *Saint-Ferdinand*. Les sept matelots choisis par les deux espions parmi les marins espagnols s'étaient déjà joyeusement métamorphosés en Péruviens.

— Quels atroces coquins, s'écria tout-à-coup le général, chez lequel une loyale et généreuse indignation fit taire et la douleur et la prudence.

— Ils obéissent à la nécessité, répondit froidement Gomez. Si vous retrouviez un de ces hommes-là, ne lui passeriez-vous pas votre épée au travers du corps.

— Capitaine ! dit le lieutenant en se retournant vers l'Espagnol, le Parisien a entendu parler de vous. Vous êtes, dit-il, le seul homme qui connaissiez bien les débouquemens des Antilles et les côtes du Brésil. Voulez-vous...

Le capitaine interrompit le jeune lieutenant par une exclamation de mépris, et répondit : —Je mourrai en marin, en espagnol fidèle, en chrétien. Entends-tu?

— A la mer, cria le jeune homme.

A cet ordre deux canonniers se saisirent de Gomez.

— Vous êtes des lâches, s'écria le général en arrêtant les deux corsaires.

— Mon vieux, lui dit le lieutenant, ne vous emportez pas trop. Si votre ruban rouge fait quelque impression sur notre capitaine, moi je m'en moque... Nous allons avoir aussi tout à l'heure notre petit bout de conversation.

En ce moment, un bruit lourd, auquel nulle plainte ne se mêla, fit comprendre au général que le brave Gomez était mort en marin.

— Ma fortune ou la mort, cria-t-il dans un effroyable accès de rage.

— Ah! vous êtes raisonnable, lui répondit le corsaire en ricanant. Maintenant vous êtes sûr d'obtenir quelque chose de nous....

Puis, sur un signe du lieutenant, deux matelots s'empressèrent de lier les pieds du Français; mais ce dernier, les frappant avec une rudesse inouïe, tira, par un geste auquel on ne s'attendait guère, le sabre que le lieutenant avait au côté, et se mit à en jouer lestement en vieux général de cavalerie qui savait son métier.

— Ah! brigands, vous ne jetterez pas à l'eau comme une huître un ancien troupier de Napoléon.

Des coups de pistolet, tirés presque à bout portant sur le Français récalcitrant, attirèrent l'attention du Parisien, alors occupé à surveiller le transport des agrès qu'il ordonnait de prendre au *Saint-Ferdinand*. Sans s'émouvoir, il vint saisir par derrière le courageux général, l'enleva rapidement, l'entraîna vers le bord, et se disposait à le jeter à l'eau comme un espars de rebut. En ce moment M. de Verdun regarda son agresseur et rencontra l'œil fauve du ravisseur de sa fille. Le père et le gendre se reconnurent tout à coup. Le capitaine, imprimant à son élan un mouvement contraire à celui qu'il lui avait donné, comme si M. de Verdun ne pesait rien, loin de le précipiter à la mer, le plaça debout près du grand mât. Un murmure s'éleva sur le tillac; mais alors le corsaire lança un seul coup-d'œil sur ses gens, et le plus profond silence régna soudain.

— C'est le père d'Hélène, dit le capitaine d'une voix claire et ferme. Malheur à qui ne le respecterait pas.

Un *houra* d'acclamations joyeuses retentit sur le tillac, et monta vers le ciel comme une prière d'église, comme le premier cri du *Te Deum*. Les mousses se balancèrent dans les cordages, les matelots jetèrent leurs bonnets en l'air, les canonniers trépignèrent des pieds, chacun s'agita, hurla, siffla, jura. L'expression fanatique de cette allégresse rendit le général inquiet et sombre. Attribuant ce sentiment à quelque horrible mystère, son premier cri, quand il recouvra la parole, fut : — Ma fille ! Où est-elle ?

Le corsaire jeta sur le général un de ces regards profonds qui, sans qu'on en pût deviner la raison, bouleversaient toujours les âmes les plus intrépides. Il le rendit muet, à la grande satisfaction des matelots, heureux de voir la puissance de leur chef s'exercer sur tous les êtres, le conduisit vers un escalier, le lui fit descendre et l'amena devant la porte d'une cabine qu'il poussa vivement, en disant :
— La voilà.

Puis, il disparut en laissant le vieux militaire plongé dans une sorte de stupeur à l'aspect du tableau qui s'offrit à ses yeux.

En entendant ouvrir la porte de la chambre avec brusquerie, Hélène s'était levée du divan sur lequel elle reposait ; mais elle vit M. de Verdun, et jeta un cri de surprise. Elle était si changée qu'il fallait les yeux d'un père pour la reconnaître. Le soleil des tropiques avait embelli sa blanche figure d'une teinte brune, d'un coloris merveilleux qui lui donnaient une expression de poésie, et il y respirait un air de grandeur, une fermeté majestueuse, un sentiment profond par lequel l'âme la plus grossière devait être impressionnée. Sa longue et abondante chevelure, retombant en grosses boucles sur son cou plein de noblesse, ajoutait encore une mystérieuse puissance à la fierté de ce visage. Dans sa pose, dans son geste, Hélène laissait éclater la conscience qu'elle avait de son pouvoir. Une satisfaction triomphale enflait légèrement ses narines roses, et son bonheur tranquille était signé dans tous les développemens de sa beauté. Il y avait tout à la fois en elle je ne sais quelle suavité de vierge et cette sorte d'orgueil particulier aux bien-aimées. Esclave et souveraine, elle préférait obéir tout en régnant. Elle était vêtue avec une magnificence pleine de charme et d'élégance. La mousseline des Indes faisait tous les frais de sa toilette; mais son divan et les coussins étaient en cachemire; mais un tapis de Perse garnissait le plancher de la vaste cabine; mais ses quatre enfans jouaient à ses pieds, en construisant leurs châteaux bizarres avec des colliers de perles, des bijoux précieux, des objets de prix. Quelques vases en porcelaine de Sèvres, peints par madame Jaquotot, contenaient des fleurs rares qui embaumaient : c'étaient des jasmins du Mexique, des camélias parmi lesquels de petits oiseaux d'Amérique voltigeaient apprivoisés, et semblaient être des rubis, des saphirs, de l'or animé. Un piano était fixé dans ce salon ; et, sur ses murs de bois tapissés en soie jaune, on voyait çà et là des tableaux d'une petite dimension, mais dus aux meilleurs peintres: un coucher de soleil, par Gudin, se trouvait auprès d'un Terburg ; une vierge de Raphaël luttait de poésie avec une esquisse de Girodet ; un Gérard Dow éclipsait un Drolling. Sur une table en laque de Chine, se trouvait une assiette d'or pleine de fruits délicieux. Enfin Hélène semblait être la reine d'un grand empire au milieu du boudoir dans lequel son amant couronné aurait rassemblé les choses les plus élégantes de la terre. Les enfans arrêtaient sur leur aïeul des yeux d'une pénétrante vivacité ; et habitués qu'ils étaient de vivre au milieu des combats, des tempêtes et du tumulte, ils ressemblaient à ces petits Romains curieux de guerre et de sang, que David a peints dans son tableau de *Brutus*.

— Comment cela est-il possible, s'écria Hélène en saisissant son père comme pour s'assurer de la réalité de cette vision.

— Hélène !

— Mon père !

Ils tombèrent dans les bras l'un de l'autre ; et l'étreinte du vieillard ne fut ni la plus forte ni la plus affectueuse.

— Vous étiez sur ce vaisseau.

— Oui, répondit-il d'un air triste en s'asseyant sur le divan et regardant les enfans qui, groupés autour de lui, le considéraient avec une attention naïve. J'allais périr sans...

— Sans mon mari, dit-elle en l'interrompant, je devine.

— Ah! s'écria le général, pourquoi faut-il que je te retrouve ainsi, mon Hélène, toi que j'ai tant pleurée! Je devrai donc gémir encore sur ta destinée.

— Pourquoi, demanda-t-elle en souriant. Ne serez-vous donc pas content d'apprendre que je suis la femme la plus heureuse de toutes.

— Heureuse! s'écria-t-il en faisant un bond de surprise.

— Oui, mon bon père, reprit-elle en s'emparant de ses mains, les embrassant, les serrant sur son sein palpitant, et ajoutant à cette cajolerie un air de tête que ses yeux pétillans de plaisir rendirent encore plus significatif.

— Et comment cela, demanda-t-il, curieux de connaître la vie de sa fille, et oubliant tout devant cette physionomie resplendissante.

— Écoutez, mon père, répondit-elle. J'ai pour amant, pour époux, pour serviteur, pour maître, un homme dont l'âme est aussi vaste que cette mer sans bornes, aussi féconde en douceur que le ciel, un dieu enfin! Depuis sept ans, jamais il ne lui est échappé une parole, un sentiment, un geste qui pussent produire une dissonance avec la divine harmonie de ses discours, de ses caresses et de son amour. Il m'a toujours regardée en ayant sur les lèvres un sourire ami, et dans les yeux un rayon de joie. Là haut, sa voix est tonnante, elle domine souvent les hurlemens de la tempête ou le tumulte des combats; ici, elle est douce et mélodieuse comme la musique de Rossini, dont les œuvres m'arrivent. Tout ce que le caprice d'une femme peut inventer, je l'obtiens. Mes désirs sont même parfois surpassés. Enfin, je règne sur la mer et j'y suis obéie comme peut l'être une souveraine... — Oh! heureuse, reprit-elle en s'interrompant elle-même, heureuse n'est pas un mot qui puisse exprimer mon bonheur. J'ai la part de toutes les femmes! Sentir un amour, un dévouement immenses pour celui qu'on aime, et rencontrer dans son cœur, *à lui*, un sentiment infini où l'âme d'une femme se perd; et... toujours! Dites, est-ce un bonheur? J'ai déjà dévoré mille existences. Ici, je suis seule; ici, je commande. Jamais une créature de mon sexe n'a mis le pied sur ce noble vaisseau, où *Victor* est toujours à quelques pas de moi. — Il ne peut pas aller plus loin de moi que de la poupe à la proue, reprit-elle avec une fine expression de malice. Sept ans! un amour qui résiste pendant sept ans à cette perpétuelle joie, à cette épreuve de tous les instants, est-ce l'amour? Non, oh! non, c'est mieux que tout ce que je connais de la vie... Le langage humain manque pour exprimer un bonheur céleste.

Un torrent de larmes s'échappa de ses yeux enflammés. Alors ses quatre enfans jetèrent un cri plaintif, accoururent à elle comme des poussins à leur mère, et l'aîné frappa le général en le regardant d'un air menaçant.

— Abel, dit-elle, mon ange, je pleure de joie...

Elle le prit sur ses genoux, l'enfant la caressa familièrement, en passant ses bras autour du cou majestueux d'Hélène, comme un lionceau qui veut jouer avec sa mère.

— Tu ne t'ennuies pas, s'écria le général étourdi par la réponse exaltée de sa fille.

— Si, répondit-elle. A terre, quand nous y allons, et encore! je ne quitte jamais mon mari.

— Mais tu aimais les fêtes, les bals, la musique.

— La musique, c'est sa voix; mes fêtes, ce sont

les parures que j'invente pour lui. Quand une toilette lui plaît, n'est-ce pas comme si la terre entière m'admirait. Voilà seulement pourquoi je ne jette pas à la mer ces diamans, ces colliers, ces diadèmes de pierreries, ces richesses, ces fleurs, ces chefs-d'œuvre des arts qu'il me prodigue en me disant : — Hélène, puisque tu ne vas pas dans le monde, je veux que le monde vienne à toi.

— Mais sur ce bord il y a des hommes, des hommes audacieux, terribles, dont les passions...

— Je vous comprends, mon père, dit-elle en souriant. Rassurez-vous. Jamais impératrice n'a été environnée de plus d'égards que l'on ne m'en prodigue. Ces gens-là sont superstitieux, et ils croient que je suis le génie tutélaire de ce vaisseau, de leurs entreprises, de leurs succès. Mais c'est *lui* qui est leur dieu ! Un jour, une seule fois, un matelot me manqua de respect, en paroles, ajouta-t-elle en riant. Avant que Victor ait pu l'apprendre, les gens de l'équipage le lancèrent à la mer malgré le pardon que je lui accordais. Ils m'aiment comme leur bon ange. Je les soigne dans leurs maladies, et j'ai eu le bonheur d'en sauver quelques-uns de la mort en les veillant avec une persévérance de femme, ces pauvres gens ! Ce sont des géans et des enfans.

— Et quand il y a des combats.

— J'y suis accoutumée, répondit-elle. Je n'ai tremblé que pendant le premier... Maintenant, mon âme est faite à ce péril, et même je suis votre fille, dit-elle, je l'aime...

—Et s'il périssait.

— Je périrais.

— Et tes enfans.

— Ils sont fils de l'Océan et du danger, ils partagent la vie de leurs parens... Notre existence est une, et ne se scinde pas. Nous vivons tous de la même vie, tous inscrits sur la même page, portés par le même esquif! Nous le savons.

— Tu l'aimes donc à ce point de le préférer à tout?

— A tout, répéta-t-elle. Mais ne sondons point ce mystère. Tenez! Ce cher enfant, eh bien, c'est encore *lui!*

Puis, pressant Abel avec une vigueur extraordinaire, elle lui imprima de dévorans baisers sur les joues, sur le col, sur les cheveux...

— Mais, s'écria le général, je ne saurais oublier qu'il vient de faire jeter à la mer douze personnes.

— Il le fallait sans doute, répondit-elle, car il est humain et généreux. Il verse le moins de sang possible, pour la conservation et les intérêts du petit monde qu'il protège et de la cause sacrée qu'il défend. Parlez-lui de ce qui vous paraît mal, et vous verrez qu'il saura vous faire changer d'avis.

— Et son crime, dit le général, comme s'il se parlait à lui-même.

— Mais, répliqua-t-elle avec une dignité froide, si c'était une vertu ; si la justice des hommes n'avait pu le venger.

— Se venger soi-même, s'écria le général.

— Et qu'est-ce que l'enfer, demanda-t-elle, si ce n'est une vengeance éternelle pour quelques fautes d'un jour.

— Ah! tu es perdue. Il t'a ensorcelée, pervertie. Tu déraisonnes.

— Restez ici un jour, mon père, et si vous voulez l'écouter, le regarder, vous l'aimerez.

— Hélène, dit gravement le général, nous sommes à quelques lieues de France...

Elle tressaillit, regarda par la croisée de la chambre, montra la mer déroulant ses immenses savanes d'eau verte.

— Voilà mon pays, répondit-elle en frappant sur le tapis du bout du pied.

— Mais ne viendras-tu pas voir ta mère, ta sœur, tes frères.

— Oh! oui, dit-elle avec des larmes dans la voix, s'il le veut, et s'il peut m'accompagner.

— Tu n'as donc plus rien, Hélène, reprit sévèrement le militaire, ni pays, ni famille?...

— Je suis sa femme, répliqua-t-elle avec un air de fierté, avec un accent plein de noblesse.

— Voici, depuis sept ans, le premier bonheur qui ne me vienne pas de lui, ajouta-t-elle en saisissant la main de son père et l'embrassant; et voici le premier reproche que j'aie entendu.

— Et ta conscience?

— Ma conscience; mais c'est lui.

En ce moment elle tressaillit violemment.

— Le voici, dit-elle. Même dans un combat, entre tous les pas, je reconnais son pas sur le tillac.

Et tout-à-coup une rougeur empourpra ses joues, fit resplendir ses traits, briller ses yeux, et son teint devint d'un blanc mat... Il y avait du bonheur et de l'amour dans ses muscles, dans ses veines bleues, dans le tressaillement involontaire de toute sa personne. Ce mouvement de sensitive émut le général.

En effet, un instant après, le corsaire entra, vint s'asseoir sur un fauteuil, s'empara de son fils aîné, et se mit à jouer avec lui.

Le silence régna pendant un moment; car pendant un moment, le général, plongé dans une rêverie comparable au sentiment vaporeux d'un rêve, contempla cette élégante cabine, semblable à un nid d'alcyons, où cette famille voguait sur l'Océan depuis sept années, entre les cieux et l'onde, sur la foi d'un homme, conduite à travers les périls de la guerre et des tempêtes, comme un ménage est guidé dans la vie par un chef au sein des malheurs sociaux... Il regardait avec admiration sa fille, image fantastique d'une déesse marine, suave de beauté, riche de bonheur, et faisant pâlir tous les trésors dont elle était entourée, devant les trésors de son âme, les éclairs de ses yeux, et l'indescriptible poésie exprimée dans sa personne et autour d'elle. Cette situation offrait une étrangeté qui le surprenait, une sublimité de passion et de raisonnement dont il était confondu. Les froides et étroites combinaisons de la société mouraient devant ce tableau. Le vieux militaire sentit toutes ces choses, et comprit aussi que sa fille n'abandonnerait jamais une vie si large, si féconde en contrastes, remplie par un amour aussi vrai; puis, que si elle avait une fois goûté le péril sans en être effrayée, elle ne pouvait plus revenir aux petites scènes d'un monde mesquin et borné.

— Vous gênais-je, demanda le corsaire en rompant le silence et regardant sa femme.

— Non, lui répondit le général. Hélène m'a tout dit. Je vois qu'elle est perdue pour nous...

— Non, répliqua vivement le corsaire... Encore dix ans, et la prescription me permettra de revenir en France. Quand la conscience est pure, et qu'en froissant vos lois sociales un homme a obéi...

Il se tut, en dédaignant de se justifier.

— Et comment pouvez-vous, dit le général en l'interrompant, ne pas avoir des remords pour les nouveaux assassinats qui se sont commis devant mes yeux.

— Nous n'avons pas de vivres, répliqua tranquillement le corsaire.

— Mais en débarquant ces hommes sur la côte...

— Ils nous feraient couper la retraite par quelque vaisseau, et nous n'arriverions pas au Chili.

— Avant que, de France, dit le général en interrompant, ils aient prévenu l'amirauté d'Espagne....

— Mais la France peut trouver mauvais qu'un homme, encore sujet de ses cours d'assises, se soit emparé d'un brick frété par des Bordelais. D'ailleurs, n'avez-vous pas quelquefois tiré, sur le champ de bataille, plusieurs coups de canon de trop?

Le général, intimidé par le regard du corsaire, se tut ; et sa fille le regarda d'un air qui exprimait autant de triomphe que de mélancolie...

— Général, dit le corsaire d'une voix profonde, je me suis fait une loi de ne jamais rien distraire du butin. Mais il est hors de doute que ma part sera plus considérable que ne l'était votre fortune. Permettez-moi de vous la restituer en autre monnaie...

Il prit dans le tiroir du piano une masse de billets de banque, ne compta pas les paquets, et présenta un million à M. de Verdun.

— Vous comprenez, reprit-il, que je ne puis pas m'amuser à regarder les passans sur la route de Bordeaux... Or, à moins que vous ne soyez séduit par les dangers de notre vie bohémienne, par les scènes de l'Amérique méridionale, par nos nuits des Tropiques, par nos batailles, et par le plaisir de faire triompher le pavillon d'une jeune nation, où le nom de Simon Bolivar, il faut nous quitter... Une chaloupe et des hommes dévoués vous attendent. Espérons une troisième rencontre plus complètement heureuse...

— Victor, je voudrais voir mon père encore un moment, dit Hélène d'un ton boudeur.

— Dix minutes de plus ou de moins peuvent nous mettre face à face avec une frégate... Soit ! nous nous amuserons un peu. Nos gens s'ennuient.

— Oh! partez, mon père, s'écria la femme du marin... Et portez à ma sœur, à mes frères, à... ma mère, ajouta-t-elle, ces gages de mon souvenir.

Elle prit une poignée de pierres précieuses, de colliers, de bijoux, les enveloppa dans quelques cachemires, et les présenta timidement à son père...

— Et que leur dirai-je de ta part? demanda-t-il en paraissant frappé de l'hésitation que sa fille avait marquée avant de prononcer le mot de *mère*.

— Oh! pouvez-vous douter de mon âme! Je fais tous les jours des vœux pour leur bonheur.

— Hélène, reprit le vieillard en la regardant avec attention, ne dois-je plus te revoir? Ne saurai-je donc jamais à quel motif ta fuite est due?

— Ce secret ne m'appartient pas, dit-elle d'un ton grave. J'aurais le droit de vous l'apprendre, je ne vous le dirais pas. J'ai souffert pendant dix ans des maux inouïs...

Elle ne continua pas et tendit à son père les cadeaux qu'elle destinait à sa famille. Le général, accoutumé par les événemens de la guerre à des idées assez larges en fait de butin, accepta les présens offerts par sa fille, et se plut à penser que, sous l'inspiration d'une âme aussi pure, aussi élevée que celle d'Hélène, le Capitaine Parisien restait honnête homme en faisant la guerre aux Espagnols. Alors sa passion pour les braves l'emporta. Songeant qu'il serait ridicule de se conduire en prude, il serra vigoureusement la main du corsaire, embrassa son

Hélène, sa seule fille, avec cette effusion particulière aux soldats, et laissa tomber une larme sur ce visage dont la fierté, dont l'expression mâle lui avaient plus d'une fois souri. Le marin, fortement ému, lui donna ses enfans à bénir. Enfin, tous se dirent une dernière fois adieu par un long regard qui ne fut pas dénué d'attendrissement.

— Soyez toujours heureux, s'écria le vieillard en s'élançant sur le tillac.

Le brick s'était déjà très-éloigné des côtes de France; et, sur mer, un singulier spectacle attendait le général. *Le Saint-Ferdinand*, livré aux flammes, flambait comme un immense feu de paille. Les matelots, occupés à couler le brick espagnol, s'apercevant qu'il avait à bord un chargement de rhum, liqueur dont ils regorgeaient sur *l'Othello*, trouvèrent plaisant d'allumer un grand bol de punch en pleine mer. C'était un divertissement assez pardonnable à des gens auxquels l'apparente monotonie de la mer faisait saisir toutes les occasions d'animer leur vie. En descendant du brick dans la chaloupe du *Saint-Ferdinand*, montée par six vigoureux matelots, le général partageait involontairement son attention entre l'incendie du *Saint-Ferdinand* et sa fille appuyée sur le corsaire, tous deux debout à l'arrière de leur navire. En présence de tant de souvenirs, en voyant la robe blanche d'Hélène qui flottait, légère, comme une voile de plus; en distinguant sur l'Océan cette belle et grande figure, assez imposante pour dominer même la mer, il oubliait, avec l'insouciance d'un militaire, qu'il voguait sur la tombe du brave Gomez...

Au-dessus de lui, une immense colonne de fumée planait comme un nuage brun; et les rayons du soleil, le perçant çà et là, y jetaient de poétiques lueurs. C'était un second ciel, un dôme sombre sous lequel brillaient des espèces de lustres, et au-dessus duquel planait l'azur inaltérable du firmament, qui paraissait mille fois plus beau par cette éphémère opposition. Les teintes bizarres de cette fumée, tantôt jaune, blonde, rouge, noire, fondues vaporeusement, couvraient le vaisseau qui pétillait, craquait et criait. La flamme sifflait en mordant les cordages, et courait dans le bâtiment comme une sédition populaire vole par les rues d'une ville. Le rhum produisait des flammes bleues qui frétillaient, comme si le génie des mers eût agité cette liqueur furibonde, de même qu'une main d'étudiant fait mouvoir la joyeuse *flamberie* d'un punch dans une orgie. Mais le soleil, plus puissant de lumière, jaloux de cette lueur insolente, laissait à peine voir dans ses rayons les couleurs de cet incendie. C'était comme un réseau, comme une écharpe qui voltigeait au milieu du torrent de ses feux...

L'Othello saisissait, pour s'enfuir, le peu de vent qu'il pouvait pincer dans cette direction nouvelle, et s'inclinait, tantôt d'un côté, tantôt de l'autre, comme un cerf-volant balancé dans les airs. Ce beau brick courait des bordées vers le sud; et tantôt il se dérobait aux yeux du général en disparaissant derrière la colonne droite, dont l'ombre se projetait fantastiquement sur les eaux, et tantôt il se montrait en se relevant avec grâce et fuyant. Chaque fois qu'Hélène pouvait apercevoir son père, elle agitait son mouchoir pour le saluer encore. Bientôt *le Saint-Ferdinand* coula, en produisant un bouillonnement aussitôt effacé par l'Océan. Alors il ne resta plus de toute cette scène qu'un nuage balancé par la brise. *L'Othello* était loin ; la chaloupe s'approchait de Bordeaux ; le nuage s'interposa entre cette frêle embarcation et le brick. La dernière fois que le général aperçut sa fille, ce fut à travers une crevasse de cette fumée ondoyante. Vision prophétique ! Le mouchoir blanc, la robe, se détachaient seuls sur ce fond de bistre. Entre l'eau verte et le ciel bleu, le brick ne se voyait même pas. Hélène n'était plus qu'un point imperceptible ; une ligne déliée, gracieuse, un ange dans le ciel, une idée, un souvenir.

ENSEIGNEMENT.

— Mon Dieu, dit Moïna, nous avons bien mal fait, ma mère, de ne pas rester quelques jours de plus dans ces montagnes! Nous y étions bien mieux qu'ici. Avez-vous entendu les gémissemens continuels de ce maudit enfant et les bavardages de cette malheureuse femme qui parle en patois, car je n'ai pas compris un seul mot de ce qu'elle disait. Quelle espèce de gens nous a-t-on donnés pour voisins! Cette nuit est une des plus affreuses que j'aie passées de ma vie.

— Je n'ai rien entendu, répondit madame de Verdun, mais, ma chère enfant, je vais voir l'hôtesse, lui demander la chambre voisine, nous serons seules dans cet appartement, et n'aurons plus de bruit. Comment te trouves-tu ce matin? Es-tu fatiguée?

En disant ces dernières phrases, madame de Verdun s'était levée pour venir près du lit de Moïna.

— Voyons, lui dit-elle en cherchant la main de sa fille.

— Oh! laisse-moi, ma mère, répondit Moïna, tu as froid.

A ces mots, la capricieuse jeune fille se roula dans son oreiller par un mouvement de bouderie, mais si gracieux, qu'il était difficile à une mère de s'en offenser. En ce moment, une plainte, dont l'accent doux et prolongé devait déchirer le cœur d'une femme, retentit dans la chambre voisine.

— Mais, si tu as entendu cela pendant toute la nuit, pourquoi ne m'as-tu pas éveillée? nous aurions...

Un gémissement plus profond que tous les autres interrompit madame de Verdun, qui s'écria : — Il y a là quelqu'un qui se meurt! Et elle sortit vivement.

— Envoie-moi Pauline, cria Moïna, je vais m'habiller.

Madame de Verdun descendit promptement et trouva l'hôtesse dans la cour au milieu de quelques personnes qui paraissaient l'écouter attentivement.

— Madame, vous avez mis près de nous une personne qui paraît souffrir beaucoup....

— Ah! ne m'en parlez pas! s'écria la maîtresse de l'hôtel, je viens d'envoyer chercher M. le maire. Figurez-vous que c'est une femme, une pauvre malheureuse qui est arrivée hier au soir, à pied; elle vient d'Espagne, elle est sans passeport et sans argent. Elle portait sur son dos un petit enfant qui se meurt. Je n'ai pas pu me dispenser de la recevoir ici. Ce matin, je suis allée moi-même la voir, car hier, quand elle a débarqué ici, elle m'a fait une peine affreuse. Pauvre petite femme! elle était couchée avec son enfant, et tous deux se débattaient contre la mort.

— Madame, m'a-t-elle dit en tirant un anneau d'or de son doigt, je ne possède plus que cela, prenez-le pour vous payer, ce sera suffisant, je ne ferai pas un long séjour ici. Pauvre petit! nous allons mourir ensemble, qu'elle dit en regardant son enfant. Je lui ai pris son anneau, je lui ai demandé qui elle était, mais elle n'a jamais voulu me dire son nom... Je viens d'envoyer chercher le médecin et M. le maire.

— Mais, s'écria madame de Verdun, donnez-lui tous les secours qui pourront lui être nécessaires. Mon Dieu! peut-être est-il encore temps de la sauver. Je vous paierai tout ce qu'elle dépensera...

— Ah! madame, elle a l'air d'être joliment fière, et je ne sais pas si elle voudra.

— Je vais aller la voir...

Et aussitôt madame de Verdun monta chez l'inconnue, sans penser au mal que sa vue pouvait faire à cette femme dans un moment où on la disait mourante.

Madame de Verdun, veuve depuis un an, était encore en deuil. Sa santé s'était légèrement altérée; Moïna, sa fille chérie, désirait voir les Pyrénées : elles étaient donc venues toutes deux aux Eaux de Bagnères.

Madame de Verdun pâlit à l'aspect de la mourante. Malgré les horribles souffrances qui avaient altéré la belle physionomie d'Hélène, elle reconnut sa fille aînée. A l'aspect d'une femme vêtue de noir, Hélène se dressa sur son séant, jeta un cri de terreur, et retomba lentement sur son lit, lorsque, dans cette femme, elle retrouva sa mère.

— Ma fille! dit madame de Verdun, que vous faut-il? Pauline... Moïna!...

— Il ne me faut plus rien, répondit Hélène d'une voix affaiblie. J'espérais revoir mon père; mais votre deuil m'annonce...

Elle n'acheva pas; elle serra son enfant sur son cœur comme pour le réchauffer, le baisa au front, et lança sur sa mère un regard où le reproche se lisait encore, quoique tempéré par le pardon. Madame de Verdun ne voulut pas voir ce reproche; elle oublia qu'Hélène était un enfant conçu jadis dans les larmes et le désespoir, l'enfant du devoir, un enfant qui avait été cause de ses plus grands malheurs; elle s'avança doucement vers sa fille aînée, en se souvenant seulement qu'Hélène la première lui avait fait connaître les plaisirs de la maternité. Les yeux de la mère étaient pleins de larmes; et, en embrassant sa fille, elle s'écria : — Hélène! ma fille...

Hélène gardait le silence. Elle venait d'aspirer le dernier soupir de son dernier enfant.

En ce moment, Moïna, Pauline sa femme de chambre, l'hôtesse et un médecin entrèrent. Madame de Verdun tenait la main glacée de sa fille dans les siennes, et la contemplait avec un désespoir vrai. Exaspérée par le malheur, la veuve du marin, qui venait d'échapper à un naufrage, en ne sauvant de toute sa belle famille qu'un enfant, dit d'une voix horrible à sa mère : — Tout ceci est votre ouvrage ! Si vous eussiez été pour moi ce que...

— Moïna, sortez, sortez tous ! cria madame de Verdun en étouffant la voix d'Hélène par les éclats de la sienne.

— Par grâce, ma fille, reprit-elle, ne renouvelons pas en ce moment les tristes combats...

— Je me tairai, répondit Hélène en faisant un effort surnaturel. Je suis mère, je sais que Moïna ne doit pas... Où est mon enfant?

Moïna rentra, poussée par la curiosité.

— Ma sœur, dit-elle, le médecin...

— Tout est inutile, reprit Hélène. Ah! pourquoi ne suis-je pas morte à seize ans. Le bonheur ne se trouve pas... Moïna... tu...

Elle mourut en penchant sa tête sur celle de son enfant, qu'elle avait serré convulsivement.

— Ta sœur voulait sans doute te dire, Moïna, reprit madame de Verdun lorsqu'elle fut rentrée dans sa chambre, où elle fondit en larmes, que le bonheur ne se trouve jamais, pour une fille, dans une vie romanesque, en dehors des idées reçues, et surtout loin de sa mère.

Paris, janvier 1831.

EXPIATION.

Pendant l'un des premiers jours du mois d'avril 1832, une dame d'environ cinquante ans, mais qui paraissait encore plus vieille que ne le comportait son âge véritable, se promenait au soleil, à l'heure de midi, le long d'une allée, dans le jardin d'un grand hôtel, situé rue Plumet, à Paris. Après avoir fait deux ou trois fois le tour du sentier légèrement sinueux où elle restait pour ne pas perdre de vue les fenêtres d'un appartement qui semblait attirer toute son attention, elle vint s'asseoir sur un de ces fauteuils à demi champêtres qui se fabriquent avec de jeunes branches d'arbres garnies de leur écorce. De la place où se trouvait ce siége élégant, la dame pouvait embrasser par une des grilles d'enceinte, et les boulevards intérieurs, au milieu desquels est posé l'admirable dôme des Invalides qui élève sa coupole d'or parmi les têtes d'un millier d'ormes, admirable paysage, et l'aspect moins grandiose de son jardin terminé par la façade grise d'un des plus beaux hôtels du faubourg Saint-Germain. Là, tout était silencieux, les jardins voisins, les boulevards, les Invalides ; car, dans ce noble quartier, le jour ne commence guère qu'à midi. A moins de quelque caprice, à moins qu'une jeune dame ne veuille monter à cheval, ou qu'un vieux diplomate n'ait un protocole à refaire, à cette heure, valets et maîtres, tout dort, ou tout se réveille.

La vieille dame si matinale était la marquise de Ballan, mère de madame de Saint-Héreen, à laquelle appartenait ce bel hôtel. La marquise s'en était privée pour sa fille, à qui elle avait donné toute sa fortune, en ne se réservant qu'une pension viagère. La comtesse Moïna de Saint-Héreen était le dernier enfant de madame de Ballan, qui, pour lui faire épouser l'héritier d'une des plus illustres maisons de France, avait tout sacrifié ; mais rien n'était plus naturel.

La marquise avait successivement perdu deux fils. L'un, Gustave, marquis de Ballan, était mort pendant la campagne de 1823 en Espagne ; l'autre, Abel, jeune pair de France plein d'avenir, avait été tué sur les boulevards, en juillet 1830. Tous deux laissèrent des femmes et des enfans. Mais l'affection assez tiède que madame de Ballan avait portée à ses deux fils s'était encore affaiblie en passant à ses petits-enfans. Quant à leurs veuves, elle se comportait poliment avec elles ; mais le sentiment superficiel que le bon goût et les convenances nous prescrivent de témoigner à nos proches était tout ce qu'elle leur accordait.

La fortune de ses enfans morts ayant été parfaitement réglée, elle avait réservé pour sa chère Moïna ses économies et ses biens propres. Moïna, belle et ravissante, depuis son enfance avait toujours été pour madame de Ballan l'objet d'une de ces prédilections innées ou involontaires chez les mères de famille, fatales sympathies qui semblent inexplicables, ou que les observateurs savent trop bien expliquer.

La charmante figure de Moïna, le son de voix de cette fille chérie, ses manières, sa démarche, sa physionomie, ses gestes, tout en elle réveillait chez madame de Ballan les émotions les plus profondes qui puissent animer, troubler ou charmer le cœur d'une mère. Le principe de sa vie présente, de sa vie du lendemain, de sa vie passée, était dans le cœur de cette jeune femme, où elle avait jeté tous ses trésors. Moïna avait heureusement survécu à quatre enfans, ses aînés. Madame de Ballan avait en effet perdu, de la manière la plus malheureuse, disaient les gens du monde, une fille charmante, dont la destinée était presque inconnue, et un petit garçon, enlevé à cinq ans par une horrible catastrophe. Madame de Ballan vit sans doute un présage du ciel dans le respect que le sort semblait avoir pour la fille de son cœur, et n'accordait que de faibles souvenirs à ses enfans déjà tombés selon les caprices de la mort, et qui restaient au fond de son âme, comme ces tombeaux élevés dans un champ de bataille, mais que les fleurs des champs ont presque fait disparaître.

Le monde aurait pu demander à la marquise un compte sévère de cette insouciance et de cette prédilection ; mais le monde de Paris est entraîné par un tel torrent d'événemens, de modes, d'idées nouvelles, que toute la vie de madame de Ballan devait y être en quelque sorte oubliée. Personne ne songeait à lui faire un crime d'une froideur, d'un oubli qui n'intéressait personne, tandis que sa vive tendresse pour Moïna intéressait beaucoup de gens, et avait toute la sainteté d'un préjugé. D'ailleurs, la marquise allait peu dans le monde ; et, pour la plupart des familles qui la connaissaient, elle paraissait bonne, douce, pieuse, indulgente. Or, ne faut-il pas avoir un intérêt bien vif pour aller au-delà de ces apparences dont la société se contente. Puis, que ne pardonne-t-on pas aux vieillards lorsqu'ils s'effacent comme des ombres et ne veulent plus être qu'un souvenir !

Enfin, madame de Ballan était un modèle complaisamment cité par les enfans à leurs pères, par les gendres à leurs belles-mères. Elle avait, avant le temps, donné ses biens à Moïna, contente du bonheur de la jeune comtesse, et ne vivant que par elle et pour elle. Si des vieillards prudens, des oncles chagrins, blâmaient cette conduite en disant : — Madame de Ballan se repentira peut-être quelque jour de s'être dessaisie de sa fortune en faveur de sa fille ; car, si elle connaît bien le cœur de madame de Saint-Héreen, peut-elle être aussi sûre de la moralité de son gendre ? C'était contre ces prophètes un *tolle* général; et, de toutes parts, pleuvaient des éloges pour Moïna.

— Il faut rendre cette justice à madame de Saint-Héreen, disait une jeune femme, que sa mère n'a rien trouvé de changé autour d'elle. Madame de Ballan est admirablement bien logée. Elle a une voiture à ses ordres, et peut aller partout dans le monde comme auparavant...

— Excepté aux Italiens, dit tout bas un vieux parasite, un de ces gens qui se croient en droit d'accabler leurs amis d'épigrammes, sous prétexte de faire preuve d'indépendance. La douairière n'aime guère que la musique, en fait de choses étrangères à son enfant gâté. Elle a été si bonne musicienne dans son temps! Mais comme la loge de la comtesse est toujours envahie par de jeunes papillons, et qu'elle y gênerait cette petite personne, dont on parlera bientôt comme d'une grande coquette, la pauvre mère ne va jamais aux Italiens...

— Madame de Saint-Héreen, disait une fille à marier, a, pour sa mère, des soirées délicieuses, un salon où va tout Paris.

— Un salon où personne ne fait attention à la vieille marquise, répondit le parasite.

— Le fait est que madame de Ballan n'est jamais seule, disait un fat en appuyant le parti des jeunes dames.

— Le matin, répondait le vieil observateur à voix basse, le matin, la chère Moïna dort. A quatre heures, la chère Moïna est au bois. Le soir, la chère Moïna va au bal ou aux Bouffes... Mais il est vrai que madame de Ballan a la ressource de voir sa chère fille pendant qu'elle s'habille, ou durant le dîner, lorsque la chère Moïna dîne par hasard avec sa chère mère.

— Il n'y a pas encore huit jours, monsieur, dit le parasite en prenant par le bras un timide précepteur, nouveau-venu dans la maison où il se trouvait, que je vis cette pauvre mère toute triste et seule au coin de son feu. — Qu'avez-vous? lui demandai-je. La marquise me regarda en souriant, mais elle avait certes pleuré. — Je pensais, me disait-elle, qu'il est bien singulier de me trouver seule, après avoir eu cinq enfans; mais cela est dans notre destinée! Et puis, je suis heureuse quand je sais que Moïna s'amuse! Elle pouvait se confier à moi qui, jadis, ai connu son mari. C'était un pauvre homme, et il a été bien heureux de l'avoir pour femme; il lui devait certes sa pairie et sa charge à la cour.

Mais il se glisse tant d'erreurs dans les conversations du monde; il s'y fait avec légèreté des maux si profonds, que l'historien des mœurs est obligé de sagement peser les assertions insouciamment émises par tant d'insoucians. Enfin, peut-être ne doit-on jamais prononcer qui a tort ou raison de l'enfant ou de la mère. Entre ces deux cœurs, il n'y a qu'un seul juge possible. Ce juge est Dieu! Dieu qui souvent assied sa vengeance au sein des familles, et se sert éternellement des enfans contre les mères, des pères contre les fils, des peuples contre les rois, des princes contre les nations, de tout contre tout ; remplaçant dans le monde moral les sentimens par les sentimens comme les jeunes feuilles poussent les vieilles au printemps ; agissant en vue d'un ordre immuable, d'un but à lui seul connu : sans doute, chaque chose va dans son sein, ou, mieux encore, elle y retourne.

Ces religieuses pensées, si naturelles au cœur des vieillards, flottaient éparses dans l'âme de madame de Ballan ; elles y étaient à demi lumineuses, tantôt abîmées, tantôt déployées complètement, comme des fleurs tourmentées à la surface des eaux, pendant une tempête. Elle s'était assise, lassée, affaiblie par une longue méditation, par une de ces rêveries, au milieu desquelles toute la vie se dresse, se déroule aux yeux de ceux qui pressentent la mort.

Cette femme, vieille avant le temps, eût été, pour quelque poète passant sur le boulevard, un tableau curieux. A la voir assise à l'ombre grêle d'un acacia, l'ombre d'un acacia à midi, tout le monde eût su lire une des mille choses écrites sur ce visage pâle et froid, même au milieu des chauds rayons du soleil. Sa figure pleine d'expression représentait quelque chose de plus grave encore que ne l'est une vie à son déclin, ou de plus profond qu'une âme affaissée par l'expérience. Elle était un de ces types qui, entre mille physionomies dédaignées, parce qu'elles sont sans caractère, vous arrêtent un moment, vous font penser ; comme, entre les mille tableaux d'un musée, vous êtes fortement impressionné, soit par la tête sublime où Murillo peignit la douleur maternelle, soit par le visage de Béatrix Cinci où le Guide sut peindre la plus touchante innocence au fond du plus épouvantable crime, soit par la sombre face de Philippe II, d'où Vélasquez fait sortir éternellement la majestueuse terreur que doit inspirer la royauté. Il y a certaines figures humaines, despotiques images qui vous parlent, vous interrogent, répondent à vos pensées secrètes, et sont des poëmes entiers. Or, le visage glacé de madame de Ballan était une de ces poésies terribles; une de ces faces répandues par milliers dans la divine Comédie de Dante Alighieri.

Pendant la rapide saison où la femme reste en fleur, les caractères de sa beauté servent admirablement bien la dissimulation à laquelle sa faiblesse naturelle et nos lois sociales la condamnent. Alors, sous le riche coloris de son visage frais, sous le feu de ses yeux, sous le réseau gracieux de ses traits si fins, de tant de lignes multipliées, courbes ou droites, mais pures et parfaitement arrêtées, toutes ses émotions peuvent demeurer secrètes et latentes; car, alors, la rougeur ne révèle rien en colorant encore des couleurs déjà si vives; car alors tous les foyers intérieurs se mêlent si bien à la lumière de ces yeux flamboyans de vie, que la flamme passagère d'une souffrance n'y apparaît que comme une grâce de plus. Aussi rien n'est-il si discret qu'un jeune visage, parce que rien n'est plus immobile. La figure d'une jeune femme a le calme, le poli, la fraîcheur de la surface d'un lac. Aussi, la physionomie des femmes ne commence-t-elle qu'à trente ans. Jusques à cet âge, le peintre ne trouve dans leurs visages que du rose et du blanc, des sourires et des expressions qui répètent une même pensée, pensée de jeunesse et d'amour, pensée uniforme et sans profondeur ; mais dans la vieillesse, tout chez la femme a parlé, toutes les passions se sont incrustées sur son visage ; elle a été amante, épouse, mère ; les expressions les plus violentes de la joie et de la douleur ont fini par grimer, torturer ses traits, par s'y empreindre en mille rides, qui toutes ont un langage ; et alors, une tête de femme devient sublime d'horreur, belle de mélancolie, ou magnifique de calme ; alors, s'il est permis de poursuivre une étrange métaphore commencée, le lac desséché laisse voir les traces de tous les torrens qui l'ont produit ; alors une tête de vieille femme n'appartient plus ni au monde, qui, frivole, est effrayé d'y apercevoir la destruction de toutes les idées d'élégance dont il se repaît ; ni aux artistes vulgaires, qui n'y découvrent rien ; mais aux vrais poètes, à ceux qui ont le sentiment d'un beau indépendant de toutes les conventions sur lesquelles reposent tant de préjugés, en fait d'art et de beauté.

Quoique madame de Ballan portât sur sa tête une capote à la mode, il était facile de voir que sa chevelure, jadis noire, avait été blanchie par de cruelles émotions ; mais la manière dont elle la séparait en deux bandeaux trahissait son bon goût, révélait les gracieuses habitudes de la femme élégante, et dessi-

naît parfaitement son front flétri, ridé, dans la
forme duquel se retrouvaient quelques traces de son
ancien éclat. La coupe de sa figure, la régularité de
ses traits donnaient une idée faible, à la vérité, de la
beauté dont elle avait dû être orgueilleuse ; mais ces
indices accusaient encore mieux les douleurs qui
avaient été assez aiguës pour creuser ce visage,
pour en dessécher les tempes, en rentrer les joues,
en meurtrir les paupières et les dégarnir de cils, cette
grâce du regard. Tout était silencieux en madame
de Ballan. Sa démarche et ses mouvemens avaient
cette lenteur grave et recueillie qui imprime le respect. Sa modestie, changée en timidité, semblait
être le résultat de l'habitude qu'elle avait prise depuis quelques années de s'effacer devant sa fille. Puis
sa parole était rare, douce, comme celle de toutes les
personnes forcées de réfléchir, de se concentrer, de
vivre en elles-mêmes. Cette attitude et cette contenance inspiraient un sentiment indéfinissable qui n'é-
tait ni la crainte, ni la compassion, mais dans lequel
se fondaient mystérieusement toutes les idées que
réveillent ces diverses affections. Enfin, la nature
de ses rides, la manière dont son visage était plissé,
la pâleur de son regard endolori, tout témoignait
éloquemment de ces larmes, qui, dévorées par le
cœur, ne tombent jamais à terre.

Les malheureux accoutumés à contempler souvent
le ciel, pour en appeler à lui des maux constans de
leur vie, eussent facilement reconnu dans les yeux
de cette mère les cruelles habitudes d'une prière

faite à chaque instant du jour, et les légers vestiges de ces meurtrissures secrètes qui finissent par détruire toutes les fleurs de l'âme et jusqu'au sentiment de la maternité. Les peintres ont des couleurs pour ces portraits ; mais les idées et la parole sont impuissantes pour les traduire fidèlement ; il s'y rencontre des phénomènes inexplicables dans les tons du teint, et dans l'air de la figure, choses que l'âme saisit par la vue ; mais tout ce que l'art peut laisser en partage au poète est le récit des événemens auxquels sont dus de si terribles bouleversemens de la physionomie. Cette figure annonçait un orage calme et froid, un secret combat entre l'héroïsme de la douleur maternelle et l'infirmité de nos sentimens, qui sont finis comme nous-mêmes, et où rien ne se trouve d'infini. Puis, ces souffrances sans cesse refoulées avaient produit à la longue je ne sais quoi de morbide en cette femme. Sans doute quelques émotions trop violentes avaient physiquement altéré ce cœur maternel, et quelque maladie, un anévrisme, peut-être, menaçait lentement cette femme à son insu. Les peines vraies sont en apparence si tranquilles dans le lit profond qu'elles se sont fait, où elles semblent dormir, mais où elles continuent à corroder l'âme comme l'acide pur qui perce le cristal.

En ce moment, deux larmes sillonnèrent les joues de madame de Ballan, et elle se leva, comme si quelque réflexion, plus poignante que toutes les autres, l'eût vivement blessée. Elle avait sans doute jugé l'avenir de Moïna. Or, en prévoyant les douleurs qui attendaient sa fille, tous les malheurs de sa propre vie lui étaient retombés sur le cœur.

La situation de cette mère sera comprise en expliquant celle de sa fille.

M. le comte de Saint-Héreen était parti depuis environ six mois pour accomplir une mission politique. Pendant cette absence, Moïna, qui, à toutes les vanités de la petite-maîtresse, joignait les capricieux vouloirs de l'enfant gâté, s'était amusée, par étourderie, ou pour obéir aux mille coquetteries de la femme, et peut-être pour en essayer le pouvoir, à jouer avec la passion d'un homme habile, mais sans cœur, se disant ivre d'amour, de cet amour avec lequel se combinent toutes les petites ambitions sociales et vaniteuses du fat.

Madame de Ballan, à laquelle une longue expérience avait appris à connaître la vie, à juger les hommes, à redouter le monde, avait observé la marche et les progrès de cette intrigue, et pressentait la perte de sa fille en la voyant tomber entre les mains d'un homme à qui rien n'était sacré. N'y avait-il pas, pour elle, quelque chose d'épouvantable à rencontrer *un roué* dans l'homme que Moïna écoutait avec plaisir. Donc, son enfant chéri se trouvait au bord d'un abîme ; elle en avait une horrible certitude, et n'osait l'arrêter ; car elle tremblait devant la comtesse. Elle savait d'avance que Moïna n'écouterait aucun de ses sages avertissemens, car elle n'avait aucun pouvoir sur cette âme, de fer pour elle, et toute moelleuse pour les autres.

Sa tendresse l'eût portée à s'intéresser aux malheurs d'une passion justifiée par les nobles qualités du séducteur ; mais sa fille suivait un mouvement de coquetterie ; et la marquise méprisait M. de Vandenesse, sachant qu'il était homme à considérer sa lutte avec Moïna comme une partie d'échecs. Or, quoique Alfred de Vandenesse fît horreur à cette malheureuse mère, elle était obligée d'ensevelir dans le pli le plus profond de son cœur les raisons suprêmes de son aversion ; car elle était intimement liée avec M. le comte de Vandenesse, père d'Alfred, et cette amitié, respectable aux yeux du monde, autorisait le jeune homme à venir familièrement chez madame de Saint-Héreen, pour laquelle il feignait une passion conçue dès l'enfance.

D'ailleurs, en vain madame de Ballan se serait-elle décidée à jeter entre sa fille et Alfred de Vandenesse une terrible parole qui les eût séparés ; elle était certaine de n'y pas réussir, malgré la puissance de cette parole qui l'eût déshonorée aux yeux de sa fille. L'un avait trop de corruption, l'autre trop d'esprit pour croire à cette révélation, et le jeune vicomte l'eût éludée en la traitant de ruse maternelle.

Madame de Ballan avait bâti son cachot de ses propres mains, et s'y était murée elle-même pour y mourir, en voyant se perdre la belle vie de Moïna, cette vie devenue sa gloire, son bonheur et sa consolation, une existence, pour elle, mille fois plus chère que la sienne. Horribles souffrances, incroyables, sans langage. Abîmes sans fond !

Elle attendait impatiemment le lever de sa fille, et néanmoins le redoutait, semblable au malheureux condamné à mort qui voudrait en avoir fini avec la vie, et qui cependant a froid en pensant au bourreau. La marquise avait résolu de tenter un dernier effort ; mais elle craignait peut-être moins d'échouer dans sa tentative que de recevoir encore une de ces blessures si douloureuses à son cœur, qu'elles avaient épuisé tout son courage. Son amour de mère en était arrivé là! Aimer sa fille, la redouter, appréhender un coup de poignard, et aller au devant. Le sentiment maternel est si large dans les cœurs aimans, qu'avant d'arriver à l'indifférence, une mère doit mourir ou s'appuyer sur quelque grande puissance : la religion ou l'amour.

Depuis son lever, la fatale mémoire de la marquise lui avait retracé plusieurs de ces faits, petits en apparence, mais qui, dans la vie morale, sont de grands événemens. En effet, parfois, un geste enferme tout un drame ; l'accent d'une parole déchire toute une vie ; l'indifférence d'un regard tue la plus heureuse passion. Or, la marquise de Ballan avait malheureusement vu trop de ces gestes, entendu trop de ces paroles, reçu trop de ces regards affreux à l'âme, pour que ses souvenirs pussent lui donner des espérances. Tout lui prouvait qu'Alfred l'avait perdue dans le cœur de sa fille où elle restait, elle, la mère, moins comme un plaisir que comme un devoir. Mille choses, des riens, même, lui attestaient la conduite détestable de la comtesse envers elle, ingratitude que la marquise regardait peut-être comme une punition, voulant chercher des excuses à sa fille dans les desseins de la Providence, afin de pouvoir encore adorer la main qui la frappait.

Pendant cette matinée, elle se souvint de tout, et tout la frappa de nouveau si vivement au cœur, que sa coupe remplie de chagrins devait déborder si la plus légère peine y était jetée. Un regard froid pouvait tuer la marquise. Il est difficile de peindre ces faits domestiques; mais quelques-uns suffiront peut-être à les indiquer tous.

Ainsi, la marquise, étant devenue un peu sourde, n'avait jamais pu obtenir de Moïna qu'elle élevât la voix pour elle; et le jour où, dans la naïveté de l'être souffrant, elle pria sa fille de répéter une phrase dont elle n'avait rien saisi, la comtesse obéit, mais avec un air de mauvaise grâce qui ne permit pas à madame de Ballan de réitérer sa modeste prière. Depuis ce jour, quand Moïna racontait un événement ou parlait, la marquise avait soin de s'approcher d'elle; mais souvent la comtesse paraissait ennuyée de l'infirmité qu'elle reprochait étourdiment à sa mère. Cet exemple, pris entre mille, ne pouvait frapper que le cœur d'une mère, et toutes ces choses eussent échappé peut-être à un observateur, car c'étaient des nuances insensibles pour d'autres yeux que ceux d'une femme. Ainsi, madame de Ballan ayant un jour dit à sa fille que la duchesse d'Avaugour était venue la voir, Moïna s'écria simplement :
— Comment, elle est venue pour vous.

L'air dont ces paroles furent dites, l'accent que la comtesse y mit, peignaient, par de légères teintes, un étonnement, un mépris élégant qui ferait trouver aux cœurs, toujours jeunes et tendres, de la philantropie dans la coutume en vertu de laquelle les sauvages tuent leurs vieillards, quand ils ne peuvent plus se tenir à la branche d'un arbre fortement secoué. Alors madame de Ballan se leva, sourit, et alla pleurer en secret. Les gens bien élevés, et les femmes surtout ne trahissent leurs sentimens que par des touches imperceptibles, mais qui n'en font pas moins deviner les vibrations de leurs cœurs à ceux qui peuvent retrouver dans leur vie des situations analogues à celle de cette mère meurtrie.

Accablée par ces souvenirs, madame de Ballan retrouva l'un de ces faits microscopiques si piquans, si cruels, dont elle n'avait jamais mieux vu qu'en ce moment le mépris atroce, caché sous des sourires : mais ses larmes se séchèrent quand elle entendit ouvrir les persiennes de la chambre où reposait sa fille. Elle accourut en se dirigeant vers les fenêtres par le sentier qui passait le long de la grille devant laquelle elle était naguère assise. Tout en marchant, elle remarqua le soin particulier que le jardinier avait mis à ratisser le sable de cette allée, assez mal tenue depuis peu de temps. Quand madame de Ballan arriva sous les fenêtres de sa fille, les persiennes se refermèrent brusquement.

— Moïna, dit-elle.

Point de réponse.

— Madame la comtesse est dans le petit salon, dit la femme de chambre de Moïna, quand la marquise, rentrée au logis, demanda si sa fille était levée.

Madame de Ballan ayant le cœur trop plein, et la tête trop fortement préoccupée pour réfléchir, en ce moment, sur des circonstances aussi légères, passa promptement dans le petit salon, où elle trouva la comtesse en peignoir, un bonnet négligemment jeté sur une chevelure en désordre, les pieds dans ses pantoufles, ayant la clef de sa chambre dans sa ceinture, le visage empreint de pensées presque orageuses, et des couleurs animées. Elle était assise sur un divan, et paraissait réfléchir.

— Pourquoi vient-on? dit-elle d'une voix dure...
— Ah! c'est vous, ma mère, reprit-elle d'un air distrait, après s'être interrompue elle-même.
— Oui, *mon enfant*, c'est *ta mère*...

L'accent avec lequel madame de Ballan prononça ces paroles peignit une effusion de cœur et une émotion intime, dont il serait difficile de donner une idée sans employer le mot de *sainteté* ; car elle avait si bien revêtu le caractère sacré d'une mère que sa fille en fut frappée, et se tourna vers elle par un mouvement qui exprimait à la fois le respect, l'inquiétude et le remords. Madame de Ballan ferma la porte de ce salon, où personne ne pouvait entrer sans faire du bruit dans les pièces précédentes. Cet éloignement garantissait de toute indiscrétion.

— Ma fille, dit la marquise, il est de mon devoir

de t'éclairer sur une des crises les plus importantes dans notre vie de femme, et dans laquelle tu te trouves à ton insu peut-être, mais dont je viens te parler moins en mère qu'en amie. En te mariant, tu es devenue libre de tes actions ; tu n'en dois compte qu'à ton mari ; mais je t'ai si peu fait sentir l'autorité maternelle (et ce fut un tort peut-être), que je me crois en droit de me faire écouter de toi, une fois au moins, dans la situation grave où tu dois avoir besoin de conseils. — Songe, Moïna, que je t'ai mariée à un homme d'une haute capacité, dont tu peux être fière, que...

— Ma mère, s'écria Moïna d'un air mutin et en l'interrompant, je sais ce que vous venez me dire... Vous allez me faire de la morale au sujet d'Alfred...

— Vous ne devineriez pas si bien, Moïna, reprit gravement la marquise en essayant de retenir ses larmes, si vous ne sentiez pas...

— Quoi ? dit-elle d'un air presque hautain. Mais, ma mère, en vérité !

— Moïna, s'écria madame de Ballan en faisant un effort extraordinaire, il faut que vous entendiez attentivement ce que je dois vous dire...

— J'écoute, dit la comtesse en se croisant les bras et affectant une impertinente soumission.

— Permettez-moi, ma mère, dit-elle avec un sang-froid incroyable, il faut que je sonne Pauline et que je la renvoie...

Elle sonna.

— Ma chère enfant, Pauline ne peut pas entendre...

— Maman, reprit encore la comtesse d'un air sérieux, et qui aurait dû paraître extraordinaire à la mère, je dois...

Elle s'arrêta ; la femme de chambre arrivait.

— Pauline, allez *vous-même* chez Herbault savoir pourquoi je n'ai pas encore mon chapeau...

Puis, elle se rassit; et regarda sa mère avec attention.

Alors, madame de Ballan, dont le cœur était gonflé, les yeux secs, et qui ressentait une de ces émotions dont les mères seules peuvent comprendre la douleur, prit la parole pour instruire Moïna du danger qu'elle courait. Mais, soit que la comtesse se trouvât blessée des soupçons que sa mère concevait sur le vicomte de Vandenesse, soit qu'elle fût en proie à l'une de ces folies incompréhensibles dont certains jeunes cœurs ont seuls le secret, elle profita d'une pause faite par sa mère pour lui dire en riant d'un rire forcé : — Maman, je ne vous croyais jalouse que du père...

A ce mot, madame de Ballan ferma les yeux, baissa la tête, poussa le plus léger de tous les soupirs; puis, jetant son regard en l'air, comme pour obéir au sentiment invincible qui nous fait invoquer Dieu dans les grandes crises de la vie, elle dirigea sur sa fille ses yeux pleins d'une majesté terrible et d'une profonde horreur.

— Ma fille, dit-elle d'une voix gravement altérée,

vous avez été plus impitoyable envers votre mère que ne le fut l'homme offensé par elle, que ne le sera Dieu peut-être.

Ayant dit, madame de Bellan se leva, gagna la porte ; arrivée là, elle se retourna, mais ne voyant que de la surprise dans les yeux de sa fille, elle sortit, et put aller jusque dans le jardin où ses forces l'abandonnèrent.

Là, ressentant au cœur de fortes douleurs, elle tomba sur un banc. Ses yeux, qui erraient sur le sable, y aperçurent la récente empreinte d'un pas d'homme, dont les bottes avaient laissé des marques très-reconnaissables. Sans croire Moïna perdue, elle en eut le soupçon, et crut comprendre alors le motif de la commission donnée à Pauline. Alors cette idée cruelle fut accompagnée d'une révélation plus odieuse que tout le reste. Elle supposa que le fils de M. de Vandenesse avait détruit dans le cœur de Moïna ce respect dû par une fille à sa mère, en toute espèce de circonstances. Sa souffrance s'accrut, elle s'évanouit insensiblement sur le banc, et y demeura comme endormie.

La jeune comtesse trouva seulement que sa mère s'était permis de lui donner *un coup de boutoir* un peu sec, et pensa que le soir une caresse ou quelques attentions feraient tous les frais du raccommodement.

Entendant un cri de femme dans le jardin, elle se pencha négligemment au moment ou Pauline, qui n'était pas encore sortie, appelait au secours, et tenait madame de Ballan dans ses bras.

— N'effrayez pas ma fille, fut le dernier mot que devait prononcer la marquise.

Moïna vit transporter sa mère, pâle, inanimée, respirant avec difficulté, mais agitant les bras, comme si elle voulait ou lutter, ou parler. Atterrée par ce spectacle, Moïna suivit sa mère, aida silencieusement à la coucher sur son lit et à la déshabiller. Sa faute l'accabla. En ce moment suprême, elle connut sa mère, et ne pouvait plus rien réparer. Elle voulut être seule avec elle; et quand il n'y eut plus personne dans la chambre, qu'elle sentit le froid de cette main pour elle toujours caressante, elle fondit en larmes.

Réveillée par ces pleurs, la marquise put encore regarder sa chère Moïna; et, au bruit de ses sanglots, qui semblaient vouloir briser ce sein délicat et en désordre, elle contempla sa fille en souriant. Ce sourire prouvait à cette jeune parricide que le cœur d'une mère est un abîme au fond duquel se trouve toujours un pardon.

Aussitôt que l'état de la marquise fut connu, des gens à cheval avaient été expédiés pour aller chercher des médecins, des chirurgiens, et tous les enfans de madame de Ballan. La jeune marquise, la comtesse de Ballan et leurs enfans, arrivèrent en même temps que les gens de l'art et plusieurs amis; puis ils formèrent soudain une assemblée assez imposante, silencieuse et inquiète, à laquelle se mêlèrent les domestiques. La jeune marquise, qui n'entendait aucun bruit, vint frapper doucement à la porte de la chambre. A ce signal, Moïna, réveillée sans doute dans sa douleur, poussa brusquement les deux battans, et jeta des yeux hagards sur cette assemblée de famille.

La comtesse était dans un désordre qui parlait plus haut que le langage. A cet aspect, chacun resta muet et silencieux. Il était facile d'apercevoir les pieds de la marquise raides et tendus convulsivement sur le lit de mort. Moïna s'appuya sur la porte, regarda cette assemblée, et dit d'une voix creuse :
— *J'ai perdu ma mère !*

Saint-Firmin, mai 1832.

FIN DE LA DEUXIÈME SÉRIE.

TABLE.

LA VENDETTA...	1
MÊME HISTOIRE...	107
LE RENDEZ-VOUS...	109
La Jeune Fille...	ib.
La Femme...	129
La Mère...	160
La Déclaration...	185
Le Rendez-vous...	197
SOUFFRANCES INCONNUES...	210
LA FEMME DE TRENTE ANS...	240
LE DOIGT DE DIEU...	275
La Bièvre...	ib.
La Vallée du torrent...	285
LES DEUX RENCONTRES...	295
La Fascination...	ib.
Le capitaine Parisien...	331
ENSEIGNEMENT...	561
EXPIATION...	566

www.ingramcontent.com/pod-product-compliance
Lightning Source LLC
Chambersburg PA
CBHW050431170426
43201CB00008B/620